神にゆだねて

回復のためのクリスチャンの瞑想

フィリップ・パーハム［著］　堀口君子［訳］

A. PHILIP PARHAM

Letting God

Christian Meditations for Recovery

キリスト新聞社

Letting God Revised edition
Christian Meditations for Recovery

Japanese translation published by Kirisuto Shimbun Co., Ltd., Tokyo
arrangement with HarperOne,
an imprint of HarperCollins Publishers
through Japan UNI Agency, Inc., Tokyo

感謝のことば

本書は多くの人たちの生活を物語っています。多くの人から、また数え切れないほど多くの十二ステップの会合で、痛みや回復を通して得られた深い信仰の知恵を教えられました。修養会では宝のような無数のスピリチュアルな物語、ジョーク、逸話、引用文に出会いました。その多くがここに書かれています。それらを創作した方々に感謝し、その方々のために神に感謝します。神はキリストにあっていつもその方々と共におられました、そしてまだ共にいてくださいます。

特に、数人の特別な人々のお世話になりました。説教者であり、友人であるジョン・ビーベが私を激励してくれたことに、言葉で言い尽くせないほど感謝しています。ジョン神父は説教で数百もの実例を示して私の人生を豊かにしてくれました。許可を得て、これらの宝石のようなお話の多くを使わせていただきました。

キース・ミラーへ

本書の序文を書いてくださって光栄です。とりわけ、回復中のクリスチャンの友として、君の率直な無償の愛に感謝します。キースの素晴らしい本は私を育てました。彼との個人的な付き合いはさらなる恵みでした。私自身の痛みのただ中で、彼の祈りと存在はキリストの健やかさと完全さを私に教えました。

ジェームズ・コライアニへ

クリスチャンの友、神学者、私の称賛する人。ボイシング社によって出版された彼の本の数カ所を使用許可してくれたことに感謝します。君の多くの話や適切な説明は回復とキリスト教に関する私の表現を豊かにしてくれました。

詩編二三編に関する八月の瞑想にユニークな助けを得られました。一九五三年チャールズ・L・アレンによって書かれた「神の精神医学」（一九五三年、フレミング・H・レベル会社、一九八一年改訂）から、その会社の許可を得て、羊飼いと羊についての観察から得られたお話を使用させていただきました。

アルコールや薬物依存に関するエピスコパル教会連合の友人たちのために、また無名依存症グループや他の協力団体の友人たちのために、彼らの経験、強さ、希望はいまでは私のものにもなっていますが、神に感謝します。

とりわけ私は家族に感謝します。妻のルース、彼女のタイピストとしての優れた技術、彼女の直接的でやさしい性格を尊敬し、感謝します。娘のスーザン、シャロン、サンディーに愛と尊敬と祝福の気持ちでこの本を捧げます。

フィリップ・パーハム

神にゆだねて――回復のためのクリスチャンの瞑想

目次

※本文中の聖書引用は日本聖書協会『新共同訳聖書』による

序文

『神にゆだねて』はこれから長い間多くの人々に読まれるでしょう。本書は日々の祈祷書といわれる本に欠けているものを満たす本です。最近の（アルコール依存症の会の信条に基づいて）十二ステッププログラムから突然生まれたこの本は、いままでと違うスピリチュアルなアプローチで多くのクリスチャンに嗜癖や依存症からの回復をもたらしています。このような回復した人々はとても神に感謝しています。

十二ステップにかかわる多くの日々の祈祷書はイエス・キリストや具体的な聖書の個所に言及することをずっと避けています。このことは回復の明らかな問題について、キリストによって教え育てられることがないことを意味しています。

しかし『神にゆだねて』の中で作者のフィリップ・パーハムは回復の明らかな問題について、キリストによって癒され、育てられると書いています。慎重によく準備された良いキリスト教の日々の祈祷書です。十二ステップにかかわる困難なスピリチュアルな問題を具体的に、時には心に強く訴えるように書いています。

本書は回復中のクリスチャンに役に立ちますし、イエス・キリストに顕されている高い力を受け入れる十二ステップに属するノンクリスチャンにも助けになります。個人的にもフィルが本書を書いてくれたことに感謝しています。そして本書を神の意志を一日に一度見いだし、実践しようとしている他の人々にも推薦します。

キース・ミラー
テキサス州オースティン

はしがき

「神にゆだねる」はアルコール依存症自助グループのスローガンの「悩まず神にゆだねよう」を簡潔にした表現です。ここに書かれている毎日の聖書、瞑想、祈りを通してこの大切なスローガンはキリストによって強められます。過去五〇年を経てアルコール依存症自助グループの成功は十二ステップとスローガンに基づく他の多くの回復プログラムの展開を可能にしました。最もよく知られているのはアラノン（アルコール依存の問題を持つ人の家族と友人が、お互いの共通の問題を解決していく自助グループ）、アラティーン（十代の家族のためのアラノン）、アルコール依存症のアダルトチルドレン、過食依存症自助グループ、薬物依存症自助グループ、ギャンブル依存症自助グループ、感情依存症自助グループです。このグループのどれかに属するか、またはすべてのグループに属するクリスチャンのために本書は書かれています。

本書は回復中のクリスチャンのために書かれています――すべてのクリスチャンのためというわけではありません。ここでは、嗜癖や衝動的な行為は病気ではなく、罪の結果であると考えているならば、ここでは賛同されないでしょう。また、嗜癖を持つ人々は弱く、精神的な病を持ち、頑固さの犠牲になっていると考えているならば、その考えは変えられるでしょう。キリストにある癒す神の力を信じているなら、そして嗜癖の原因についてのあなたの判断を「神にゆだねる」ことに意味を見い出すでしょう。

本書は、神について書かれています。「神にゆだねる」は緊張からの解放、信頼への明け渡し、病気（dis-ease）から安らぎ（ease）に至る証言をしています。毎日与えられるのはキリストにあるくつろぎと平和です。あなたは車の運転を任せるように言われるでしょう。あなたは主である救い主にあって、あなたの力や統制をゆるめ、安らぎという貴重な賜物へのドアを開けるように促されるでしょう。神に任せるプロセスで聖書、物語、小論、ユーモアなどが示されるでしょう。私はアルコール依存症や他の嗜癖の人たちと三〇年学んできました。また福音の真理を生きることや十二ステッププログラムが聖なる生活を創造することであることをキリスト教の牧師として学んで二五年になります。この聖なる生活というのは聖徒であるという意味でなく、平安な状態である存在のことです。奮闘することをやめ、緊張を要する努力をやめ、高い力のイエス・キリストの腕にゆだねるときにそれは得られるのです。

「神にゆだねる」ことはすべての平安や霊的経験への秘訣です。内と外で神にゆだねること、キリストの人間性を認めること、人間の神聖さを認めることは「神にゆだね、神に任せること」です。天におられる神に責任を負わせたり、ごまかそうとしたりしないで、神は神であることがわかるとき、私たちは神の癒しの愛を受け入れます。愛が流れるのに任せます。力も、争いも、緊張も、競争も、懸命に努力することも、意志の力も使わず、神の高い力にゆだねるのです。自分の弱さを認め、神の力を受け入れます。この無条件の明け渡しをしなければ、私たちの信仰は眠り、死んだも同然になるでしょう。わがままな意志が神になり、最後まで「自分でやれる」と叫びながら、自己破壊へと陥っていくでしょう。

ゆだねて、コントロールできない私たちの無力さを認め、最初のステップを踏むとき、キリストにある神ご自身の奇跡を受け入れることになるでしょう。私たちは神の前にあって傷つきやすく、無防備であることを知り、神を受け入れることがいかに素晴らしくか、恵まれたことであるかを学びます。柔らかくなった土のようになること、そして命の種のために用意された良いしなやかな土のようになることによって、根づいた回復が促されるのです。自分の独立心を主張することをやめます。小さな子供のようになります。処理不能なコントロールをやめ、愛が私たちを突き動かすままにさせます。私たちが神にゆだねるとき、力への自然な衝動をストップさせます。正しくなる力、自分の監督者になる力、自分の主人になる力を断念します。私たちのそれぞれの深いところにいる小さな子供は愛と関心を切望しており、傷から自由になり、救い主の永遠の腕に抱かれるのです。

イエス・キリストの福音で知られている神にゆだねることによって、同時に十二ステップの回復プログラムにゆだねることによって私たちは神の癒しの愛にゆだねることになるのです。クリスチャンと回復途上の人は相反しません。彼らは友人であり仲間です。回復中のクリスチャンはプログラムを学び、信仰を生きます。信仰、希望、愛の神を信じ、神の栄光をたたえるのです。ミーティングに行くことと教会に行くことは同じ巡礼の道です。神にゆだねるとき、私たちはすでに「最も大切な王道」を歩いています。クリスチャンとして、十字架の道はやさしい道ではないことを知っています。このようなゆだねは恐ろしいことです。「生ける神の手に落ちるのは、恐ろしいことです」（ヘブライ人への手紙一〇章三一節）。しかしそれは「わたしの霊を御手にゆだね」（ルカによる福音書二三章四六節）る時だけです。回復と救いは同じです。生きることは神に依存することです。

本書がこの真実にあなたを近づけることができますように祈ります。

一九八七年　イースター　A・フィリップ・パーハム

12ステップ

1 私たちはアルコールに対して無力であること、生き方をコントロールできないことを認めた。

2 私たちより偉大な力が、私たちを回復させてくれると信じるようになった。

3 自分の意志と生活を、神にゆだねる決心をした。

4 大胆で、徹底した、心の点検表を作った。

5 神に対し、自分に対し、他の人に対し、自分の間違いをありのままに認めた。

6 神にこうした性格の欠点を取り除いてもらう用意がすっかりできた。

7 自分の短所を取り除いてくださるように、謙虚に神に求めた。

8 傷つけたすべての人の表を作り、そのすべての人たちに償おうという気持ちになった。

9

その人たち、または他の人々を傷つけない限り、機会あるごとに直接償った。

10

自分の生き方の点検表を作り続け、間違った時はただちにそれを認めた。

11

神の意志のみを知り、それだけを実行できるようになるために祈りながら、祈りと黙想を通じて神との意識的な関係を改善しようと努力した。

12

これらのステップの結果、霊的に目覚め、このメッセージを他の人たちに伝え、またあらゆることに、この行動基準を実践するように努力した。

※12ステップはアルコール依存症救済世界協会の許可を得て再録されています。
その解釈は著者のものであってアルコール依存症救済協会ではありません。

訳者のことば

作者のフィリップ・パーハム氏がアルコール依存症や同じような嗜癖を持つ人々に長年にわたってかかわり、牧師として、キリストの手となり人々を援助されてきた実践そのものと、救いに至るプロセスが、聖書やキリスト教にあまり接したことのない人にも理解できるように書かれています。それは、多くのキリスト教信者や、説教者、神学者の知恵ある言葉を引用していることや、病気から回復しようとする人々や彼らの援助者から得た貴重な回復のプロセスに関して得られたお話に基づいているからです。

興味深かったのは序文を書かれたキース・ミラー氏が次のように述べているところです。

「十二ステップにかかわる多くの日々の祈祷書はイエス・キリストや具体的な聖書の箇所に言及することをずっと避けています。このことは回復の明らかな問題について、キリストによって教え育てられることがないことを意味しています。しかし『神にゆだねて』の中で作者のフィリップ・パーハムは回復の明きらかな問題について、キリストによって癒され、育てられると書いています。」

病気からの回復は医学の恩恵に浴しますが、私は神が人間に与えられたレジリアンス（回復力）を信じます。本書のような聖書に基づいたガイドブックで、祈祷書でもある、『神にゆだねて』は病にある人や、求道者、クリスチャンにとって、真の救いと回復への導きとなることを信じます。

米国バーモント州の大学院に留学中、行きつけのバーンズ&ノーブルズ書店のキリスト教コーナーで本書に出会いました。タイトルを見て、祈祷書かと思って買いました。後で依存症という病気の回復のための本であることがわかりました。そのころ、私も異国でのカルチャーショックを病んでいたために、私にとって最適の本を神様が与えてくださいました。帰国してからも本書が、ボロボロになるまで数年間愛読しました。

本書の読み方として正しいものはなく、読者の方法でお読みになれる本だと思いますが、ご参考までに、いくつか方法が考えられます。

1　読みたい主題を索引から探して読む。そうすることによって必要な言葉が与えられるでしょう。これは私が行った方法です。受容、行動、気づきなど、自分に必要な主題を探すことも、興味深いと思います。

2　日毎のメッセージを毎日読む。

3　十二ステップの方法をしっかりと歩みたい方は索引の十二ステップの項目の1から始めたらいかがでしょうか。1弱さ、2神の力、3挫折――12責任

4　スローガンや格言で学びたい方は索引のスローガンや格言の言葉を選んで、読むことができるでしょう。

また、それぞれのメッセージの箇所に聖句が書かれていますので、その聖句の前後に書かれていることも聖書で確かめることによって、さらに深い学びができます。私は十二ステップをさらに学びたいと思っていますので、現在は3の方法で読んでいます。本書はクリスチャンの人や、求めている人のための良いガイドブックにもなります。訳しはじめてから数年がたち、いくつかの会合で、訳したページの数カ所を皆で読みました。いまでは、本書を読み続けてほしい人の顔が浮かんできます。

この本が、多くの求めている人や、回復を願う人や、病にある人々の信仰に役立つことを祈り、この翻訳が終了したことを神に感謝いたします。

堀口君子

怒り

Anger

「怒る正当な理由があって、怒って当然な人に、適切に、タイミング良く、適当な長さで怒れる人は素晴らしい」

このコメントは、ある本の表紙に書いてありました。怒る正当な理由とは何でしょうか。反感の対象になった多くの人は怒って当然なことなどないと考えます。しかしそれは全く違います。「空腹、怒り、孤独、疲れ」は回復の歩みを遅らせるというので、それらに陥らないように私たちは警告されます。私たちは空腹や孤独や疲れに陥らないようにすることができます。しかし怒らないようにすることができるでしょうか。怒らないようにすべきでしょうか?

「怒りは神聖に備えられた感情である。正しさを求める本能と密接にかかわっていて、建設的でスピリチュアルな目的のために使われるようにされている。邪悪に激怒しない人は善を求める熱意を持たない人だ」と言った人がいます。

不正に抗議したり、誤りを正すエネルギーを生み出す健康な怒りの利点を見たり経験したりしてきました。たぶんこのような原動力は、怒りどころか物事を正すための決断力、勇気、強固な意志です。私が経験から学んだことは、怒りを抱いたときに、怒りが激怒や憎しみになる前にこの力をよいことや建設的な目的のために利用することができるということです。怒りは邪悪、病気、罪に対する抗議のエネルギーとして貴重な恵みです。イエスがしばしば怒ったことを思い出します。そしてそれにはすべて正当な理由があったことは確かです。

この世の容認できない不正な物事や人々に立ち向かう力を与える正しい怒りがあります。確かに怒りは決して些細な事柄からは生じません、しかしいつも命にかかわるほど重大なことから生じます。もしも神から与えられた良い怒りがなかったら、私たちは受け身になり、臆病になり、怒って当然なことに怒ることができないでしょう。

だから、キリストと結ばれる人はだれでも、新しく創造された者なのです。古いものは過ぎ去り、新しいものが生じた。

コリントの信徒への手紙二　五章一七節

新しい年、私たちの回復には何が待っているでしょうか。一つのことは確かです。私たちには終わりがないことです。いつも次のステップがあり、それを再び新たなチャンスとすることができます。次のような作者不詳の文があります。

私たちには大洋の一部しか見えない。
岸壁から二、三マイルの海だけを見ている。
しかし、その向こうに、その波の水平線の向こうに、
まだある海、まだまだある海。

さらに前方に存在するのは神です。未知の海を航海する船の舳のように、救い主である神は前方におられます。神は私たちの未来です。神はすべての人の明日におられ、スタートにおられるのです。前方にあるものが恐いかもしれませんが、不安になる必要はありません。神はすでにそこにおられ、私たちに起こる未来のすべてのことは、まず神に会わなければならないのです。私たちを待ち受けている事柄に、高い力の方、イエス・キリストが共にいてくださるのです。神は共にいてくださる友人であり、救い主です。神は私たちの先におられる方であり、私たちと共にいて、決して離れることはありません。私たちが新しい年の一日一日を神と共に始め、終えることができますように。一月一日はイエスの聖なる名前の供えとして教会にとっておかれています。毎日が今年は神のものでありますように。

聖なるイエス様、あなたのお名前によって、毎日あなたの助けを祈ることができますように。いつも聖なる愛と命がたくさん与えられますように。アーメン

1月2日

わたしたちは、義とされた者の希望が実現することを、〝霊〟により、信仰に基づいて切に待ち望んでいるのです。

ガラテヤの信徒への手紙　五章五節

私たちは回復の将来をコントロールすることはできませんが、明日をどのようにとらえるかによって、今日の生き方を変えることができます。前方にあることを待ち望むとき、私たちは生きているのです。この態度は、希望、または神の摂理への信頼としばしば呼ばれています。明日について確信し、静まることは私たちを今日の恐れと心配から救います。「平安という素晴らしい贈り物」は私たちの自信と未来を期待する眼差しによって与えられます。「大丈夫でしょう」は私たちのモットーです。望みある期待に満たされ、ジョン・ブロウは次のような言葉を書きました。

星が夜空に現れ、
引き潮は海に流れる。
時も、広さも、深さも、近さも、
私を奪うことができない。

私自身が何者であるかを神は知っています。神の方法は私たちのものです。神は急いで行うことをしません。すべてはかなったときに行われます。未来は神の手にあります。私たち一人一人の特別な日々がやってきます。一つのことは確かです。神の愛を信頼することによって未来のすべての日々は望ましい日になるでしょう。聖パウロは現在の時は神が私たちに与える未来の栄光に比べて価値がないと言っています。

「神を愛する者たち、つまり、御計画に従って召された者たちには、万事が益となるように共に働くということを、わたしたちは知っています。」（ローマ八・二八）

主なるイエス様、望みを持って待つことや、あなたを愛して、いつも明日を楽しみに待つことを教えてください。アーメン

1月3日

イエスは彼らを見つめて言われた。「人間にできることではないが、神にはできる。神は何でもできるからだ。」

マルコによる福音書　一〇章二七節

かつて一人の賢い医師が言いました。「患者がどんな病気にかかっているかは重要なことではなく、どのような患者がその病気にかかっているかを知るほうがもっと重要です」

二人の男性が結核を患っていました。二人とも同じ時期にその病気にかかりました。彼らは同じ療養所に行きましたが、一人は完全に回復し健康になり、一八カ月で家に帰れました。もう一人は六カ月後に亡くなりました。なぜでしょうか。体力的にも、生理学的にも違いはありませんでした。しかし、元気になった人は勇気と受容と神への信仰をもって、病気に立ち向かいました。亡くなった人は不満を持ち、心配し、絶望して病気と向き合っていました。決して神様に頼りませんでした。信仰は何と大きな違いを生じさせるのでしょう。

私たちは病気に対して、どんな患者でしょうか。病気やストレスがあることによって自分の弱さやもろさに気がつきましたか。大丈夫です。私たちは、衝動や嗜癖や執念を抑制することに無力です。しかし、私たちは神の言葉で、限りなく助けられるのです。あなたは逃れることのできない事実を受け入れて、神にゆだねますか。

聖なるイエス様、私の無力を知ることができるように目を開かせてください。心があなたの愛を受け入れることができますように。意志があなたの支配と配慮を受け入れることができますように。アーメン

1月4日

見よ、わたしは戸口に立って、たたいている。誰かわたしの声を聞いて戸を開ける者があれば、わたしは中に入ってその者と共に食事をし、彼もまた、わたしと共に食事をするであろう。

ヨハネの黙示録　三章二〇節

　主は私のすべての必要なことについて助けてくださいます。問題は、主の助けを請うかどうかということです。イエスは盲目の人に尋ねました。「何をしてほしいのか。」（ルカ一八・四一）その男は生まれてからずっと目が見えない物乞いでした。それだけしか知りませんでした。イエスは、このような人は見えることを経験したことがなく、見えるということはどのようなことかもわからないだろうから、見えることを願っていないかもしれないということを知っていました。また目が見えるようになってからの生活で、未知への挑戦は恐いかもしれないということも知っていました。しかし、それは良い質問でした。勇気を振り絞って、その男の人は見える道を選びました。あなた自身に尋ねてください。何を願っていますか。本当に回復したいのですか。健康になる覚悟がありますか。本当にこのような責任を果たしたいのですか。麻薬に無力であることを認め、私の生活を自分で管理できないことを認め、十二ステップの第一ステップを取りたいですか。第二ステップを取り、神が私の健全さとものを見る力を回復してくださることを信じたいですか。決定的な第三ステップを取り、イエス・キリストにある神を知り、あなたの生活と意志を神にまかせたいですか。イエス様は私たちの意志に反して働きません。イエスは私たちを呼びます。しかし、私たちに押し付けることはしません。しかし、イエスはいつも私たちと共にいて、私たちの背後に影のようにいるかもしれません。私たちが振り向かない限り、彼は私たちのところにやって来ません。

　救い主である主よ、あなたの呼び掛けに応答したいという願いをもっと持てるように導いてください。そして、あなたの愛のある招きに応えることができますように。アーメン

1月5日

疲れた者、重荷を負う者は、誰でもわたしのもとにきなさい。休ませてあげよう。

マタイによる福音書　一一章二八節

十二ステップの回復をうまく行う人もいるのに、なぜ行えない人もいるのでしょうか。

強制収容所で生き残った人たちから学ぶことがあります。その生存者たちはどうにかこうにか、忠実で期待感のある楽観主義の態度を持ち続けることができました。彼らは自分たちの計画に執着しました。彼らは高い力に依存しました。多くの場合その計画と力はイエス様からいただいたものです。

病と苦しみがあり、神への依頼心が生まれたとき、人々は勝利を味わい始めます。イエス様の十字架の足下に私たちの小さな十字架を置いたとき、イエス・キリストの生活に入り、彼の復活を共に経験するのです。私たちは自由になります。自分自身から自由になります。

自分自身に尋ねてみましょう。すべての重荷を負う必要がないことは素晴らしいことではありませんか。自分の病から解放されますか。自分の古いマネージャーを解雇し、新しいマネージャーであるキリストを雇うことができますか。セルフコントロールからキリストコントロールに変えることができますか。それは自分次第です。イエス様に引き受けていただきますか。

主なる神様、どうぞ私にとって代わってください。私は私の支配に疲れました。あなたの僕として私を受け入れ、私を自由にしてください。アーメン

1月6日

「小さな群れよ、恐れるな。あなたがたの父は喜んで神の国をくださる。」

ルカによる福音書　一二章三二節

　ある裕福な婦人が、神様が彼女を宗教的な生活に召していると感じました。彼女はキリストに従うために一つの例外を除いてはすべてを断念することができると考えていました。彼女にはとても大切な庭がありました。それは彼女が一人になるための場所でした。自分自身が平安になれる場所でした。そして新たな元気を回復できるための場所でした。彼女は秘密の花園への鍵を誰にも渡すことはしたくなかったし、できませんでした。彼女のプライバシーはとても大切なもので、神とも共有できないのでした。それは何と力強い象徴でしょう。私たちはおのおの秘密の花園を持っています。そして、イエスにそれを明け渡さないことがよくあります。私たちは時々、神と距離をおきたいと思っています。神にすべての場所やすべての生活に入っていただくことによって神は答えてくださり、さらにもっと応じてくださるということを知ることはとても難しいことがわかります。

　カルカッタにいるマザー・テレサはかつてこう言いました。

「神は世界に恵みを与えるために私たちの手しか持たないのです」彼女は周りにいる貧しい人々や困窮している人々に手を差し伸べる必要を語りました。しかし、私たちもまた恵まれる必要があります。イエスから顔を隠す手を下ろすことによってだけ見つけることができる恵みです。自由になり、プライバシーへの必要を断念するとき、アダムとエバの恐れから脱出できます。エデンの園で彼らの恥や裸を隠したアダムとエバの恐れから脱出できるのです。私たちも恥じています、見つかることを恐れています。しかし、イエスの手を取るために手を差し出すとき、私たち自身の恵みを発見するのです。必要なことは、隠れているところから出ることです。

　キリスト様、あなたに正直になること、あなたに率直になることはとても難しいです。あなたが私のすべての秘密を見つけること恐れています。あなたの前に裸になることによってだけ、あなたの恵みが与えられ、あなたの王国に入ることができることがわかるように、助けてください。アーメン

1月7日

「生きていてわたしを信じる者はだれも、決して死ぬことはない。」

ヨハネによる福音書　一一章二六節

　断念し、キリストにゆだねることによって、何が起こるのですか？　私たちは喜びの生活に入るのです。警戒心をといてゆだねることによって、安堵と解放感を見い出して、なぜ今までそのように長くかかったのかと不思議に思うでしょう。主が新たに私たちの生活に入るときはいつでも、生まれ変わります。何度も、何度も。旧友として神に挨拶するか、または初めて神に会うかどうかということにかかわらず、すべてのものが新しくされるのです。これは真に良きおとずれ（福音）です。

　キリストと共にすべての霊的であるもののなかで最も優れたものを備えた回復のプログラムの十二ステップを生きることができるのです。キリストは絶望を穏やかで静かな期待に変えます。悩みや苦しみを快い確かな望みと平安に変えます。つまりキリストは恵みと慈悲で私たちをとらえ、回復を実現させます。キリストは私たち一人ひとりに平和という特別な焼印を押してくださいます。

　自分に尋ねてみましょう。キリストが与えるものを受け取る用意がありますか。私が欲しいものではなく、つらくても恵みとして贈り物を受けたいという意志がありますか。自分のプライドにかかわりなく神の霊に私を支配させる意志がありますか。キリストが中心になって自分や他の人に打ち解け、正直になり、愛するようになり、人をいたわり、親切になり、許せる人になる用意はできていますか。毎日が復活の日になることができるように用意されていますか。信じる生活をしますか。

　恵み深い主よ、私に新しい人生を与えてください。私にあなたの復活の力を与えてください。アーメン

1月8日

「だれでも高ぶる者は低くされ、へりくだる者は高められる。」

マタイによる福音書　二三章一二節

恥という語が日常語からほとんど消えてしまいました。恥をかいたり、面目を失ったりという感情は確かに健康的でないのですが、謙虚であることや、厳密な意味での恥の感覚を持つことは正しいのです。恥じ入って赤くなることは不名誉なことではありません。イエスは自分を低くする人をほめています。

罪は行動の評価ですが、恥は感情です。罪悪感に対する感情的な反応です。かゆいときには掻くことが必要なように、恥は罪悪感をすぐに解放します。健康的な恥は悪い行為を認めます。そして、感じやすく、責任を感じます。私はすべきでなかったことをしてしまいましたと告白しながら……。それは許しへと近づくのです。教会はこの健康的な罪の悔恨をいつわりのない正しい悲しみの感覚と呼びます。それは和解への道です。それは修復へと駆り立てる力です。健康的な恥は告白され、きれいにされ、取り除かれ、忘れられます。

不健康な恥は、悪い行いに対する一時的な恥の感情以上のもので、良心の咎めです。良心の咎《とが》めを感じる人は、自己嫌悪、自己叱責、自分嫌いの態度を常に持ち、いかに多く許されても、卑下の感情にとらわれます。このような人は生きていること自体が恥だと感じます。

どちらの場合もどのように私たちが悩むかにかかわりなく、それが健康的な恥であろうとなかろうと、キリストは私たちをキリストの意のままに任せるように招いています。第八ステップと第九ステップは神の招きに応える良い機会です。神は私たちが自分自身を愛し、自由になるように願っています。どんな恥の束縛からも自由に生きるように。

愛する主よ、あなたが差し出してくださる腕を受け入れるために、私を十字架の足下に連れて行ってください。私を抱き私を自由にしてください。アーメン

「『ここにある』『そこにある』といえるものでもない。実に、神の国はあなたがたの間にあるのだ。」

ルカによる福音書　一七章二一節

あなたにとって何が最も差し迫っていますか。今日ですか。明日ですか。それは今ですか。今ではないのですか――今だけではありませんか。最も重要な現実は私たちが経験している今にあるのです。私たちが感じること、考えること、望むこと、気づくことなど、何でも今、心の中にあります。自分自身を知ることは心の中を見つめること、存在の奥まったところを調べることです。内に住むキリストをそこに見つけます。待つ必要はありません。

しかし自身の内部に直面することは何と恐いことでしょう。それが神の国がある場所であると考えることはもっと畏怖の念を起こさせます。心の中の思いや衝動は、魔女が邪悪と動物的なエネルギーを混ぜ合わせたものだと、ある心理学の学派からよく聞いています。そして、無意識は危険で邪悪であるとも。

しかしカール・ユングに関してはそうではありません。彼は偉大な友人であり、アルコール依存症アノニィマスの助言者です。彼は少なくとも無意識の九〇パーセントは金のように素晴らしいと言いました。それを想像してください。心の中の悪を恐れる必要はありません。心の中の王宮の金を採掘することができるのです。そこにある豊かな財産を敬虔な畏敬の念をもって見ることができます。

もし自尊心が刺激されたり、強められたりすれば、神が心の中で働いてくださっているということを信じることができます。それを受け入れれば、すべては変わります。負けることはないでしょう。

何と素晴らしいのでしょう。主よ、あなたは、あなたの命とあなたの国を私たちの心の中に創りました。どうぞ、私の小さな王国があなたの王国にそむかないように助けてください。アーメン

1月9日

1月10日

「あなたが祈るときは、奥まった自分の部屋に入って戸を戸を閉め…。」

マタイによる福音書　六章六節ａ

ここで話された部屋とは何でしょうか。当時の家では今日私たちが知っているような部屋はありません。パレスチナのたいていの家は一つの部屋しかありませんでした。部屋という言葉は魂の内部という意味です。それは物や外界の物質的な場所ではありませんでした。それは主観的で、内的で、霊的なものです。私たちは内にこのような場所を持っています。シェナのキャサリンは彼女の住まいがどんなものであれ、決して消えない礼拝堂を彼女の魂の中に建てたと書きました。誰も彼女からその内部の礼拝堂を取ることはできないし、彼女はそこから去ることはありませんでした。ブラザー・ローレンスはかつていいました。

「神と共にいるために、いつも教会にいる必要はありません。私たちは従順と謙遜と愛の礼拝堂を作ることができます」イエスは私たちの内に聖霊のための教会を作るようにということを言いたかったのです。そこでは他の声が聞こえず、神に話し、聞くことができるのです。十二ステップは私たちを日ごとに祈りと黙想、神との意識的な関係に導く場所でもあります。十二ステップは私たちが私的、霊的な存在で行う日ごとの礼拝の時なのです。

もし神のために設けられた部屋を内に持つとすれ、私たちは家を持てます。その中にいくつかの部屋を持ったらどうでしょうか。讃美の部屋、祈願の部屋、告白の部屋、礼拝の部屋、休息の部屋、とりなしの部屋、黙想の部屋をとることができるでしょう。祈りの必要に応じて、どんな特別な部屋も建てることができます。そして最も価値があるものでそれらを飾ることができます。家には意味あるもの、忘れられないもの、楽しいものを置きます。同じように、祈りの場所に物を備え付けましょう。神を招くために、できるだけ居心地のよい美しい場所にしませんか。それから、神様に入っていただき、永遠にいてくださるように頼みましょう。

イエス様、私自身の内の礼拝堂を覚えてくださいましてありがとうございます。あなたのために私の魂の中にたくさんの部屋を建ててくださいますよう。アーメン

1月11日

ユダヤ人たちは、「御覧なさい、どんなにラザロを愛しておられたことか」と言った。

ヨハネによる福音書　一一章三六節

おじいちゃんはいつも適切なことをいう才能がありました。ある感謝祭の日に彼は小さな孫に七面鳥の鎖骨を折る習慣を話しました。その男の子は願いがかなえられたいと思っていたので、おじいちゃんに負けてしまった時はがっかりしました。

「ぼうや、大丈夫だよ」おじいちゃんは微笑んでいいました。「私の願いはお前の願いがかなうことだよ」

他の人のために、最善を望むことは完全な回復への鍵です。十二のステップでは他の人の幸せと回復に関心が向きます。私たちが健康になり始めると他の人たちと私たちの健康について話したくなります。回復はとても貴重なことなので、黙っていることができません。それは話されなければなりません。他の人の癒しを本当に願うことはそれ自体で癒す力を持つのです。兄弟姉妹のために流される心からの涙は癒しのための本当の薬です。お互いへの愛は神の薬です。

イエスは私たちに新しい心をくださいます。それは新しい力で鼓動する健全で強い心です。しかし私たちの心は愛情ある世話と激励の言葉で他の人の心に触れるときにもっと強くなります。十二ステップと福音は活発な世話とお互いへのサポートで成功します。

主なる神様、あなたが私の心を癒してくださることを知っています。また、他の人々の心が強くなるように私に彼らを助けることを望んでいることも。アーメン

1月12日

「あなたがたの中に、百匹の羊を持っている人がいて、その一匹を見失ったとすれば、九九匹を野原に残して、見失った一匹を見つけ出すまで捜し回らないだろうか。」

ルカによる福音書　一五章四節

ある母親が時々、プルーンを煮込んで食事に出しました。小さな息子はプルーンは大嫌いでした。彼が食べるのを拒んだときは、母親は言ったものでした。「神様はプルーンを食べ残す少年を好きではないと思うわ。神様は怒ってしまわれるわ」

ある晩、その少年は夕食を十分食べてお腹がいっぱいでしたが、皿に入っている残りの二つのプルーンを見ていました。神様が怒ることは気にしませんでした。彼はベッドへ行かされました。数分後、恐ろしい雷雨となり稲妻が走り、雷がごろごろ音をたて、風雨が彼の窓をたたきました。母親は息子が怖がっていると思い、部屋に入ると、「どうしたの、二つのプルーンでこのような大騒ぎにするなんて」と言いながら窓に背を向けて立っていました。

この少年の神の理解はイエスのそれに近く、愛し、理解し、許す神でした。一方、母親の見方は神を恐れる人々の理解に近く、他をコントロールするために使うのでした。それは福音ではありません。しかし、多くの人が行いや考えに恐れと罪の意識で生きているのではないでしょうか。嗜僻の病を持つ衝動的な人々は大きな恐れや恥を感じながらコントロールできない行動をしてしまうことがよくあります。そして神が怒っていると思っています。

しかし、イエスは怒っていないと言っています。神は私たちを愛しています。私たちの弱さや反抗ゆえに神の愛が保留されることはありません。イエスから私たちを引き裂くものは何もありません。どんなに私たちが道に迷っても、イエスは私たちを助けに来てくださいます。私たちの行ったことや、これから行うことが「わたしたちの主イエス・キリストによって示された神の愛から、わたしたちを引き離すことはできないのです。」（ローマ八・三九）

主なる羊飼い、私が迷うとき、恐れを鎮め、私の恥を消してください。そして、あなたの保護と愛を喜んで受け入れることができますように。アーメン

1

1月13日

それから、トマスに言われた。「あなたの指をここに当てて、わたしの手を見なさい。また、あなたの手を伸ばし、わたしのわき腹に入れなさい。信じない者ではなく、信じる者になりなさい」トマスは答えて、「わたしの主、わたしの神よ」と言った。

ヨハネによる福音書　二〇章二七～二八節

アルバート・アインシュタインはかつて言いました。「最も美しいのは神秘的な経験です。もう不思議なことはないと感じたり、何も驚きを感じなかったりする人は死んだも同然です」

私たちが宇宙の神秘を見始めると、知識が増すにつれて不思議さも増すことがわかります。トレミーは一〇二二個の星を数えることができました。ガリレオは望遠鏡で五〇〇〇、一九一六年にある星学者は三〇〇〇億を想像しました。その数字は倍になり、さらに三倍になりました。今、銀河系や、さらに銀河系を超えたところについて話すと震えてきてしまいます。銀河系は六兆マイルの一〇万倍の広さですが、それは大きな知られざる星のシステムのほんの小さな部分でしかありません。

しかし、信仰の神秘についてはどうでしょうか。人生や回復におけるイエス・キリストの偉大さにどのように答えるのでしょうか。世界や救い主への態度は有形、無形の信仰の応答です。聖書に出てくるトマスは実体のあるものだけを受け入れました。彼は実体のある証拠を求めました。私たちの中にはこのような具体的な証拠を要求する人もいるでしょう。しかし天文学者の望遠鏡に信頼し、自分で見たり理解しなくても、信頼できる理論に頼ることができます。

「神のところに行き、任せる」ことは、このような信頼のことをいいます。信頼は多くの人々に働いてきました。他の人に働いてきたものを信頼しませんか。このような信頼は難しく、不自然かもしれませんが、回復は超自然の中にとても多く存在します。「自然にくることを行うこと」で私たちが導かれたことを考えてください。

キリスト様、肉体を持った言葉、私の神秘なる主よ、私が最も必要なものを私に与えてください。あなたの癒し、命を与える存在への信仰と信頼が必要です。アーメン

1月14日

ファリサイ派の人々が、神の国はいつ来るのかと尋ねたので、イエスは答えて言われた。「神の国は、見える形ではこない。」

ルカによる福音書　一七章二〇節

神にゆだねることは神の意志に任せるだけでなく、予期しない神の行為を受け入れることでもあります。神には神自身のやり方があります。私たちはしばしばそれに驚きます。私たちが神の不変の方法を心地よく感じているとき、神は変則的なことを行います。ジョージ・バーナード・ショーの劇でジャンヌ・ダルクは神との会話について質問者に尋ねられます。「どのような意味ですか、声というのは」「私には神が私にどうすべきかをいってくれる声が聞こえるのです。それらは神からくるのです」とジャンヌは答えます。「その声はあなたの想像からくるのですよ」と質問者はさらに続けます。「もちろん、神のメッセージはそのようにしてくるのです」とジャンヌは答えます。誰が、神のメッセージを聞く用意ができていますか。神はあなたの想像を通して私たちに語りかけますか。内に神の国を見い出すことができますか。

　カーディナル・クッシングは小さな女の子がおばあちゃんの膝に座って、創世記の創造の物語を聞いている物語をしばしば話してくれました。おばあちゃんはその女の子がとても静かになったのに気がつき、女の子に尋ねました。「あなたはこの話をどう思う」「このお話大好き。次に神様は何をしてくださるか私たちにはわからないわね」とその少女は答えました。

　聖ジャンヌもその小さな女の子もイエス様が教えてくださることを知っていました。私たちは神の予期しない行為を期待することに慣れる必要があります。かつては衝動のとりこになっていて様々な中毒になっていた人々が十二ステップで神を見い出すことができたことを誰が想像することができたでしょうか。神はご自分で選んだ場所で常に存在することができ、未来にも存在してくださるでしょう。「次に神様は何をしてくださるか私たちにはわからない」それが良いことであるということ以外は。

　想像と予期せぬことを司る神様、あなたが話し、行われることを通して新しいイメージや方法を受け入れることができるよう助けてください。アーメン

1月15日

激しい突風が起こり、舟は波をかぶって、水浸しになるほどであった。しかし、イエスは艫の方で枕をして眠っておられた。弟子たちはイエスを起こして、「先生、わたしたちがおぼれてもかまわないのですか」と言った。イエスは起き上がって、風を叱り、湖に、「黙れ。静まれ」と言われた。すると、風はやみ、すっかり凪になった。

マルコによる福音書　四章三七～三九節

レンブラントはガリラヤの海で起こった嵐の話から一枚の傑作を創作しました。イエスと彼の数人の弟子たちには小さすぎるボートが大波にぶつかっている様子が絵に描かれています。彼らは嵐の真っただ中にいます。舟の装備はゆるみ、風でばたばた揺れています。弟子たちが恐れている様子がはっきりと表されています。ひどい嵐とパニックの中でイエスは起こされました。イエスは父なる神に全幅の信頼を置いていました。思い煩うことなく、神の存在に入り込むかのように、神に信頼しています。この絵画を見て、次のように言うことができます。「そのように信頼することを学ぶことができたらいいのに。人生の嵐の中で、キリストのように、眠れたらいいのに」

その絵を心の中で見ると、周りにどんな誘惑があろうとも「すべては大丈夫」だと感じることができます。その嵐は、恐れ、心配、切望、悲しみ、ねたみから起こっているか、または節制と平安のプログラムへの非難から起こっているとしても、キリストの船の中であなたは安心です。

船の中で眠るイエスの例が、答えです。イエスが十字架への道を歩んだように、「神にゆだねて行く」人々になることです。私たちは管理されてはいません。神が舵を取っているのです。それを知るだけで私たちの嵐のような生活は静まるでしょう。

主なるイエス様、あなたのような信仰と、父への信頼を与えられますように。私がいつも神の子供であることを実感できるように助けてください。そして、平安と平静心を持てますように導いてください。アーメン

1月16日

「求めなさい。そうすれば、与えられる。探しなさい。そうすれば、見つかる。門をたたきなさい。そうすれば、開かれる。」

マタイによる福音書　七章七節

回復を望んでいる人々が現在の状態は環境によるものだと言っているのをよく聞きます。

「休息する時間がなかった」

「運が悪かった」

「上司（または妻や夫）が私に反感を持っている」

「私の落ち度ではない」

自分自身に落ち度がなく、現在の状態になったというのはそのとおりです。落ち度とはかかわりありません。責めても意味がないし、無益です。なぜ人を責めるのでしょうか。私たちは単に病気を患っているか、衝動があったり、体調が良くないだけなのです。自分が原因となったりしたわけではないのです。自分自身を含めて誰かのせいにすることは苦悩を長引かせます。落ち度はないのです。

私たちは悩むことを選んだわけではありませんでした。生きることを選べます。自分に問いなさい。いつまで自分を責めなければならないのですか。いつまで言い訳に頼るのですか。大切なのは、回復したいという願いであることをいつになったらわかるのですか。癒されるために、いつキリストにあなたの生活と意志をゆだねますか。鎖のほかに何を失わなければならないというのですか。

主なるキリスト、私の恥と責めの鎖を取り除いてください。あなたの癒しを選ぶことができますように導いてください。

アーメン

1月17日

「わたしは柔和で謙遜な者だから、わたしの軛を負い、わたしに学びなさい。そうすれば、あなたがたは安らぎを得られる。わたしの軛は負いやすく、わたしの荷は軽いからである。」

マタイによる福音書　一一章二九～三〇節

「しかし、それは難しいです」

そうです。ゆだねることより難しいことはありません。もちろん、それは怖いです。手に余る生活に、イエス様に入っていただくように頼むことがなぜ怖かったり、恥ずかしかったりするのでしょうか。自分たちがコントロールしている生活への脅威として神を見るのですか。神は、私たちを滅ぼす悪魔や、盗人のような種類の人ではないことを知っています。彼は愛する良き羊飼いであることや、愛の主であることを知っています。しかし、私たちは自分のプライドに固執しています。

アダムとイブのように、何でもできる「神のように」なってコントロールしているのでしょう（創世記三・五）。しかし神を神として受け入れることは、もはやコントロールできないということです。それは避けられません。人間性の本質には罪、誇り、自己中心的な頑固さがあります。自分自身に問うべきです。プライドを持ったり、自分を哀れんだりするのは、キリストの道に立っていないのではないですか。私の病気は私の行為ではなく、罪深いプライドが私の行為なのではありませんか。私の病気は問題ではありません。私が問題なのです。助けられるのを頑固に拒絶しつづけますか。いろいろな理由をつけて、神の招きを拒むことによって自分をキリストよりも偉大にしようとしていませんか。

神聖なる友よ、私の頑固な誇りを追い払ってください。私の拒絶の壁を打ち砕いてください。自己中心の意志を取り払ってください。アーメン

1月18日

そうすれば、あらゆる人知を超える神の平和が、あなたがたの心と考えとをキリスト・イエスによって守るでしょう。

フィリピの信徒への手紙　四章七節

たいていの人は三歳の子供が癇癪を起こしているのを見たことがあります。なだめすかすやさしい言葉も子供の耳には入りません。子供に大声をあげたり、叫んだりしても、効果がありません。時には何をしても役に立ちません。このような癇癪は多くは助けを求める叫びです。誰かに代わってもらいたいのです。時には対処できないほどひどい状況に圧倒され、葛藤が起こり逆上しています。私たちも驚いた欲求不満の子供たちのように、振る舞うことがあります。人生はしばしば大変で、扱いきれません。私たちは、あえぎ、怒って叫びます。「どうぞお願いですから、誰かきて、この結末を私から取り去ってください。私にとって、それは大き過ぎます」

　私たちが夢中になって叫んだり、言ったりしている間に、私たちは立ち直り、私たちの身のほどを知らされます（まだ、もがき、不平を言っていますが）。子供にとっては、ふつう、揺りかごや歌、あるいは慰める力強い腕が立ち直る場所です。私たちにとっては、会合、スポンサー、治療センター、キリストの腕なのです。泣き叫ぶ子供のように、私たちに代わって葛藤を取り除いてくれる人や物を請い願っているのかもしれません。それが、私たちのプログラムやキリストへの信仰と強い力が入ってくるところなのです。安心していられる場所です。もし、私たちの必要を神にゆだね、神が代わって行ってくださるとき、「あらゆる人知を超える神の平和が、あなたがたの心と考えとをキリスト・イエスによって守るでしょう。」（フィリピ四・七）私たちが神を父として認め、「私の意志がなされるように」ではなく、「あなたの意志が行われるように」と祈るとき、私たちは最終的に安全と感じ、安心し、平安になるのです。

　キリストなる主よ、すべてのことを理解しようとしたり、コントロールしたりすべきでないことを知るために、葛藤の中にいる私を助けてください。私をあがない、私をその場に置いてください。そこで静かにあなたの強い腕の中にゆだねることができますように。アーメン

1月19日

「偽善者よ、このように空や地の模様を見分けることは知っているのに、どうして今の時を見分けることを知らないのか。あなたがたは、何が正しいかを、どうして自分で判断しないのか。」

ルカによる福音書　一二章五六～五七節

大学に行っている若い女性が両親に次のような手紙を書きました。四カ月たってはじめて書いた手紙でした。

お父さんとお母さんへ

前に書いたときからだいぶ経ってしまいましたが、寮の火災と怪我について心配させたくなかったのです。逃げようとしたときに窓から落ちてしまい、脳しんとうを起こしました。救急車がくる前に私を助けてくれたガソリンスタンドの店員さんについて書きたいと思っていました。もう病院を退院しました。その店員さんと修理工場の上にある彼の部屋で今は一緒に住んでいて、とても元気です。私は彼を愛していて、もうすぐお父さんとお母さんはおじいちゃんとおばあちゃんになるのを知ればとてもうれしくなるでしょう。

最後に、心配しないでください。火事も起きなかったし、窓からも落ちませんでした。怪我もしませんでした。誰とも一緒に住んでいません。お父さんとお母さんはおじいちゃんとおばあちゃんにもなりません。このようなことを書いたのは生物でDを取り、歴史ではFを取ってしまったからです。私はそのことを客観的にとらえてほしかったんです。

物事をいくつかの視点で考えるのは何と賢いのでしょう。見方はとても大切です。どう考えるかはどう行動するかにつながります。行動する前にいつも考えます。しかし、考えは正しくないこともあるし、失敗することもあります。私たちのプログラムでは、しばしば間違った見方をしたために、進歩を見落とします。神にゆだねると、苦痛や問題と同じように、勝利も見い出せます。この大学生のように、物事がさらに悪くなることもあり得るということを知る必要があります。自分の人物調査をするときに自分の強さを弱さと同じように見る必要があります。そして、神が私たちの見方を正すのを受け入れることです。

主なる神様、私の見方を明確に、現実的にしてください。急いで行動したり、反発したりする前にすべての角度から物事を見ることができるように助けてください。アーメン

1月20日

イエスは皆に言われた。「わたしについて来たい者は、自分を捨て、日々、自分の十字架を背負って、わたしに従いなさい。自分の命を救いたいと思う者は、それを失うが、わたしのために命を失う者は、それを救うのである。」

ルカによる福音書　九章二三～二四節

もし麻酔を使わないならどうして痛みに耐えることができるでしょうか。多分できないでしょう。私たちは依存症になり、ある物質や人、活動に嗜僻するようになり、中毒になりました。しかし依存から解放されることができます。苦痛に関してこのことを覚えておかなければなりません。私たちが原因ではなかったのです。私たちにはコントロールできないし、それを治すこともできません。しかし、神はとにかく私たちに奇跡を創造してくださいます。

十二ステップは私たちが苦痛に耐えられるように助けます。最初の三つのステップは、私たちを解放します（これらは明け渡しステップです）。次の三ステップは、癒しと、自分との和解です（癒しステップ）。次の三ステップは、修復と他の人との和解です（修復ステップ）。最後の三ステップは、自由と健康を維持します（維持ステップ）。

たとえ衝動が治らなくても、それは抑えられています。私たちはすぐに良くなるでしょう、良い状態よりも良くなるでしょう。

何の苦痛や緊張を感じないでも回復できることを期待していますか。または私たちのために、イエス様が耐えられた苦痛から勇気を得て回復での苦痛に賭けてみますか。

十字架上の主なるキリスト、あなたは私のために苦痛と苦しみを耐えてくださいました。私の痛みを耐えられるように助けてください。私に勇気を与えてください。アーメン

1月21日

イエスは、これを聞いて会堂長に言われた。「恐れることはない。ただ信じなさい。そうすれば、娘は救われる。」

ルカによる福音書　八章五〇節

重大なスピリチュアルな危険の一つは、特に回復のステップを歩むときの「実にいやな」思いです。妄想はたくさんの形をとって現れます。一つの間違った思いは、神は私たちを助けることはできないし、これからも助けることはないというものです。そのように考えるとき、恐れが私たちを支配するようになります。再発への恐れ、過去のことがらへの恐れ、罪への恐れ、当惑への恐れ、孤独への恐れ、人間関係への恐れ、再び傷つくことへの恐れ、事故への恐れ。どんな恐れであろうと私たちにとりつくと「いやな結果」になります。

神は私たちを助けることはできないし、これからも助けることはないと思う時、これらの恐ろしい結果を甘受することになるでしょう。しかしながら、神の力は私たちに降りかかるどんな悪よりも大きいと確信する時、自信と希望を持って生きることができます。恐れと冷静な用心深さの違いを見分けることができます。恐れは私たちを麻痺させ、追い詰めます。用心は誘惑に導かないし、邪悪から私たちを解放します。愚かな間違いを避け、安全なプログラムのステップを歩みます。用心深い人は明確に考えたり、本当の危険を見たり、物事を無理なく敢行することができたりします。

全世界は神の手にあることを確信するとき、聖パウロと共にしっかり立つことができます。彼は次のようにいいました。

「御計画に従って召された者たちには、万事が益となるように共に働くということを、わたしたちは知っています。」（ローマ八・二八）神の意図とは何でしょうか。私たちは神を愛し、信頼すべきであるということではないのですか。愛と信頼には恐れがありません。ですからイエスが私たちに語るとき、聞きなさい。「恐れることはない。……私はいつもあなたがたと共にいる」（マタイ二八・一〇、二〇）

主よ、恐れを避け、慎重さを備えた考えを持ち続けられるようにしてください。愛と信頼であなたに頼ることができるように助けてください。そして、心配や不安な心に負けないように助けてください。アーメン

1月22日

『悪い者から救ってください。』

マタイによる福音書　六章一三節

エンジェルズはニューハンプシャーに住んでいました。かつてホワイトマンティンにブルーエンジェルズと呼ばれる組織がありました。そのメンバーの車の屋根には青のフラッシュライトがついていました。エンジェルズたちは救急用品、食物、コーヒー、ロープ、ガソリン、他の救急用具を持っていました。これらのボランティアたちは曲がりくねった雪道でパトロールし、動けなくなったドライバーを探していました。誰でも困っている人は助けられ、質問もされず、説教もされずに助けられました。その助けは無償で、無条件に与えられました。

私たちにはこのような天使がまだいるのです。彼らは十二ステップに従い、イエス様をキリストと信じる回復途上の人々です。彼らは神の天使ではありませんが、すべての天使たちが与える愛と奉仕を差し出します。愛の手だけがつなげる糸がついた親切で思いやりのある行いとしての愛と奉仕です。

このような寛容と親切を十二ステップのミーティングで多く経験します。見えないかもしれませんが、青い光はいつもついているのです。回復への助けはいつもそこにあります。何人かの人は雪の中で、ほとんど凍った状態にいます。無力な状態で発見されます。私たちは救助され、個人的にミーティングや教会に連れてこられました。自分で助けの光を見つけて来た人もいます。しかし、一つのことは明らかです、回復と救いは神の天使のように、いつもそこにいるのです。

私の凍りついた命を救う人、どうぞ私を助け、天使を送ってください。そして、その代わりに、あなたの天使のようになれるように助けてください。アーメン

1月23日

「どこかの家に入ったら、まず、『この家に平和があるように』と言いなさい。平和の子がそこにいるなら、あなたがたの願う平和はその人にとどまる。もし、いなければ、その平和はあなたがたに戻ってくる。」

ルカによる福音書　一〇章五～六節

統制の反対は平和です。私たちは、よく言います。「私が欲しいのは心の平和です」と。しかし、すべてのことや、人々を統制するために結論を強制し続けようとしたり、手に汗をにぎったりするような努力をしています。統制し続けることは平和的ではありません。イエスは彼の道を授けます。それはゆだね、受け入れることです。

主はまず自分自身を受け入れるように招きます。主は私たちの一人一人が、あるがままの自分であるように励まします。主はまた私たちは他の人の命も同じように受け入れるべきであることを気づかせます。「生きなさい、ゆだねなさい」は主からのメッセージであり、すべての十二ステップのスローガンでもあります。すべての回復は統制の支配から解放される過程です。自己統制や他人の統制は私たちの病気の本質です。

私たちが平和を差し出すなら失うことはないとイエスは語ります。私たちの平和が平和の御子にとどまるか、または戻ってくるかのどちらかです。統制したり、結果を操作したりする努力をしなくても、私たちが自由に与えたり、進んで差し出したりすることは御子にとどまるか、自分に戻ってくるかのどちらかなのです。

主なるイエス様、私が喜んで任せられるように、他を統制しようとする衝動をゆるめられるように、助けてください。あなたの受容の霊が私に与えられますように。結果を操作しないように助けてください。アーメン

1月24日

「わたしは、平和をあなたがたに残し、わたしの平和を与える。わたしはこれを、世が与えるように与えるのではない。心を騒がせるな。おびえるな。」

ヨハネによる福音書　一四章二七節

もし、私たちが平和でなかったらどうなるでしょう。持たないものをどのように人に与えることができるでしょうか。私たちはイエスから平和を得ます。彼は私たちに与えます。私たちはそれを受け取ります。平和の王子は理解を超えたところで、私たちに平和を与えます。

どのように平和を受け取るのでしょうか。それを求めることです。不機嫌で、苦しんでいる心を手離すのです。私たちは自分自身の価値に本当に自信がありませんから、私たちや他の人たちの現状に決して満足しません。

しかし、不満も私たちのために効きます。不安の感覚がとても強いので、疲れきってしまい、降参してしまいます。それは素晴らしいスタート点です。安定しないままでいるのではなくキリストにあって休息できるのです。彼の膝に私たちの気がかりなことを置くのです。自分自身や他の人へ焦点を置かずに、主に焦点を置くのです。

キリストは私たちが望むものを持っています。キリストは私たちの苦しみ、恐れている心を静めることができます。私たち一人一人に慰めの言葉をくださいます。キリストは私たちのために持っているもの――平和を私たちが受け取るよう切望しています。

平和の君よ、わたしのためにあなたが持っている平和を私にください。それを恵みとして受け取れるように助けてください。

アーメン

1月25日

そこで、ヨハネが言った。「先生、お名前を使って悪霊を追い出している者を見ましたが、わたしたちと一緒にあなたに従わないので、やめさせようとしました。」

ルカによる福音書　九章四九節

イエスが他の人たちをコントロールしようとしないことは驚くべきことです。彼の力は魅力の力でした。力や統制ではないのです。彼は武器ではなく招いたのです。良い行いをしている人がいて、イエスの名前を使わず癒しているのを彼の弟子たちが見たときに、イエスは「彼らをそのままにしておきなさい」と弟子たちに言いました。もし良いことをしているなら、たとえ彼らが正式な資格を持っていないようにみえても、誰にとってもそれは良いことです。

私たちはしばしば何と異なるのでしょう。私たちは人々に自分たちの方法で行うように試みたり、私たちのルールに従わせたりしようとします。自分たちの型に他をはめ込もうとするのは無理です。他の人の良い点をほめたり、受け入れたり、人々の中の明確な違いを認識したりすることはずっと良い結果をもたらします。

アドバイスしたり、私たちの回復への考えに他の人を導いたりすることは簡単です。あなたの友人は自制的で、禁酒していますか。あなたのグループのメンバーたちは率直で、安定し、愛情深いですか。彼らは自信と情熱を持って成長していますか。それだけで十分です。彼らは私たちと共にいて、私たちに反対はしません。

主なる、救い主、どうぞ、回復途上の人々や彼らのやり方に安心できますように、助けてください。回復途上の人たちを辛らつに批判しないようにしてください。アーメン

1月26日

そのとき、ペトロがイエスのところに来て言った。「主よ、兄弟がわたしに対して罪を犯したなら、何回赦すべきでしょうか。七回までですか。」

マタイによる福音書　一八章二一節

兄弟が私たちに罪を犯した時、父が私たちを捨てたり暴力をふるった時、姉妹が私たちを馬鹿にしたり傷つけたりした時、誰かが私たちに痛みを与えた時、それらを覚えていて数え上げ恨むことは簡単なことです。

　過去の失望や現在の状況を誰かのせいにすることはしばしばあります。古い傷や恨みをあたため、それを抱いていると、過去の恨みはある生き方になってしまいます。彼らを許すのですか、どうしたらできるのですか。憤慨する理由はいくらでもあります。彼らが責められるべきです。私たちは犠牲者です。恨みは正当化されます。

　もちろんそうです。私たちの怒り、激怒、憎しみは正当化されます。しかし、恨みや非難は正義にかなうのでしょうか。復讐で清算することができますか。憎しみや自己憐憫は何かを解決するでしょうか。十二ステップではそう考えません。イエス様もそのようには考えませんでした。

　実際、回復のプログラムが与えるものと十二ステップが与えるものは、出口なのです——平和と平安への道、許しの道です。癒しは自己を許すこと、他を許すこと、ゆだねて生きることから来ます。

　主なる救い主、私を荒廃させる恨みを清めてください。私の過去の痛みを忘れさせてください。平安を与えてください。あなたの許しの方法を私にください。アーメン

1月27日

「人を裁くな。そうすれば、あなたがたも裁かれることがない。人を罪人だと決めるな。そうすれば、あなたがたも罪人だと決められることがない。赦しなさい。そうすれば、あなたがたも赦される。」

ルカによる福音書　六章三七節

イエス様は私たちを自由にしたいのです。十二ステップは私たちを自由にしたいのです。生き、ゆだねて生きてほしいのです。自分自身を許すことにより、生きることができ、他の人を許すことにより、ゆだねて生きられます。片方の手は他方の手を洗います。

主は私たちが自由になることを望んでいます。そして逃れることができない私達の心や精神を解放してくれます。主は平安という貴重な贈り物を差し出してくれます。しかし、次のような場合はこの恵みを受け取ることができません。腐食させる酸のような辛さや悪性のがんのような恨みが私たちの魂をむしばんでいる間は、過去においてどんな無礼者が行ったことよりももっと害を及ぼし、私たちが恵みを受けられなくしています。

イエス様は辛い過去から自由になるように命じます。恨みを忘れること、神によって、正しさが行われることを要求しています。辛く、ひどい状態になる理由がありますか。主は私たちに良くなってほしいのです。

良くなるということは、清められ、過去の痛みが癒されることです。「ゆだねて生きる」ことは過去の不正がキリストの救いの愛で火葬用の薪の上で清められることです。この愛はキリストの存在と彼自身の贈り物です。彼にゆだねる祈りを通してのみそれは来ます。

魂の癒し主よ、自由と救いをお与えください。私の辛さを焼き捨ててください、そうすれば私はあなたの愛のやさしさのなかに生きることができます。アーメン

1月28日

しかし、彼らがしつこく問い続けるので、イエスは身を起こしていわれた。「あなたたちの中で罪を犯したことのない者が、まず、この女に石を投げなさい。」そしてまた、身をかがめて地面に書き続けられた。これを聞いた者は、年長者から始まって、一人また一人と、立ち去ってしまい、イエスひとりと、真ん中にいた女が残った。イエスは、身を起こして言われた。「婦人よ、あの人たちはどこにいるのか。だれもあなたを罪に定めなかったのか。」女が、「主よ、だれも」と言うと、イエスは言われた。「わたしもあなたを罪に定めない。行きなさい。これからは、もう罪を犯してはならない。」

ヨハネによる福音書　八章七～一一節

姦淫の罪を犯した女性を捕えたいく人かの法律学者やパリサイ人に、イエスは「あなたたちの中で罪を犯したことのない者が、まず、この女に石を投げなさい」と言いました。皆、このテストに合格できませんでしたから、誰も石を投げませんでした。モーゼの十戒の下では彼女は罰を受けることになっていましたが、イエスは世界に新しい法律をもたらしました。恵みによるもので、正しさによるものではない法律です。もし報いを受けるとすれば、もし正しさが基準として使われるなら、すべての人は確実に罰を受けます。

二〇年間のプログラムを完了したある人のお話があります。その人は教会や地域社会の活動に積極的でした。そして優れた市民でした。この人が亡くなって聖ペテロの前に現れたとき、入場資格がありました。「あなたは入場するのに二〇〇〇ポイント必要です」

すべての生涯の業績を復唱しながら、ペテロはその応募者に言いました。「よろしい、それは三ポイントです」「その場合は神の恵みのみが私を入れて下さるのですね」と応募者が言いました。「そのとおり。ではそれは一九九七ポイントですね、入りなさい」とペテロは答えました。

主なるキリスト様、私の救い主、正義の前に恵みを求め、仕えられるように助けてください。どうか、私自身と他の人のために、私をあなたの愛の道具としてください。そして、法律よりも恵みで生きるようにさせてください。アーメン

1月29日

そこで、イエスは言われた。「ある人が盛大な宴会を催そうとして、大勢の人を招き、宴会の時刻になったので、僕を送り、招いておいた人々に、『もう用意ができましたから、おいでください』と言わせた。」

ルカによる福音書　一四章一六～一七節

イエスは私たちを晩餐会に招きました。お料理が今、私たちを招いています。すべてが準備されています。テーブルは用意され、食べ物が出されています。

「テーブルに来なさい。熱いうちに食べなさい」と私たちは言われます。待ったり、ためらったりしていると食事はおいしくなくなります。

キリストの召しは饗宴に来ることですし、喜ばしいご馳走を食べに来ることです。このような祝いを私たちが受け入れられないのは何のためでしょうか。多分私たちにはその招待のことが聞こえなかったのでしょう。私たちは多分そのパーティーは楽しいということが信じられなかったのでしょう。どんな理由にしても、今は言い訳できません。確かに私たちは空腹や渇きを感じます。確かに私たちは食べ物を与えられる必要があることを知っています。最も確かなことは喜びとお祝いを経験することができるということです。

感謝すべきことに、神は忍耐強く、私たちに招待状を送り続けています。彼の招待は今です。それは決してストップしません。彼は私たちをいつも養ってくださる用意をしています。彼の食事は冷たくなりません。神は喜んで用意しています。恐れや恥や無関心のため、躊躇したり、それを見落としたりするかもしれません。しかし見落とし続けることはありません。イエスはいつでも私たちを受け入れる用意があります。私たちが必要なのは、言い訳することをやめて、彼のテーブルに来て座ることだけです。

恵み深い主よ、あなたの招きを受け入れるために、私を立ち上がらせてください。私の怠惰な生活を止めさせ、私の弁解を消し去り、私の恐れを静めてください。アーメン

1月30日

夜は更け、日は近づいた。だから、闇の行いを脱ぎ捨てて光の武具を身に着けましょう。

ローマの信徒への手紙　一三章一二節

　キリストの招きを聞くことはなぜそれほど難しいのでしょうか。まるで耳が聞こえないか、死んでいるようにキリストの声が聞こえません。彼の声が、あたかも、石の壁のように跳ね返るのです。しかし、キリストは私たちの無頓着に浸透することができます。死に瀕している時でさえ、御子の声が、神は私たちと共にいると呼んでいるのを聞くことができるのです。たとえ私たちが、キリストに鈍感になったり、感覚がなくなったりしても、彼は手掛りを発見してくれます。聖パウロは私たちに引き延ばされる時間はないということを気づかせます。彼は次のように言っています。
「更に、あなたがたは今がどんな時であるかを知っています。あなたがたが眠りから覚めるべき時が既に来ています。今や、わたしたちが信仰に入ったころよりも、救いは近づいているからです。夜は更け、日は近づいた。だから、闇の行いを脱ぎ捨てて光の武具を身に着けましょう。」（ローマ一三・一一～一二）
　私たちは知らないのですか、気づかないのですか。私たちは生きて目覚めている必要があることはわかっています。あまりにも長い間眠り過ぎたことを知っています。キリストは私たちが経験しているどのような死も取り消す用意があります。彼は私たちが無遊病者であることを望まず、私たちの自由と新しい命だけを望んでいます。しかしこの命を私たちは選択できるのです。キリストが私たちを揺り動かすのと同じように、私たちは聞き、自分自身で目覚めなければならないのです。
　私の気づきを高め、気づきを増してください、主よ、そうすれば私は聞き、目覚めることができ、あなたにあって生きられます。アーメン

1月31日

そして、言われた。「はっきり言っておく。預言者は、自分の故郷では歓迎されないものだ」。

ルカによる福音書　四章二四節

ある人が自分の芝生の中に生えたたんぽぽについて農林省に手紙を書きました。

「関係者へ
私の芝生はタンポポに汚染されています。私はそれらを抜き、薬をまきました。あらゆる道具も使いました。しかし、タンポポは増えつづけています。私の知恵は種切れになってしまいました。どうしたらよいでしょうか」

農林省は書いて寄こしました。

「拝啓　あなたはタンポポを取り除くことができないということですが、私たちはあなたがそれを好きになるように勧めます。あなたはそれを食べるようになるかもしれません」

どの人の人生にもこのようなタンポポはあります。単に受け入れなければならないのです。たとえ、それが簡単でないにしても。私たちのタンポポのリストの初めは衝動であり、嗜癖です。私たちは髪の色を選ばなかったのと同じように、それらを選んだわけではありませんでした。しかし、受容は平安への鍵です。そして、変わることもそうです。私たちは自分の状態を認め、受け入れることによって、助けを見い出すことができます。そして、回復と癒しのために十二ステップに向かい、キリストに向かったりするのです。どうにもならない雑草管理や不平を言うことは助けになりません。それは主ができることです。そして十二ステップができることです。

主よ、どうぞ自分を受け入れられるよう、私を助けてください。あなたの恵みである平安を求められますように。勝利を得て生きることができますように。そして、無理をしたり、不平を言ったりすることで、自分を疲れさせないようにしてください。アーメン

Arguments

議論

原則に関しては同意すると言う人は、例外なくあなたと言い争う用意があることに気づきました。議論は通例はあまり生産的ではありませんが、討議は生産的です。議論は基本的には二人の人が自分が正しいと主張する戦いです。それは勝負です。誰も負けることを望みません。勝つことが目的です。残念ながら私たちは他方の側が見えず、自分たちの側しか見えません。このことは宗教的な議論でもよくあります。スポルジョンは次のように言いました。

「聖霊が示すことを多く語る人は他の人に聖霊が示したことをほとんど考えない」

冗談に次のように言った人もいます。

「いかなる議論も二つの側があり、それらは互いに密接に結びついている」私たちは二つの側があることを忘れていることが多いのです。

二つの側があり、両方とも勝つべきであるということを忘れないようにすることによって、議論は討論に変えることができます。Win-win の関係は両側にとって学びをもたらし、それぞれにとってその話し合いは有益です。聞いて学ぶことは示して話すことと同じように重要です。

質問をすること、他の人の意見や考えに好奇心を持つことは討議されている事柄の質を向上させ、聖化させます。理解が目的であり、勝ち点ではないのです。

個人的な意見として前置きしたり、私の意見は間違っているかもしれないと前置きして、議論を避けることができることがわかりました。そのように考えるのがあなた一人だとすれば、正しいかどうかはそれほど重要ではありません。ある考えや感情を他の人のせいにする前に、「私の考えは間違っているかもしれないが、あなたは今日、あまり元気でないように見える。その通りですか、それとも私が想像しているだけでしょうか」ということを忘れないようにしている。

このようにして、私への攻撃や推測をされずに、賛同されたり正されたりする活路を開きます。

2月1日

イエスは言われた。「惑わされないように気をつけなさい。わたしの名を名乗る者が大勢現れ、『わたしがそれだ』とか、『時が近づいた』とか言うが、ついて行ってはならない。」

ルカによる福音書　二一章八節

約一〇〇〇年前、あるスペインの王国は外国に侵入され攻撃されていました。何年もの間、一つの小さな砦はエルシッドと呼ばれる優れた指導者のお陰ですべての急襲に抵抗してきました。この偉大な指導者が死んだとき、彼の部下たちはあるアイデアを考えつきました。彼らはその死体に武具を着けさせ、手には剣を結びつけ、馬に乗せたのです。エルシッドの死体を先頭にして、スペイン軍は戦いました。しかし、彼らはすぐに敗退しました。なぜなら、このような行為に誰もだまされませんでした。窮余の策は失敗し、勝利の代わりに、絶望へと導きました。

私たちはしばしばミーティングやステップを通る道でごまかそうという誘惑にかられます。自分自身を欺き続け、真実を被い続けます。古い死体を支えたり、通用しなくなった考えで正装したりすることは絶えざる誘惑です。古い方法を求め、古い楽しい時に憧れ、楽しい経験の思い出を憧れ求めます。私たちはそれらが死んで、もう戻らないことを知っているのです。

回復は悲しみや苦しみを含んでいます。そして、悲しむことは健康や回復にとって、必要なステップなのです。悲しみの仕事の最初の目標は現実の受容です。これは、回復の第一歩です。「私たちは力がないこと、私たちは生活をコントロールできないことを認めました」と。これが真実です。その真実は変えられることはできないし、見栄えよくされることもできないし、元気であると見せかけることもできません。神に感謝します。主は命のない体でもありませんし、舞台の柱でもありません。キリストは生きておられ、力強く活発に私たちと共に、回復の新しい命を勝ち得ています。

天にまします父よ、私の目をはっきりと、その求道を正直なものにしてください。私に真実を示し、それを受け入れられるよう、助けてください。私はあなたの力と命に信頼していますから。アーメン

2月2日

こういうわけで、兄弟たち、神の憐れみによってあなたがたに勧めます。自分の体を神に喜ばれる聖なる生けるいけにえとして献げなさい。これこそ、あなたがたのなすべき礼拝です。

ローマの信徒への手紙　一二章一節

H・G・ウェルはかつて言いました。

「神を見い出すまでは私たちには始まりがありません。そして終わりのない働きをするのです」

　これは嗜癖からの回復や解放のためのモットーです。神を見い出すまでは、私たちの回復は始まらないし、どこにも行き着かないのです。私たちの発見や神への祈りは嗜癖の病のためにある特別でユニークな治療ではありません。神はすべての人に必要です。神は空気や水や食べ物と同じように、命にとって必要なのです。

　人間は本能的に礼拝します。私たちは拝み、エネルギーや忠誠心を何かに捧げます。これは選択ではありません。私たちは何か重要な目的、グループ、活動、人を信じているにちがいありません。悲劇は偽りの頼るに値しない神々を選んだということです。十戒の最初の戒めは「私以外の他の神を持ってはならない」のです。アブラハム、イサク、ヤコブの神、唯一の神、主なるイエス・キリストの父だけが、礼拝に値するのです。神のみが私たちを癒すことができます。富、名声、喜び、力、知識はキリストにある神の代わりとなることはできません。これらのものは私たちに起こるかもしれませんが、それらを崇拝することによってではありません。イエスは言いました。

「何よりもまず、神の国と神の義を求めなさい。そうすれば、これらのものはみな加えて与えられる」（マタイ六・三三）

　わたしがあなたの前に何も置かないように助けてください、神様。アーメン

罪から解放され、義に仕えるようになりました。

ローマの信徒への手紙　六章一八節

十二ステップの初めはしばしば「絶望のステップ」と呼ばれます。絶望の中では生活を管理することができない、私たちは嗜癖には無力だということを認めます。第二のステップは高い力だけが健康と明るさを取り戻してくれるのだということを認める用意をします。それから決定的な第三ステップ、「明け渡しステップ」を取ります。それは最も重要で、最も難しいステップです。それはプログラムを行うか行わないかをはっきり決めるステップです。そこで私たちの生活と意志を真に神へ服従させなければならないのです。次の言葉は私たちを激励してくれます。

何年もの間、欲しいものにしがみついていました。回復は手放したくないものをあきらめ、自分を神の手に置くことです。私たちは自分を神に与えます。

「神の膝にわたし自身を投げ出す」とき、走ったり、戦ったりすることを止められるのです。私たちは、今から安全で健全になるのです。私たちではなく神が望むように。

主よ、私の服従を受け入れるためにそこにいてくださることを感謝します。生活をやりくりすることに疲れています。どうぞ、代わってください。アーメン

2月3日

服従することは、
あなたが欲しくないものを
捨てることではなく、
あなたが欲しいものを捨てることです。

2月4日

「このように、あなたがたは悪い者でありながらも、自分の子供には良い物を与えることを知っている。まして、あなたがたの天の父は、求める者に良い物をくださるにちがいない。」

マタイによる福音書　七章一一節

回復のプログラムの大切な秘訣は正直であることです。気づきは鏡で自分を見ることができるようになることであり、欠点のみを見ることではありません。私たちは悪い点を数える傾向にあり、自分の徳を見過ごしています。もちろん自分の欠点を認めることは易しくありません。しかし、自分の長所を見ることは難しそうにみえます。私たちは異なった二つの標準を持っているように思えます。いままでに一度だけ行った何かの行為について、欠点や性格の欠陥として数え、絶えず表している性質のみを徳や長所として、数えています。

私たちが、初めの四ステップをかろうじて通過するとき、徳よりも欠点を挙げます。しかし、正確でバランスのとれた人物調査記録が回復の継続に必要です。たぶん第四ステップは一回では十分ではありません。何回もその作業を繰り返す必要があるかもしれません。真のバランスシートには長所と欠点の両方を表すということに気がつくと、人物調査記録はあまり難しくなくなるでしょう。

なぜ、この正確な人物調査記録を正直に行うのは難しいのでしょうか。私たちが神に愛されていると思っていないということではないでしょうか。私たちの多くはいかに多くの欠点があるか、長所があるかということに関係なく、自分たちの子供を受け入れ、愛しています。彼らをただ愛しているのです。もし、神が私たちの父であることを信じていれば、確かに子供たちをもっと愛してくれていることに気づきます。イエスは私たちに次のようなことを思い起こさせます。もし親が子供たちにいかに良い贈り物をするかを知っていれば、必ず私たちの天の父なる神はもっと物惜しみしないということを。

主なるキリスト、あなたは私たちに正直で、真っ直ぐになるように命じています。私が真実を見極め、真実と共に歩み、真実だけと共に生きられますように。アーメン

2月5日

「医者を必要とするのは、丈夫な人ではなく病人である。わたしが来たのは、正しい人を招くためではなく、罪人を招くためである。」

マルコによる福音書　二章一七節

テネシー・ウィリアムズの偉大な劇である『欲望という名の電車』の中心的な人物はブランシェという米国南部に住む洗練された女性ですが、彼女の欠点は弱さと衝動でした。彼女の人生は崩壊しそうです。彼女の話し過ぎは、そのパニックの表れなのです。恐れれば恐れるほど彼女は話します。ますます苦境は悪化します。愛と受容は彼女に関わらないまま過ぎて行ってしまいます。彼女は寂しく、一人でいることになります。彼女の「話し癖」は彼女を愛する人々に不快感を与えます。ブランシェはミッチに会います。その人は彼女の友人になるようなタイプではありませんでした。彼は太っていて、汗かきで、粗野で、鈍いのです。彼は寂しく、愛されていないことは想像がつきます。その劇の美しい場面でブランシェは、過去の悲劇を話します。ミッチは彼女をハッグして言います。

「君は誰かを必要だし、私も誰かが必要だ。それはあなたとわたしということになるかな、ブランシェ」

初めはショックを受け、侮辱されたと感じます。それから、突然に叫び声をあげてミッチの腕が彼女を抱くのを受け入れます。彼女は泣きながら言うのです。

「神は時々、すぐに来てくださる」

私たちの多くは神の突然の抱擁を感じたことがあります。十二ステップの回復の道を歩こうとした時に、愛を最も必要とした時、絶望している時、すてばちになった時、「神はすぐに来てくださる」のです。私たちが断念し、望みを捨てた時、不思議に、理屈なしに、理由なしに、神は病んだ魂に癒しの手を置いてくれます。その時、新しい健康を見い出せるのです。無力でコントロールできないことを知った時、最低の状態にいる時、このようなことが起こることは、驚くべきことではありませんか。

偉大な医者、あなたの腕で私を抱いてください。あなたの手を私に置いてください。私は病気であなたの癒しが必要です。

アーメン

2月6日

つまり、神はキリストによって世を御自分と和解させ、人々の罪の責任を問うことなく、和解の言葉をわたしたちにゆだねられたのです。

コリントの信徒への手紙二　五章一九節

イエス様、すべての傷と苦しさを忘れることを教えてください、許すことを教えてください。それで、私はあなたの御顔を見ることができるでしょう。アーメン

偉大なレオナルド・ダ・ヴィンチは「最後の晩餐」の仕事を始める前に、仲間の芸術家とひどい言い争いをしました。レオナルドはとてもつらく、彼の敵対者をひどく怒っていたので、その芸術家の顔をイスカリオテのユダの顔に描きました。しかし、ダ・ヴィンチはイエスの顔を描こうとした時に、イエス様の表情を見いだすことができませんでした。一生懸命描こうとすればするほど、イエス様の顔は彼から見えなくなりました。とうとう彼のフラストレーションはイエス様自身の行いであるという結論に達しました。なぜならユダに彼の敵対者の顔を描いたのです。彼はユダの顔を消してイエスの顔にとりかかりました。そして、今回は成功しました。レオナルドは憎しみや苦しさの表情を他の人の顔で描き、同時に自分の生活にキリストを描くことはできないことを知りました。

私たちが許さず、憎しみや他の人への恨みを消さないならば、キリストを見ることができません。許しと平和はともにくるのです。許しという優しさなしに、回復や平和は不可能です。

絶えず祈りなさい。どんなことにも感謝しなさい。これこそ、キリスト・イエスにおいて、神があなたがたに望んでおられることです。

テサロニケの信徒への手紙一　五章一七〜一八節

私の祈りは答えられました、最も恵まれたのです。

祈りは高い力との会話です。回復の途上にあるクリスチャンにとって、祈りはキリストとの対話です。キリストは祈りのパートナーです。私たちの思いが主に向かったとき、私たちは祈っています。キリストの眼を通して人生の事実を見るとき、祈っているのです。祈りは主への相談です。

最も良い祈りの一つは聖トマス・アクイナスによって与えられました。

「主よ、しっかりした心をお与えください、価値のない思いにひきずられないように。つまらないことで疲れない元気な心を。何の価値もない目的で脇道にそれることがないように正しい心を与えてください。アーメン」

主よ、祈りの中で、あなたのために鼓動する心を与えてください。

アーメン

神は特別な方法で祈りに答えてくださいます。必要なものを送ってくださいます。リクエストしたものよりも必要なものを送ってくださいます。次にあるのは作者不詳の詩です。

私は成し遂げられるように力を祈り求め、
従うことができるように、弱くされました。
私は偉大なことを成し遂げられるように健康を祈り求め、
より良いことを成すことができるように病気を与えられました。
私は幸せになることができるように、豊かさを祈り求め、
賢くなるように貧しさを与えられました。
私は人間を讃美することができるように力を祈り求め、
神の必要を感じるように弱さを与えられました。
私は人生を楽しむことができるすべてのことを祈り求め、
すべてのことを楽しむことができる人生を与えられました。
私は求めたもの、望んだものは何も与えらず、

2月8日

「互いに愛し合いなさい。これがわたしの命令である。」

ヨハネによる福音書　一五章一七節

デンマークの王が馬で外出しました。その国を訪れた人は王が家来を伴わないでいるのを見て驚きました。そして、市民の一人に、なぜ王はボディガードを連れていないのかと尋ねました。市民は誇りをもって答えました。「私たちは全員彼のボディガードです」

　十二ステッププログラムで最も良いことはお互いに関心を持ち、世話をし合っていることです。本当の意味で「すべてはお互いのボディガードです」各々の人の回復の中に支えがあります。お互いを大切にします。お互いを保護します。お互いを強め、活気を与えます。友情は家族となり、砦となり、エネルギーの源となります。

　次のように書かれている結婚の祈りがあります。「今、私たちの喜びは二倍にされました。なぜなら、一人の幸せはもう一人の幸せですし、重荷は半分になります。なぜなら私たちは重荷を分け合うからです」回復の交わりでは喜びが二倍になり重荷が半分になります。

　会合が全体のプログラムではありません。しかし、そのプログラムは会合なしでは効き目がないでしょう。それは、回復の途中にあるグループです。家族です。群れです。孤立した個人ではありません。お互いを必要としています。孤立したクリスチャンはいません。回復途上では孤立した人はいません。古い讃美歌を知っていますか。

何と幸いなことか、イエスの愛で結ばれた絆、
信仰の心を持つ仲間との友情は。
父の茨の冠の前で一致した祈りを捧げる、
恐れ、望み、目指すもの、慰め、いたわりの祈りを。
お互いの苦悩を分ち合い、お互いの重荷を共に担い、
しばしばお互いのために同情の涙を流す。

　主なるイエス様、ありがとうございます。クリスチャンの家族と十二ステップの家族はあなたの愛の中で、一つです。人生を豊かにする仲間や友人を与えてくださいましてありがとうございます。アーメン

2月9日

「人の子は仕えられるためではなく仕えるために、また、多くの人の身代金として自分の命を献げるために来たのである。」

マルコによる福音書　一〇章四五節

八〇年も前に、救世軍はインドのハンセン病の収容所の責任を与えられました。救世軍の職員で、名前をショーという人がいました。彼は医療宣教師で、責任を引き受けました。彼は巡回中に三人の鎖につながれたハンセン病の人々に会いました。彼らの足かせは病気の体に食い込んでいました。ショーはすぐに彼らを解き放すように命じました。守衛は安全でないと抗議しました。その男たちはハンセン病であると同時に危険な犯罪人であったのです。しかし、ショーは言い張りました。三人は鎖を解かれました。二週間後にショーキャプテンは犯罪人を解放することについて、初めて不安を持ちました。彼はその場所を一晩離れなければなりませんでした。そして、妻や子供だけにすることを心配しました。しかし、イエス・キリストによる勇気を持って、妻は行くことを勧めました。彼女は心配ないと言いました。次の朝、彼女が玄関に出たとき、三人の犯罪人が階段に横になっているのを見ました。彼らの一人が言ったのです。「私たちは先生が行くのを知っています。私たちは何もあなたたちに害が起こらないように、ここにいます」愛と同情は冒険です。しかし、愛によってのみ、愛は生まれます。キリストにある愛の危険は数え切れません。それらは必ずしも価値あるものとは思われません。

しかし、このような危険なしには何も得られないでしょう。十二ステップを歩くことは、その道のそれぞれのステップで危険を伴うのです。それぞれのステップを歩む毎に、ミーティングに行くごとに、私たちのスポンサーと話すごとに、祈りや、黙想に心を開くごとに、私たちは自分を傷つきやすくするのです。しかし私たちの危険は勝利です。昨日がどうであっても、成功は今日のためにあります。愛することは成功することです。

キリスト様、リスクを負っている時に、私に行い続けさせてください。それで、失敗を通して生きることができます。愛することを学ぶために失敗を用いることができますように、そしてあなたの言う通りに勝利することができますように。アーメン

2月10日

「だから、あなたがたも用意していなさい。人の子は思いがけない時に来るからである。」

マタイによる福音書　二四章四四節

　二人の男性が墓地で会いました。一人は彼の妻の墓で泣いていました。他の一人も泣いていました。彼らは涙を流しながら、お互いを見ました。その一人は、もう一人よりも、狼狽していました。

「私は彼女を大変愛していました。彼女は私のすべてでした。彼女が亡くなって途方に暮れています。彼女はとても素晴らしく、やさしく、愛情ある人でした」

　彼の泣き声は大きくなりました。もう一人も言いました。

「わかります。私の妻もそうでした」

「しかし、あなたはわかっていない。彼女は私のすべてでした」

「私の妻もそうでしたよ、あなた」ともう一人が言いました。

　しかし、最初の男は目に苦悩を表して叫びました。

「あなたはわかっていない。私は彼女にそれを話したことがないのですよ、友よ。」

　回復しつつあるクリスチャンとして、遅くならないうちに話したほうがよいと考える人がいます。愛している人で、私たちの愛や、感謝を聞いていない人がいますか。誰かを当たり前と思っていませんか。もし、特別な人がいなくても、神にあなたのグループの人たちに、遅くならないうちに、あなたの愛を告げなさい。

　主よ、なぜ私は愛の言葉をためらうのでしょうか。私の舌をゆるめ、私の愛を表現させてください。アーメン

そこで、イエスは言われた。「祈るときには、こう言いなさい。『父よ、御名が崇められますように。御国が来ますように。』」

ルカによる福音書　一一章二節

人々は神を絶対的な全能者、永遠のエネルギー、未知の絶対者、最初の原理、生命の力、全知全能、生命の本質、力、高い力というように呼んできましたが、これは果てしなく続きます。もし、あなたがたが神のことをもっとよく知りたければ、私の例に従い、ただ、神に父よと呼ぶようにイエスは言っています。父なる神が私たちにとってどんな意味があろうとも、イエスにとってどのような意味があったかが重要です。イエスは彼の生涯の言葉や行動を通して私たちに明確な答えをくださいます。私たちは神の子供です。神は私たちを愛する親です。彼は私たちを強め、救います。回復の途上にあって、私たちに今、命を与え、永遠の命をも与えます。サムエル・ウエズレーと共に、神を次の言葉でほめたたえましょう。

あなたは私たちの父であり、キリストは私たちの兄弟です。
愛の中に生きる人はすべてあなたのもの、
お互いをどのように愛するのかを教えてください、
私たちを聖なる喜びにまで引き上げてください。
明けの明星が現れるところで、
人間は壮大なコーラスに加わる、
父の愛が私たちに行き渡る、
兄弟愛が人と人を結ぶ。

私たちの主なる父よ、あなたの近くにいて、あなたを愛し続けることができるように助けてください。主なるキリストを通して祈ります。アーメン

2月12日

すると主は、「わたしの恵みはあなたに十分である。力は弱さの中でこそ十分に発揮されるのだ」と言われました。だから、キリストの力がわたしの内に宿るように、むしろ大いに喜んで自分の弱さを誇りましょう。

コリントの信徒への手紙二　一二章九節

アブラハム・リンカーンはかつて次のように言いました。

「私は逃げ道のない圧倒されるような罪の自覚に打ちのめされました」

古い嗜癖からキリストにある回復を見いだす私たちの多くは、リンカーンの言葉の真実を知っています。私たちは打ちのめされました。私たちの人生の奇跡は、最も弱い時、堅い礎に会い、深く沈み続けることから救われたことです。私たちのエレベーターは地下まで行きました。主について、最も素晴らしいことは、私たちが屈服するとき、頼れる主がいてくださるということです。最終的に力が無くなるとき、神の力に頼ることができるのです。私たちはジョン・バリーと共に祈ることができます。

聖霊の神よ、私と共に住み、
私の思いのすべてを霊で導いてください、
私の想像に浸透してください。
私のすべての決定を示唆してください。
私のすべての行いを命じてください。
私の沈黙にも、言葉にも、私と共にいてください。
急ぐ時にも、暇な時にも、
友といる時も、一人の時も、
朝の新鮮さにも、夕の疲れにも、
そして、あなたの神秘的な存在と共にいることを
つつましく喜べるように、
いつもあなたの恵みを私に与えてください。

最も良いことは、最も低い点で手を差し出さなければならないことを知り、神を見い出すことです。私たちは最も弱い時に最も力強く彼を見い出します。

最も愛に満ちた主よ、私が人生の最底辺にいる時、そこにいてくださることを感謝します。私の手を取り、私を引き上げてください。アーメン

2月13日

「恵みの時に、わたしはあなたの願いを聞き入れた。救いの日に、わたしはあなたを助けた」と神は言っておられるからです。今や、恵みの時、今こそ、救いの日。

コリントの信徒への手紙二　六章二節

「神よ、変えることのできない事柄を受け入れる平安を私に授け、変えることができることを変える勇気を与えてください。そして、その違いを知る知恵をお与えください」

　どの十二ステップのプログラムも、このミーティングのある時点で皆が知っているこの祈りをします。その完全な祈りは、神学者のレインホルド・ニーバーが次のように続けます。

「一日を一度生きること。平安への通り道として困難を受け入れること。イエスが行ったように、この罪深い世界を、そのようであったらよかったのにと嘆くのではなく、あってほしいようにではなく、ありのままに受け入れること。あなたの意志に服従すれば、あなたはすべてのことを正しくしてくださることを信頼すること、この人生でほどよく幸せであり、次も、永遠にあなたと共にいてこの上なく幸せであると信じること。アーメン」

　現在に生きること、現在のために生きることは回復や健康に不可欠です。昨日は去りました。明日は私たちの届く範囲ではありません。

「今や、恵みの時、今こそ、救いの日。」（Ⅱコリント六・二）

　主よ、今日と新しい命と新しい出発を、ありがとうございます。今あなたの存在に自分の心を開くことができますように、そして、あなたを退けないように導いてください。アーメン

2月14日

その人に、「手を伸ばしなさい」と言われた。伸ばすと、手は元どおりになった。

マルコによる福音書　三章五節

最も力強い風習の一つは結婚式の間に起こります。教会でカップルが挨拶を交わし始めるとき、初めに男性が女性の手を取ります。彼は約束を宣言した後、次に女性が男性の手を取る前に、お互いに自由にならなければなりません。

この象徴的な行為における力は意味深いのです。それは二人の人生の結合における選択の自由を意味します。強制や力はありません。一人は自由に選び、自由にし、それからもう一人は自由に選ばせるのです。

この行為は結婚の契約に入るよりもずっと重大です。それはすべての人生の模型です。快諾と自由、私たちは握りしめ、そして自由にします。私たちは手を取り、手放します。私たちは閉め、そして開けます。もう一人の手を握ることの象徴は持ち続けることを切望している私たちはよく知っていることです。

しかし、他の動きはより難しく、あまり知られていません。それは、自由にし、解放し、行かせ、他をとどまらせたり、離れたりすることを認めることです。握った手を離された手は、こぶしやレスラーのつかみではなく、開き、傷つきやすく、そして招きます。

キリストの手は開かれています。開かれた腕は私たちが望む限り、喜んで、熱く私たちをそばに抱き、慰める腕です。しかし望まなければ私たちを握ったり、抱いたりしません。人生は数え切れない招きと拒絶、受け入れや受け取りから成り立っています。回復のプログラムは同じように働きます。私たちが望めば自由に取れますが、私たちに決して強いていません。

主なるキリスト、私が望む時、あなたは手を開き、抱いてくださいます。最も良い仕方で手を開き、抱き続けてください。

アーメン

2月15日

「この人は、大工ではないか。マリアの息子で、ヤコブ、ヨセ、ユダ、シモンの兄弟ではないか。姉妹たちは、ここで我々と一緒に住んでいるではないか。」このように、人々はイエスにつまずいた。イエスは、「預言者が敬われないのは、自分の故郷、親戚や家族の間だけである」と言われた。

マルコによる福音書　六章三～四節

戦争終結のニュースが入り、船上の大きな砲弾を壊すよう水夫たちが命じられたとき何が起こったか、第二次世界大戦での海軍兵が話します。

「彼らが仕事を始めたとき、男たちはそれらの砲弾をはばかりながら取り扱いました。注意深く腕に抱えそれらを脇に運びました。そこからゆっくり海中に落すのです。破壊すべき砲弾は何百とありました。しかし、時間がたつにつれて、男たちはだんだん不注意になりました。午後の終わり近くになると、彼らが砲弾をお互いに投げあっており、軽蔑的にそれらを海中に蹴り落しているのさえ現実に見ました」

十二ステップにおける愛、力、平和が私たちの生活に入ってくると、そのエネルギーを感じます。私たちはうやうやしくそれを扱います。時間が過ぎるとそれが当たり前になります。イエスの近所の人たちと同じように、私たちは「親しさは侮りを生む」ことがわかります。私たちは怠け、飽きて、不注意になることがあります。そして、回復への特別な種類の力への尊敬を失うことがあります。そのようなことが起こるとき、わたしたちのプログラムは爆発しないけれど、失敗に終わります。

主なるキリスト、あなたは私が表現できないほどのお方です。あなたは私の回復のプログラムの中で、癒しと、望みをくださいました。どうぞ、私を注意深くし続けてください、そして、とても気づかっていることに本当に注意深くし続けてください。アーメン

2月16日

『起きて、床を担いで歩け』

マルコによる福音書　二章九節

C・S・ルイスの「悪魔の手紙」の中では、悪魔の目的はキリスト教徒を「キリスト教と――」という心の状態にとどめ、恵みの中にいるという認識から離れさせておくことです。悪魔は悪霊たちに、キリスト教徒がキリスト教と心理学とか、キリスト教と政治とか、キリスト教と結婚とかについて話し続けるように促します。強調点をキリスト教であることから離そうとしています。

　キリストにある人生はどんなものであるかということに集中するときに、私たちは生き生きして、元気です。十二ステップ、スローガン、スポンサーの知恵、グループの誠実な導きを理解しようとすると、それは分析麻痺と呼ばれる一種の混乱状態を導きます。十二ステップの生き方を神からの恵みとして、受け入れて生きることは恵みの中に生きることです。イエスは単に「あなたの床をとって、歩きなさい、それについて考えるのをやめて歩き始めなさい」というだけです。

「もし、それが使えるなら、治そうとするな」という格言がありますが、キリストとの歩みやプログラムに適応できます。私たちはキリストと共に歩いている巡礼者です。恵みについて考えながら脇で傍観している観客ではありません。私たちは恵みを受けている状態におり、恵みは私たちに起き上がったり、歩いたりするのに必要な力を与えている生命の中心です。アルコール依存症自助グループと教会、過食症自助グループと宗教、感情依存症自助グループと信仰、または十二ステップとキリスト教などの関係について、心配するのは無意味です。それらはすべて神に属し、うまくいっています。

　キリスト様、緊張を解き、あなたの存在を楽しむことができるように助けてください。私の信仰生活のプログラムの中で回復からの驚きや畏敬の気持ちを持ち続けられるよう助けてください。そして、単純に癒しの力の素晴らしい現実を受け入れられるように助けてください。アーメン

2月17日

「人の子が来て、飲み食いすると、『見ろ、大食漢で大酒飲みだ。徴税人や罪人の仲間だ』と言う。」

ルカによる福音書　七章三四節

『ギリシャ人の男ゾルバ』という小説の中で、私たちは最大限に生を生きている人に遭遇します。ゾルバの最も魅力的なことは、彼は自分の感情を表現する言葉に尽きたとき、踊るのです。ゾルバと対照的な人はボスで堅苦しく、自己規制の厳しい人で、仕事、余暇、人生そのものに厳格で、仕事中毒でした。

本の作者はこの正反対の二人の力関係を描いています。自由な人と凍りついた人。結果的にゾルバの人生の喜びはボスにも伝わります。彼は最後には打ち解けて、彼の友の方を向き、「ゾルバ、私にダンスを教えてくれ」と言います。誰だったかこのリクエストを「その時代の文学の最も偉大な瞬間の一つ」と称しました。

私たちはこのような偉大な瞬間を持つことができます。キリストの方を向くとき、彼は私たちのダンスのマスターになり、ダンスを教えてくれます。氷のような、緊張した存在を溶かし、喜びのある温かさに変えます。イエスはダンスの主と呼ばれています。そして、私たちをダンスに招き、一緒に生きるように招きます。彼は私たちを「豊かな人生」、いやそれ以上へ招きます。方法を示します。十二ステップのそれぞれの分野や覚え書きにはそれぞれの恵みとリズムがあります。回復を豊かなものにするそれぞれの要素はそれぞれの特別の響きで音を出します。キリストにある生活と十二ステップのプログラムは決して中断しない健康な旋律に混ぜ合わされます。

命の主よ、あなたの愛と喜びのダンスで私の重い足を軽くしてください。わたしの冷酷な重さを取り去り、あなたの交響曲の音で私を軽くしてください。アーメン

2月18日

「隠れたところにおられるあなたの父に祈りなさい。そうすれば隠れたことを見ておられるあなたの父が報いてくださる。」

マタイによる福音書　六章六節b

かの有名なジャズミュージッシャンのW・C・ハンディは彼の人生の終末近くになって、弱々しく、全く盲目になりましたが、ドワイト・アイゼンハワー大統領の最初の就任式に招かれました。ブルースの父の「セントルイス・ブルース」を奏でたとき、聴衆はすべての澄んだ甘い調べに感動しました。W・C・ハンディの顔は晴れやかな喜びでもっとわくわくしているようでした。ハンディの演奏の一時間も前にアイゼンハワーが去っていたということは誰も言う勇気はありませんでした。大統領の不在の間彼はベストを尽くしました。

私たちはしばしば同様に感じます。私たちは最善を尽くしても神様が不在か、聞いてくださっていないかと思っています。このようなことはありません。神はいつも聞いてくださっています。私たちの関心や心配事に思い遣りを持ち、いつも心を開いています。実際、神は私たちがどうにか弾いているどんな調べも聞いていらっしゃいます。神は見て私たちの必要を知り、私達が行う前に、神の恵みと私たちの必要を組み合わせます。神は決して私たちと一緒に働くことや、私たちの中に働くことを止めません。主は決して傍観者ではありません。いつもここにいて、私たちが夢に描く以上に私たちに行ってくださっているのです。

私たちは盲目の状態でベストを尽くします。弱い状態で努力します。イエスはご存じです。彼は気にかけています。神秘におられる父は私たちに報いてくださいます。私たちは決して知ることができないか、わからないかもしれません。しかしキリストにある神に向けられ、与えられるすべての表現、すべての考え、すべての感情にはその報酬と、恵みが与えられます。

主よ、時にはあなたがとても秘密におられるので、不在のように思えます。私たちの知識を超えたあなたの不思議な、畏敬すべき方法を受け入れることができますように、助けてください。しかし、孤独を感じるとき、とりわけ愛し、関心を持ってくださいますように。アーメン

「まだ、わからないのか。悟らないのか。心がかたくなになっているのか。目があっても見えないのか。耳があっても聞こえないのか。覚えていないのか。」

マルコによる福音書　八章一七～一八節

偉大な科学者のジョージ・ワシントン・カーバーは南部における農業改革に責任がありました。彼について全く特別なことはいつも神様に相談することでした。そして神様が彼に話すことを聞くことでした。神はいつも言いました。

「見なさい。ジョージ・ワシントン・カーバー、あなたは何を持っていますか」

そして、カーバー博士は答えるのでした。

「さつまいもです。主よ」

そして、神は言いました。

「あなたはそれで何をすることができるのですか」

「焼いたり、フライにしたり、茹でたり、つぶしたりもできます」

「しかし、何か他のものは？　ジョージ・ワシントン・カーバー、見なさい」

長い間、見つめていたり、見守ったり、実験したりしながら、カーバー博士はピーナッツから三〇〇種類もの製品を開発しました。そして、さつまいもからは一一八種類、ピーカンからは七五種類です。

私たちが開かれた期待をして生きる時、「見なさい」私たちも生活の中に、新しい製品を発見したり、開発したりできるのです。回復で不思議なのは、私たちがより長く、より深く見たり、見ようとしたりするときに、多くのことが見えてくることです。もし、注意深く聞いていれば、聞こえるメッセージがあります。スローガンだけは言い古されているかもしれませんが、それぞれには使い古されていない力があり、深みがあります。

主なる神よ、私に鋭い見方をお与えください。私が父を見たり聞いたり、深くはっきりできるように、助けてください。どうぞ、明らかなことから目をそらさないように手伝ってください。アーメン

2月19日

2月20日

「『しかし、あのやもめは、うるさくてかなわないから、彼女のために裁判をしてやろう。さもないと、ひっきりなしにやって来て、わたしをさんざんな目に遭わすにちがいない。』」それから、主はいわれた。「この不正な裁判官の言いぐさを聞きなさい。まして神は、昼も夜も叫び求めている選ばれた人たちのために裁きを行わずに、彼らをいつまでもほうっておかれることがあろうか。言っておくが、神は速やかに裁いてくださる。しかし、人の子が来るとき、果たして地上に信仰を見いだすだろうか。」

ルカによる福音書　一八章五～八節

子沢山の母親が友人に彼女の一日について話していました。彼女の夫は出張中です。大雨が降っているとき、洗濯機が壊れ、屋根からは雨漏りがし、子供たちは暴れて言うことを聞きませんでした。すべての可能なことが不可能になり、苦境を『祈りのダイアル』に電話しましたが、お話し中でした」と言ってまとめました。

　そのような日があります。嗜癖に悩む人々は何週間も、何年も道を誤ることがあります。もし、神が忙しすぎたらどうなるのでしょうか。私たちはこのようなことは決してないと、頭ではわかっていますが、心は誤って導くことがあります。感情が私たちを支配するとき、現実はしばしば消えてしまいます。事実は別なのです。キリストの福音は同じ喜ばしいメッセージで声高く、明確。神が私たちを愛してくださるということは争う余地のない明白な事実です。

　私たちが失敗しても、その理由がどんなであれ、私たちは愛されています。神はいつも電話に出てくださいます。私たちは電話をしないかもしれません、または番号違いかもしれません。またはあまりにも早くあきらめたり、聞かなかったり、神の答えを好まなかったりするかもしれません。神はいつも答えてくださいます。時には肯定、時には否定されます。時には待つようにされます。そして、しばしば「私にはアドバイスと計画があります、わが子よ」と言われます。神の恵みは私たちの理解を超えたところにあります。私たちの取るに足りない計画を反対されることがよくあります。しかし、神はいつもより良い計画を持っています。たぶん、混沌と痛みの中でさえどんなことでも恵みの機会として受け入れることを学ぶことができると思います。

　恵み深き主よ、いつも脱落することなく、忍耐強くすることができますように助けてください。祈り続け、忍耐強く期待できるように助けてください。アーメン

2月21日

「わたしは世の終わりまで、いつもあなたがたと共にいる。」

マタイによる福音書　二八章二〇節

弱いとき、不調なとき、迷うとき、恐れるときは、神の存在や神の力により敏感になることが多いでしょう。自分自身の限界に感謝するとき、神の限りない強さに任せることができるということは不思議です。悲劇はしばしば起こりますが、それは神の意志ではありません。神は命を与えるだけです。神の支配の意味は恐れや絶望の中にではなく、神の愛と救いへの応答の中に見い出されるでしょう。

出生の事故により、依存症になりました。誰が、なぜなのでしょうか。私たちは病気には責任がありません。しかしながら、それに対する応答に責任があります。

回復を目指す共同体の中で神を見い出すために、アルコール依存症にならなければならなかったのでしょうか。そうかもしれません。しかし神の意志は私たちの意志を超えています。単純な答えはありません。それにもかかわらず神の神秘に対する鍵はイエスの教え、苦しみ、死、復活にあることがわかります。すべてのキリストの出来事の具体的で、徹底的な事実に対する私たちの応答が答えであり、救いなのです。

主イエスのすべての行為や行動を通して、イエスは愛であり、命であると示しています。その事実を何があろうとも私たちは信頼しています。いままで見たことのない程ひどい災害のただ中でさえも、核による殺りくの悪夢が現実になったとしても、私たちは主の愛の手の中にいます。主はまだ支配しています。「私はあなたを愛する」という最後の言葉を主は伝えます。

主よ、私の弱さ、無知、そして愚かさをありがとうございます。私のもろい、限りのある生命の中で、あなたを見つけ、あなたの癒しの力を見い出します。アーメン

2月22日

「ところで、主であり、師であるわたしがあなたがたの足を洗ったのだから、あなたがたも互いに足を洗い合わなければならない。」

ヨハネによる福音書　一三章一四節

私たちを神から遠ざけるものがあるなら、それはプライドです。私たちがエゴに建てるバベルの塔です。一人一人はそれぞれのバビロンを持っています、価値ある所有物または業績です。思わず私たち自身の物、自己達成に耳を傾けます。このような時に、「自分は主人である。神である。自分の前に他の神はいない」と言います。これが間違いであることを知っています。これは機能しないことを知っています。なぜなら自己実現のために努力すればするほど、神の存在そのものは逃れてしまうのです。

人間の自発性や独立心は魅力的なアイデアです。しかしそれは偶像です。それらは大きな力を持っていて、多くの人々の実際の神になっています。人間の神聖さを崇拝しようとする誘惑は人間キリストの神聖さから私たちを遠ざける悪魔の誘惑です。

崇拝（worship）という語は二つの語 worth と ship からできています。私たちが価値を与え重要であると思うものという意味です。価値あると認め、重要と思うものに従うこと、意志と命をいわゆる「神」の管理に任せることが崇拝の意味です。イエスはこのような偶像から脱出する方法を教えました。彼は自分自身の生活で、すべての小さな自分で作った神々から本当に自由になることは唯一神に仕えることにおいて可能になることを示しました。私たちが真の神に仕え、崇拝する方法は他者に仕えることです。奉仕は自由を表します。

恵み深い主よ、自分自身を一番とする悪魔の誘惑に耳を閉ざすことができますように助けてください。私の優先するものを正しくしてください。あなたに仕える生き方を教えてください。

アーメン

2月23日

ところが、まだ遠く離れていたのに、父親は息子を見つけて、憐れに思い、走り寄って首を抱き、接吻した。

ルカによる福音書　一五章二〇節

　もし、あなたが奴隷船のキャプテンだとしたら、どう感じるか想像して欲しい。もしあなたが鎖につながれた人々を、尊厳を傷つける奴隷の人生に向かって輸送しなければならないとしたら、それに伴う罪意識と、恥じの重荷を想像してほしい。このような人はジョン・ニュートンでこの卑しむべき輸送の仕事に苦しみました。彼の罪は耐えられないものでした。彼は自分を悲惨なビジネスをする不幸な人だということを知っていました。彼はすっかり悔い改めました。

　彼は神に許しを請いました。彼が受けたものは彼の期待を超えていました。イエスのたとえ話の放蕩息子のように、祝って彼の帰りを迎えてくれ、待っている愛の父を見ました。

驚くべき恵み、何と美しい響き、
私のような不幸な者を救ってくださった。
私はかつて迷っていたが、今は探し出された。
かつては盲目だったが、今は見える。

　ジョン・ニュートンは聖職者になり、他の讃美歌も書きました。感動的な説教をし、他の不幸な人々を助けました。そして、神への感謝として、人間への贈り物として、自分の生涯を捧げました。

　回復しつつある人々は何とこのようではありませんか。かつて不幸であったり、迷ったり、盲目であったりした人、絶えず痛みの原因を作っていたと思われる人が救われることができるのです。ええ、救われるのです。このような救いによる健康を見いだすだけでなく、ジョン・ニュートンのように、私たちを救った恵みは本当に素晴らしいこと、他の人たちと分かち合える恵みはさらに驚くべきことであることを学びます。

　救い主の主よ、私の罪と卑劣さから私を救ってください。安全にあなたのところへ導いてください。私の視覚から盲目な部分を取り除いてください。あなたの歓迎を受けるためにあなたのところへ帰ったままでいることができますように。アーメン

2月24日

「ところが、徴税人は遠くに立って、目を天に上げようともせず、胸を打ちながら言った。『神様、罪人のわたしを憐れんでください』言っておくが、義とされて家に帰ったのは、この人であって、あのファリサイ派の人ではない。誰でも高ぶる者は低くされ、へりくだる者は高められる。」

ルカによる福音書　一八章一三〜一四節

キリストは自責の念であえいでいる依存症から回復しようとしている人には求めません。しかし、私たちが許しの必要を感じないのに助けを求めることができるのでしょうか。「恥を感じないこと」は良心の痛みに無感覚になっているといえます。イエスは私たちの欠点を非難したり、責めたりしません。しかしながら、神は私たちが性格の欠点を調べ、認めるように願っています。なぜですか。それらはもちろん取り除かれるからです。主は私たちに十分な時間、恥を感じさせてから、恥を取り除いてくださいます。それを捨てる前に重荷を感じる必要があるのです。イエスは、重荷が取り除かれた徴税人の謙虚さを例に上げました。彼の慈悲を求める請願は聞かれたのです。「彼は義と認められ、家に帰って行きました」彼は告白して、許されました。

しかしながら、何もないところに罪の意識を感じる人がいます。依存症になったり、坊主頭になったり、喘息になったり、糖尿病になったり、美しくなかったり、金持ちでなかったりということは罪の意識を感じるのにふさわしくありません。私たちが創造されたありのままの状態は私たちの過ちではありません。私たちが実際に行ったこと、私たちの行動には責任があります。嘘をつくこと、だますこと、盗むこと、他の人を傷つけること――それが罪です。恥を感じることによって、正しく適合することができます。そのとき、私たちは行ったことを謙虚に認めます。次に取るステップはその罪を取り去り、その恥を消し、謙遜で、清くするステップです。ユダヤ教のタルムードには次のように書いてあります。

「恥は人間の美しい感覚です。恥の感覚を持つ人はすぐには罪を犯しません。しかし少しも恥を感じない人にたいしては、父はシナイ山に決して立つことはなかったでしょう」

主よ、私の心を柔らかくしてください。冷淡なプライドから私を救い出してください。あなたを愛し、私に罪を認めさせ、恥を感じさせてください。そして、あなたから許されることができますように。アーメン

「誇る者は主を誇れ」と書いてあるとおりになるためです。

コリントの信徒への手紙一　一章三一節

人間の想像力は宗教的組織を果てしなく創り上げることができるように思われます。しかし、たった二つの宗教しかありません。一つは、行いによって救われることを期待する人々によって信じられています。もう一つは、為されたことによって救われている人々から成り立っています。前者は人間に感謝します。後者は神に感謝します。前者は間違いで、後者が正しいのです。

十二ステップの回復プログラムに入る前は、私たちは前者に属していました。自分たちの努力で回復を成し遂げるために何度も何度も試みました。私たちが断念し、自己救済のために勇壮な努力を放棄したとき、それはすでにイエス・キリストに引き受けられていたことがわかりました。自分を救うことはできません。自分自身の救い主になることは誰にもできません。私たちの選択は明確です。不可能なことを成就しようとして無駄に行い続けるか、または断念し、「神にゆだね」、カルバリーの丘で成就された救いを受け入れるかなのです。聖パウロは声を大にして言います。

「事実、あなたがたは、恵みにより、信仰によって救われました。このことは、自らの力によるのではなく、神の賜物です。行いによるのではありません。それは、誰も誇ることがないためなのです。なぜなら、わたしたちは神に造られたものであり、しかも、神が前もって準備してくださった善い業のために、キリスト・イエスにおいて造られたからです。わたしたちは、その善い業を行って歩むのです」（エフェソ二・八～一〇）

救い主、あなたは私の信仰する神です。あなたの憐れみと愛を待ち望み、あなたから離れません。あなたの仕事をさせ続けてください。アーメン

2月26日

わたしたちは、キリストによってこのような確信を神の前で抱いています。もちろん、独りで何かできるなどと思う資格が、自分にあるということではありません。わたしたちの資格は神から与えられたものです。

コリントの信徒への手紙二　三章四～五節

嗜癖の力が私たちを支配するとき、私たちは畏敬すべき神の力を忘れます。何度も多くの方法で嗜癖や依存をコントロールしようとしてきました。「あなたは神様に祈りましたか。本当に祈ったのですか」と言われて実際に当惑しています。私たちは神に祈ったと思っています。しかし何かが私たちの試みを身が入らないものにし、私たちの信仰を弱めたのです。神様について、何かを見逃していたのかもしれません。神の愛と友情を忘れていたのかもしれません。ベンジャミン・フランクリンは国が神を顧みないことで、心配し、そして尋ねました。

それとも私たちはあの力強い友を今忘れてしまったのですか。または私たちはもう神の助けは必要ないと思っているのですか。私は長く生きています。長く生きれば生きるほど、この真実を確かに証明できます。その真実とは神は人類の出来事を決定することができることを。もし、一羽の雀が地上に落ちても神は気づくのですから、神の助けなくして帝国が起こることは多分ないでしょう。

古い依存症という宮殿を取り除き、苦心して健康な新しい国を創造するとき、力強い友、イエス・キリストを忘れていませんでしたか。ジョージ・ワシントンの士官が困難な時に言いました。「司令官、私たちは負けました。すべては失われました」ワシントンは答えました。「あなたは自由の力と非凡さを知らないのです」

これらは回復におけるモットーです。私たちはイエスが共に戦う人々に与える「自由の力と非凡さ」を忘れたり、見過ごしたりしてはいけないのです。

愛する友である神様、私の回復において、あなたの力と非凡さを信頼させてくださいますように。アーメン

2月27日

イエスは言われた。「なぜ怖がるのか。まだ信じないのか。」

マルコによる福音書　四章四〇節

ユダヤ教の伝統的な話の中に、ジャングルで迷った男性について語っているものがあります。彼は必死で道を探しました。しかし、迷ったまま絶望的な状態になりました。突然彼は恐怖に襲われました。遠くから近づいてくる野獣のようなものを見たのです。彼は走れませんでした。怖くて、足がすくんでしまいました。獣が近づいたとき、その人は安堵しました。それは飼いならされた動物のように見えたからです。さらにその獣が近づいたとき、それが馬に乗った男性であるとわかりました。勇気を振り絞ってその人に会うために前進して行きました。その人と握手をしようと近づいたとき、それは自分の兄弟だとわかりました。

この世には多くの肉食動物がいますが多くは人間です。私たちが恐れを通り越せば自分の兄弟姉妹に会うことができます。遠くからは友人が敵に見えたり、どう猛な動物に見えたりすることもありますが、距離が近くなって、近寄って友情の手を差し出すと、自分の家族だとわかるかもしれません。

十二ステップの家族にこのような親近感を経験します。しかしこのような回復途上にあるグループの中にさえ、恐れ、不信、よそよそしさがあるでしょう。私たちのグループのほか、教会、寺、市民クラブ、近所を見てもしばしば同じ要素を見い出します。私たちが皆、同じ恐れや望みや夢を持つ人間だということを実感すると、たぶん疑いや恐れを乗り越えて、他の人に愛情をもって手を差し伸べるでしょう。恐れの解決方法を見い出すのは愛によってです。なぜなら「愛には恐れがない。完全な愛は恐れを締め出します。なぜなら、恐れは罰を伴い、恐れる者には愛が全うされていないからです」（Iヨハネ四・一八）イエスは完全な神（愛）です。

親愛なるキリストへ、恐れないように、そして愛情がいっぱいになるように私を助けてください。もっと自分を信頼できるようにし、私が人々に近づくとき、多くの場所で兄弟姉妹に会わせてください。アーメン

2月28日

「わたしは門である。わたしを通って入る者は救われる。その人は、門を出入りして牧草を見つける。」

ヨハネによる福音書　一〇章九節

児童に関する研究によると、子供たちはフェンスのある校庭にいる時のほうが、自由に遊べ、楽しいと感じるということです。フェンスや塀をつけると、必ず刑務所のようになるとは限りません。それらはまた安全さを与えます。

フェンスや壁、または囲いでさえ、創られた境界は、こことそこ、既知と未知、安全と危険の間の区別をつけます。外国へ行った人々はしばしば混乱したり、方向オンチになったり、病気にさえなります。このようなとき、親しみのある安全なところへ行きます。自分たちの言語を話す人々にすがります。少なくとも、見覚えのある自分の服や荷物があるホテルの部屋に逃避するかもしれません。マクドナルドの店を見て安心します。このような場合、親しみやすさは侮りではなく安心を生み出します。

十二ステップの境界やフェンスは特に混乱したときには素晴らしい安全な毛布のようなものです。訓令、指示、単純な原則、そして直接のスローガンは混乱を落ち着かせるのに必要な安心感を与えてくれます。とりわけ、同じ顔、同じ受容してくれる顔、同じ理解のある眼差しは私たちの態度を取り戻し、正しい道に戻らせてくれます。

依存症の仲間といることは居心地がいいです。親戚、旧友、教会や仕事関係の人々はしばしば親しみやすくないかもしれないし、私たちが話すような言葉を話さないかもしれません。家族（family）という言葉は親しみやすい（familiar）という語からきています。家庭は居心地よく感じ、混乱や不安の代わりに安心を与える場所です。

救い主イエス様、あなたは私の本当の家族です、そしていつも私と共にいてくださっていますが、回復途上で、私は嗜癖よりも、もっと健やかにあなたと共にいることができることがわかります。どうぞ、病気でなく、健康でくつろぎ、心安くなれますように助けてください。アーメン

2月29日

「体のともし火は目である。目が澄んでいれば、あなたの全身が明るいが……。」

マタイによる福音書　六章二二節

ある人が家を建て壁の周りに棚を作りました。ある晩、友達が訪れました。だんだん暗くなると、そのお客さんはとても落ち着かなくなりました。家の人が彼の動揺について尋ねると、その友達は答えました。「ごめんなさい、言ってもいいなら言うけど、この棚が理由なんだ。全部の棚が右下がりになっているんだ」

「本当に？」びっくりしたその家の持ち主は言いました。「全然気づかなかった」

その客の仕事は大工でした。彼は自分の頭にある垂直に走る本当の垂直線に対してそれらの棚を見ていたのでした。一方その家の持主は歪んでいても平気でした。それに気づきもしませんでした。

回復への第一ステップは「気づき」です。真実と「本当の垂直」を見る能力なくしては中心からはずれてしまったままです。そのような状態で居心地がいいかもしれません。もし大工さんのように真実を見る目を持った人が示してくれなければ、どのようにして正しく見られるでしょうか。イエスは大工でした。彼の目と、彼の真実を見る見方で、私たちは人生を測り、現実を見ることができます。

イエスが最も頻繁に用いた基準は、率直に思いやりを示した直接の愛でした。真実の愛は真実の実を結びます。回復プログラムの多くは、行動において、キリストのような愛の基準に従うチャンスを私たちに与えます。偽りの、低い水平線から、私たちを真実で高い垂直線へのコースに向ける十二の活動的で思いやりのあるステップです。

ナザレの大工であられたイエス様、私にあなたの基準と、愛の垂直な進路をお与えください、それによって、あなたが測られた人生の十二ステップで自分をきちんと保つことができます。アーメン

3

行動 Action

第二次世界大戦の間、連合国はドイツへの侵攻を時々中断しました。町々、地域、戦車、天候の悪さ、大砲の砲床すえ付け、さらに他の障害があって、完全に軍の侵攻を中断せざるをえませんでした。爆撃された橋に出くわし、つなぎ合わせて浮橋をつくる必要に迫られながら、中断しました。

一世紀早く、南北戦争の間、ストンオール・ジャクソン将軍の率いる軍隊は川の向こう岸を見て中断しなければなりませんでした。将軍は技師たちに橋を設計して建てるように命令しました。彼は、退役軍人の荷馬車長に別の命令を出し、その川をいま渡らせるようにも話しました。あたりを見回してその長は直ちにすべての手に入る丸太を見つけたり、切れば使える木や、そのほか何でも間に合わせの橋にできるような物を探すように部下を組織しました。次の朝の夜明け前に老齢のストンオールに荷馬車長は次のように告げました。すべての銃、弾薬箱や馬車は向こう岸に運ばれたということを。ジャクソン将軍は技師たちに尋ねました。技師たちはまだ、テントで橋の詳細な設計をしているということでした。

この話は回復の途上で、頭で事前に理解しなければならないときのことを思い起こさせます。第四ステップへ進むために、もっと学ぶまで待つか、用意ができるまで遅らせるかということです。多くの場合、徐々に回復したり、試してみて回復したり、間違うことによって、また単に行うことによって回復したりします。毎回の会合で、「ずっと会合に行き続けなさい」と宣言されます。もっと会合に行き、聞き、学び、ステップを行い、スローガンを生き、行動しなさい――すべてのこれらの活動はたいてい回復をもたらします。私たちは活動的な十二ステップに参加する者で、消極的な思想家ではありません。多くのステップは活動のステップです。

変わること、一覧表を作ること、リストを作成すること、謙虚に尋ねること、修正すること、一覧表を作り続けること、神との意識的な関係を求めること、教訓を持ち歩くこと……はすべて行動です。単なる言葉や考え、見識ではありません。受身的な、または行動を伴わない回復は少しも回復ではありません。回復中のクリスチャンは特に忙しいです。教会に行ったり、勉強したり、仕えたり、祈ったり、愛したり、聖職者の仕事を行ったりして忙しいのです。

3月1日

「断食するときには、あなたがたは偽善者のように沈んだ顔つきをしてはならない。偽善者は、断食しているのを人に見てもらおうと、顔を見苦しくする。はっきり言っておく。彼らは既に報いを受けている。」

マタイによる福音書　六章一六節

あなたは多分このお話を以前聞いたことがあるでしょう。ある女性が混んでいるモールの駐車場に戻ったときに、ワイパーの下にはさんである紙切れを見つけました。それには次のように書いてありました。

「私はあなたの車の後部にぶつけてしまいました。この事故を見た人々は私を見ています。彼らは私が私の名前と住所を書いていると思っていますが、それは間違いです」

これはよくある欺きではありませんか。他の人々が見ている時、私たちはよくみられるように、責任感があるとみられるように事実を隠します。また、否定したり、正当化したりするのが上手です。残念なことに、隠しても、それは単にことを遅らせるだけです。聖パウロは私たちに気づかせます。

「思い違いをしてはいけません。神は、人から侮られることはありません。人は、自分の蒔いたものを、また刈り取ることになるのです。」(ガラテヤ六・七)

私たちはそれを知っています。それを知っているかもしれませんが、批判や罰を受け入れるよりも、それを消したり、避けたりしやすいです。私たちの基本的な正直さや礼儀作法よりも、もっと強力で衝動的な嗜癖の重荷を負っているとき、真実に直面することはより困難でさえあります。私たちはそのようなやっかいな状態にいます。嘘をついたり、言い訳したり、隠したりすることは好きではありません。ただ私たちはどうしようもないのです。嗜癖をコントロールできませんが、心をコントロールすることは確かにできます。すなわち、飲酒、過食、ギャンブル、または他の依存症であるかもしれませんが、まだ基本的な正直さや礼儀作法に関する力を有しており、無力さを認めることができます。それが自由への最初のステップです。それは私たちがとることができるステップです。

真実の神様、正直になることができるように、欺かないように助けてください。私の無力さを認める勇気をお与えください。

アーメン

3月2日

「あなたの富のあるところに、あなたの心もあるのだ。」

マタイによる福音書　六章二一節

　偉大な三世紀のクリスチャンが次のように述べました。「偶像崇拝は人類の本質的な罪です。この世が犯した最も重大な罪、審判のすべての原因です」マーティン・ルーサーは数世紀後に、イエスの言葉を説明しました。「あなたの心があるところに、あなたの神がいるのです」どんなものでも偶像になります。私たちの心の対象です。食べ物、地位、成功、セックス、力、お金、名声、ギャンブル、人、車、アルコール、薬、ボート、コンピューター、家、家具、庭などリストは果てしなく続きます。偶像はそれらが偶像だということが明確になるまでは私たちに問題を提起しません。それらが本物への不十分な代理だけであることを実感する瞬間に崇拝することをやめ、それらを求めることをやめます。私たちが健全な状態に回復し始めるとき、私たちの真実の瞬間がやってくるのです。とうとう私たちに夜明けが訪れます。

　私たちは偶像を崇拝するだけでなく、私たちを苦しめ、虜にした重要でない神々の管理に私たちの生活や意志をゆだねてきました。私たちは父なる神と御子と聖霊にのみ従うことを決める時、嗜癖の偶像から自由になり、引き上げられます。

　十二ステップのプログラムとクリスチャンの信仰は現実に最も高い力である神の力を保証します。神への服従と明け渡しによって、私たちをコントロールしている低い力は私たちによってではなく全能の神によって、コントロールされることができるのです。

　全能の神、私たちの命の主よ、私を低い神々の手中からお救いください。私があなただけを崇拝できますよう助けてください、そして、すべての重要でない魅力あるものを、あなたの下にあるそれらの場所に留めおいてください。アーメン

わたしたちは、キリストと共に死んだのなら、キリストと共に生きることにもなると信じます。

ローマの信徒への手紙　六章八節

ある古いインディアンの伝説に、ナイアガラ瀑布近くの部族の話があります。その部族には毎年この滝の偉大な神に彼らの部族の中で最も美しい娘の一人を生けにえとして捧げる儀式がありました。ある年に酋長の最愛の娘が犠牲になることがくじ引きで決まりました。酋長にでさえ、免除はゆるされませんでした。運命の日が近づいたとき、酋長はその儀式の座長を務めることになっていましたが、彼は現れませんでした。彼なしで、その儀式は進められました。そのインディアンの娘は滝に流されるカヌーの中で縛られていました。彼女のカヌーが急流に押し流されようとしたとき、別のカヌーが隠れていた所から出てきて彼女に合流しました。それは父親の酋長でした。娘の死に加わるために彼女の側にきたのです。

クリスチャンにはこれはよく知られた話です。それは十字架の中心的な事実です。気高い犠牲以上のもの、もちろん哀れな愛の感傷的な話以上のものです。キリストの十字架は神ご自身の力・存在なのです。聖パウロはイエスの十字架に私たち自身の本質を見ます。「わたしたちは、キリストと共に死んだのなら、キリストと共に生きることにもなると信じます。」（ローマ六・八）

「キリストと共に」の表現は福音に溢れるほどあります。私たちは滝に一人では行きません。もちろんクリスチャンは滝の底に新しい生活があることを知っています。また、第三ステップのゆだねることを知っています。「エゴやセルフコントロールの死」の滝へと私たちをプログラムの流れに任せる時です。「ゆだね、神に任せる」ことはこのように恐ろしいのです。古い衝動のコントロールを緩めることは「無統制」「無力」への恐れへと流されることになるのです。しかし、このゆだねの中に私たちは救いを見いだします。

復活の主よ、あなたを信頼し、あなたにゆだねることができるよう助けてください。私の古い病の生活を死に追いやる時、あなたは私に健康な新しい生活をくださることを知っています。アーメン

3月4日

イエスはシモンにいわれた。「恐れることはない。」

ルカによる福音書　五章一〇節

サムエル・ジョンソンはいいました。「もしも人に勇気がなければ、他のどんな美徳をも無事に保つことができない」と。

勇気は基本的な美徳です。もしあなたが賢く行う勇気を持たなければ知恵に何の効用があるでしょうか。愛する勇気がなければ愛に何の価値があるでしょうか。もし真実を話す勇気がなければ真実はどんな重要性があるでしょうか。帰依する勇気がない信仰は少しも重要ではありません。勇気はすべての他の良さを活性化させます。それはまた誠実さを必要とします。誠実さには私たちの管理不能なものへの愛着という真実に向き合い、それを認める勇気が必要です。私たちの生活と意志を私たちが理解する神にゆだねる勇気が必要です。第四ステップと第五ステップを行うために勇気が必要です。私たちの道徳的な生活を直視し、正直に一覧表を作り、私たちの発見を他の人に告白し、修正するためにベストを尽くし、一覧表を継続し、神との意識的な関係を保ち、他の人とプログラムを共に行うこと――すべてのステップには勇気が必要です。

十二ステップは勇敢な人のためのものです。恐ろしい真実に直面しながら回復の道を歩きます、共に歩くすべての人と一緒に。私たちは一人で歩くのではないので、勇気がわきます。お互いと共に、神様が共にいてくださいます。欠けている勇気を与えてくれる仲間の支えと友情があることは私たちが知っていることです。聖パウロは裁判と起こり得る死を待ち受けながら囚人としてこのことを経験しました。

「わたしたちはそこで兄弟たちを見つけ、請われるままに七日間滞在した。こうして、わたしたちはローマに着いた。ローマからは、兄弟たちがわたしたちのことを聞き伝えて、アピイフォルムとトレス・タベルネまで迎えにきてくれた。パウロは彼らを見て、神に感謝し、勇気づけられた。」（使徒二八・一四〜一五）

私にもっと勇気を与えてください、救い主よ。あなたと勇敢に歩く意志を強めてください。友人たちから勇気をもらえますように。アーメン

3月5日

イエスは大声で叫ばれた。「父よ、わたしの霊を御手にゆだねます。」こう言って息を引き取られた。

ルカによる福音書　二三章四六節

テレビの喜劇役者がかつて精神療法の会合で苦情を述べました。「私はその医師のところへ行き、一時間に七五ドル支払います。彼のすることはいつも父が私に質問していたのと同じ質問をすることです。『とにかく、あなたは自分のことを誰だと思っているのか』良い質問です。たぶんそれは私たち全員が尋ねなければならない質問です」

イエスはご自分が誰であるかをご存知でした。イエスは父なる神の子でした。神との関係は親しく、近く、そしてプライベートでした。私たちは誰でしょうか。まず、私たちは被造物です。神ご自身のイメージで愛の神によって創造されました。なぜ創造されたのですか。神の子供になるために、そしてイエスの兄弟姉妹になるためです。神が私たちのことを思うことは、神がイエスに持っていた親近感に似ていると実感するとき、私たちはまるで道端にいる孤児が家に連れて行ってもらうように喜ぶのです。

毎日、私たちは父なる神の家族の中へと形作られ、合うように作られていくのです。その実現の一部は十二ステップに従うことから行われます。福音とステップを通して私たちは子供が親へ持つような近い関係を持つように勧められます。これを知ることは聖パウロの言葉につながります。「あなたがたは、人を奴隷として再び恐れに陥れる霊ではなく、神の子とする霊を受けたのです。この霊によってわたしたちは、『アッバ、父よ』と呼ぶのです。この霊こそは、わたしが神の子供であることを、わたしたちの霊と一緒になって証しして下さいます。もし子供であれば、相続人でもあります。神の相続人、しかもキリストと共同の相続人です。キリストと共に苦しむなら、共にその栄光をも受けるからです。」（ローマ八・一五〜一七）

主なるイエス・キリストの父よ、私を形作り、あなたのイメージに合うように私をお作りください、そして愛に合うように形作ってください。そして、あなたの愛する子供として、私を受け入れてください。アーメン

3月6日

あなたがたが何かのことで赦す相手は、わたしも赦します。わたしが何かのことで人を赦したとすれば、それは、キリストの前であなたがたのために赦したのです。

コリントの信徒への手紙二　二章～一〇節

フィリップ・ブルックス司教はかつて次のように言いました。「もし私が示せるいかなる親切も、どんな良いこともできることは、すぐにさせてください、なぜなら、再びこの道を通らないからです」回復は古い傷や、記憶、恨みを癒す過程です。第八ステップと第九ステップは遅れてはならないのです。それらは過去の毒素を追い払うためにあるのですから。ある回復途上の婦人が言いました。「この人生で、もしあなたが赦さなければならないことがあるなら、すぐに赦しなさい。ゆっくりした赦しは赦さないのと同じです」

本当の、完全な赦しは忘れることです。その過去を本当に削除することです。傷が赦されると、それはあたかも全く起こらなかったようになります。夢のように忘れ去られます。決して戻ってくることはありません。

このような赦しと忘れ去ることはどのようにして起こるのでしょうか。最もよく使われる方法は謝罪です。その有効性は計りしれません。

誰だったか言っていましたが、「謝罪は友情を保ちます、誇り以外は何も払う必要はありません。その値段よりもずっと節約できます。それはどの家庭でも必要な方策です」第八、第九ステップの核心である謝罪は回復が永続するための必須条件です。

赦しの主よ、すべての恨みを私の心からすぐに追い払ってください。その結果私は赦すので忘れます。そして、覚えているので、謝罪できます。アーメン

3月7日

「しかし、命に通じる門はなんと狭く、その道も細いことか。それを見いだす者は少ない。」

マタイによる福音書　七章一四節

ある女性が遠い町に旅に出かけました。彼女はその道をあまり知りませんでしたので、迷い、違った道を行ってしまいました。車を止めて通りすがりの人に尋ねました。

「助けてくれませんか。迷ってしまいました」

「あなたはどこへ行くのですか」とその人は尋ねました。

「ボストンへ行くところです」とその旅人は答えました。

「それではあなたは迷っていない。どこへ行くのかわかっている。ただあなたには道順が必要なんだ」

回復の道を日々歩くとき、決して迷わないことがわかります。時々困惑するだけなのです。どこに行くつもりなのかわかっています。健康と完全への地です。道順が必要なだけです、そして絶えずそれらが必要なのです。それらは十二ステップと主なるイエス・キリストです。ビッグブック、会合、支援者、全体のプログラムが必要です。同じように、聖書、礼拝、勉強、友情、奉仕がなくては主にあって本当に豊かになれないし、キリストと共に歩くことはできません。

道を一人で見つけられると思うことは魅力的ですが、生活の事実や回復の事実をみるとしばしば方向がわからなくなったり、混乱したりするということは明白です。他の人の激励や知恵や安定感がなくては迷い、孤独になり、また元どおりに病気になってしまいます。神様、感謝です。私たちは一人で旅をすることはできません。巡礼の旅に共に歩く友人を持たなければなりません。

イエス様、友人たちと共に方向を見失わず正しい道に導いてください。私のプログラムと信仰において、道順を尋ねたり、受け入れたりできるよう助けてください。アーメン

3月8日

わたしにとって、生きるとはキリストであり、死ぬことは利益なのです。

フィリピの信徒への手紙　一章二一節

アルフレッド・ロード・テニスンはかつて次のような言葉を書きました。

多くのことは、この世が思う以上に
祈りによって、入念に作られた。
だからあなたの声を夜も昼も泉のように高く
私に聞かせて。
人は分別のない生を生きる羊や山羊よりも
優れているのだから。
人は神を知って、友と呼ぶ人や、自分のために
手を上げて祈るだろう。
丸い全地球は、神の足下にある金の鎖に
すべてつながれている道だから。

祈りを言葉で表さなければ、羊や山羊と同然です。心の願いや、感情や思いを友人に話さなければ、疑いなく盲目であり愚かです。祈りは神とつながる命綱です。祈りの人である聖トマス・アクイナスはすべての人のために次のように祈ります。

私たちにあなたを知る理解力を、主よ、与えてください。
あなたを求める熱心さを与えてください、
あなたを見いだす知恵を与えてください、最後にあなたに帰依する忠実さを与えてください。アーメン

すべての祈りのゴールは私たちの人生のゴール、神です。毎日の祈りの目的と最終目標は神の愛の抱擁の中にいることです。神と共にいることは私たちのゴールであり、命であり、すべてです。祈りは天なる神への高速道路のようなものです。

主なるキリスト、いつも私と共にいてください。私が求めるのはあなたの存在のみです。アーメン

「そこで、王は答える。『はっきり言っておく。わたしの兄弟であるこの最も小さい者の一人にしたのは、わたしにしてくれたことなのである。』」

マタイによる福音書　二五章四〇節

スラム街で一杯のスープを待ちながら長い列で並んでいる物乞いを描いている一九世紀の絵画があります。彼らはみんなぼろぼろで汚れていました。しかし、一人の頭の周りにはほとんど見えませんが後光が差しています。彼らの一人はキリストです。私たちには、この世の貧しい兄弟姉妹の頭の周りには後光が差しているのが見えないかもしれませんが、もし思いやりのある目で見れば、キリストに会えるのです。貧しい人々や病にある人に奉仕したり、世話したりすることは、主に仕えることなのです。

　このような人々を世話することは時には無益なことで、むだな努力のように思われます。しかしこのような愛と世話は有益なことです。報酬は新しい出発への素晴らしい力です。

　嗜癖の病気に苦しむ私たちはスラム街の浮浪者と異なるかもしれませんが、何度も自分の状態を認めるのを恥じました。自分のような仲間にだけ受け入れられたことがわかったでしょうか。私たちは同じでないかもしれません、しかし起こりそうな筋書きは似ています。愛と容認なくしては、絶望のみです。受け入れてくれる人がいなければ、もう一度機会を与えてくれる人がいなければ新しい出発の夢は消えます。回復しつつある依存症の人々の素晴らしい分ち合いを感謝しています。彼らの愛は私たちを生に戻してくれます。

　虐げられたキリスト、私に新しい出発と新しいチャンスをください。何よりもまず私を信じ、気づかう人々をお与えください。アーメン

3月9日

3月10日

「しかし、真理を行う者は光の方に来る。その行いが神に導かれてなされたということが、明らかになるために。」

ヨハネによる福音書　三章二一節

まだ電気がないスイスの渓谷に美しい教会があります。説教壇と演台の隣に、祭壇の回りに、それぞれの座席の端に、ろうそくがない燭台があります。夕拝が行われるときはいつでもそれぞれの信者や聖職者たちは火が灯ったろうそくを持ってきます。それぞれの人が教会に入ると、光はどんどん明るくなります。教会堂がやさしい光に包まれます。もし、一家族でも欠席すれば、その座席は明かりがないままです。そして全体の効果が半減します。それぞれの家族は教会を照らすために自分たちの光が必要だということを知っています。すべての人が必要なのです。最も大きな人間の必要の一つは、必要とされることだということがわかります。誰かが私をあてにしていることを、どこかで私を必要としていると、私たちは信じなければなりません。このすべての集合体の近代的な社会において、一人ひとりの重要性を信じることは難しいことがわかります。しかし私たちは信じなければなりません、さもなければ懺悔して死ぬのです。私たちの光は消えます。キリストにおける回復は「光あれ」という神の宣言です。キリストにある新しい生活は夜明けに咲く窓辺の植物のようです。それぞれのしっかりしたつぼみや葉は開き始めます。全体の植物が十二ステップの命を与える光を吸収するように。

　このような開花は回復において何回も何回も起こります。堅く、抑圧され、気落ちし、寂しく、おびえている人々がリラックスし、キリストにある真理と愛の新しい光に広く開かれ、オープンになります——お互いに他の人を信頼し頼るときに。キリストの光について最も素晴らしいことは、私たちすべての人はそれを必要としていること、そしてその光は私たちを必要としていることです。それが必要なことです。私たちが光を浴びるとき、反射し、より完全さが増します。健康の光が輝き始めます。

　主なる神様　あなたは私の光です。あなたは世界の光です。あなたの十二ステップのプログラムの洞察を与えてくださり感謝します。他の人々と共に持てる光を分かち合うことができますように助けてください。アーメン

わたしたちの救い主である神とわたしたちの希望であるキリスト・イエスによって任命され、キリスト・イエスの使徒となったパウロから、

テモテへの手紙一　一章一節

3月11日

古い格言に次のようなものがあります。

「私たちは何かを確かに知っていると思うが実際はそうではないことがある。それが問題だ」私たちが十二ステップを歩く前に、今は「そうではない」とわかっていることですが、いくつかの持論を持っていたでしょうか。依存症になった主な原因は弱さ、罪深さ、または精神異常であると思っていました。とりわけどうしょうもなく迷っているか、呪われているか、地獄行きを宣告されたかのように思っていました。多くのこのような考えが私たちの中を駆けめぐっていました。しかし、実際はそうではないのです。

回復やクリスチャン生活の福音は、かつて考えていたことは間違いであると言います。私たちは病気で、癒されることが必要です。依存症は私たちが選んだのではなく、病気です。もちろん、私たちは強められ、清められ、教えられる必要がありますが、まず、癒しが必要です。最初のことは最初です。癒しが見い出されるまでは、何が本当に力強いのか、よいのか、健全なのかをわかることさえできないのです。

「そうではない」ことの最も良い部分は、迷っているのではなく、呪われているのでもなく、地獄行きを宣告されたのでもなく望みがあることです。その望みはいつもずっとあったところにあります。私たちの望みであるキリスト・イエスにあるのです（テモテへの手紙一）。彼は私たちの医者で、彼の治療はどこにでも広がっていきます。十二ステップの集まり、教会、病人が無知や絶望で医者を必要としているところにはどこにでも。ある有名な牧師が援助している人に言われました。「あなたは良い人です」と。牧師は答えました。「私は良い人ではありません。私は罪深く、自分勝手で、病気です。イエス・キリストは私に手を置いてくれました。それだけです」そして、それがすべてです。

偉大なお医者様、あなたの手を私に置いてください。私に健康、強さ、善良さ、健全をもたらしてください。望みと、喜びで、あなたの愛の手を受け入れられるように助けてください。アーメン

3月12日

「神は人を分け隔てなさらないことが、よくわかりました。」

使徒言行録　一〇章三四節

スウェーデンに歴史のある古い教会があります。それは多くの理由で重要な教会ですが、最も驚くべきことは壁の背後に立っている実物大のキリスト像です。説教壇への階段の通りにあります。説教者は講壇に上がるときそれを見ることができるか、または、見なければなりません。この偉大なキリスト像について尋ねられて、その教会のガイドは次のようなお話をしました。

ある日曜日、チャールズ七世は突然その教会を訪れました。説教者は王が入って来るのを見た時、準備した説教を述べずに、その王の徳を激賞し、いかに多くのことをチャールズ王が国民のために行なっているかを話しました。数日してあの素晴らしいキリストの彫像がスウェーデンの王から贈り物として届きました。その贈り物と一緒に、手紙が入っていました。それには王がこのキリストの像を講壇への階段の背後の壁に置いてほしいと命じ、その理由は、説教するためにそこの階段を上る人は誰でも称賛されるべき人を見ざるを得ないというものです。

地位や力に感心することはとても簡単です。俳優、政治家、王の成功や地位に畏れを持ちます。しかし皆、ただ人間であり、神の眼からは等しく、貴重であるということを知っています。アルコールアノニマス（アルコール依存症の会）の最初の創設者は地位という存在がないことを意味するアノニマス（匿名の）を意図したことは神に感謝すべきです。十二ステップには地位の高い役人はいません。すべての人の地位は平等です。その平等は偉大な名誉のひとつです。しかしながらそれは王の王である人、常に称賛されるべき人からくるのです。キリストと彼の王位をあがめることによって私たちは王や女王になるのです。

主なるイエス・キリスト、あなたを賛美します。あなたの誉れと栄光によって私は大切なものとされ、光栄に思います。いつもあなたにまず、会うようにされますように。アーメン

そして、「シロアム――『遣わされた者』という意味――の池に行って洗いなさい」と言われた。そこで、彼は行って洗い、目が見えるようになって、帰って来た。

ヨハネによる福音書　九章七節

十二ステップのプログラムはシロアムの池のようなものです。このステップでは洗い、元気づけ、目が見えるようになります。プログラムの澄んだ池に飛び込んで、洗われ、目覚めさせられると、その癒された盲目の人のように、ただ答えられます。

「ただ一つ知っているのは、目の見えなかったわたしが、今は見えるということです。」（ヨハネ九・二五）私たちの盲目は消え、新しい視力と明確な洞察力が現れます。でも、どのようにしてなのかはわかりません。

私たちはミーティングに行きます、ステップを歩みます、スローガンを受け入れます、援助者に頼ります、グループの支援に頼ります、どのようにそれが働くのかわからず、知らずに、信頼するのです。同時に、私たちが思う以上に、キリストはプログラムを通して私たちにより良いことをしてくださっているか、または受けるに値する人以上にしてくださっています。

たとえ、そのプログラムのすべてにキリストが見えなかったり、認めなかったりしても、節制や平安という結果がもたらすものに信頼していきます。私たちが明け渡し、プログラムに信頼するとき、キリストの名を言おうが言うまいが、事実上、愛のキリストに命を与えているのです。イエスは名声を必要としません。彼は単に癒すことを喜ぶのです。そして、癒しが行われたとき、私たちは「かつては迷子でしたが、いまは見い出され、かつては見えませんでしたが、今は見えます」という驚嘆すべき恵みを経験します。

癒し、清めてくださるキリスト、あなたの池で洗うことができるように、あなたの命令に従っています。そして私のためにあなたが用意されている恵みを受けます。アーメン

3月13日

3

3月14日

しかしイエスは言われた。「わたしに従いなさい。死んでいる者たちに、自分たちの死者を葬らせなさい。」

マタイによる福音書　八章二二節

福音書にはイエスが葬式に行ったということは書いてありません。彼は悲嘆や悲しみを軽蔑したり、冷淡であったりしたのではありませんでした。実際は死を深く悲しみました。彼はただ生きることについて深くかかわっていたので、過去について長く立ち止まって悲しむ時間をとることができなかったのです。彼の焦点は死や喪失ではありませんでした。彼はわたしたちに生きた贈り物と望みある未来を与えるためにこられたのです。イエスは命の主であり、死の主ではありません。機会は、今生きる人生に存在し、未来にも存在します。起こってしまった死や喪失ではないのです。

命は生きた関係のためにあります。他と生きる人生のためにあります。私たちが関係すべき最も重要な他者はイエスです、彼は私たちに従うように招いておられます。彼はもうここに肉体では存在しないので、彼はお互いを与えたのです。回復のグループは対等な人々と生き生きした関係を持ちながら生きる理想的な機会です。キリストの目では誰かの人生よりも低く評価されたり、高く評価されたりする人はいません。十二ステップの関係以上に重要であるものは他にありません。

アルコール依存症グループには地位も、階級もありません。私たちは神の階級においてはすべて等しく重要なのです。イエスは私たちすべてに兄弟姉妹としてお互いを尊敬しなければならないと言います。そしてこのようにして彼に従うことができるのです。

主なるイエス様、私の兄弟姉妹である他の人々と生きること、今日のあなたの贈り物である生きることに私を招いてくださり感謝します。アーメン

イエスは言われた。「もし完全になりたいのなら、行って持ち物を売り払い、貧しい人々に施しなさい。そうすれば、天に富を積むことになる。それから、わたしに従いなさい。」青年はこの言葉を聞き、悲しみながら立ち去った。たくさんの財産を持っていたからである。

マタイによる福音書　一九章二一～二二節

かつてある小さな少年が大好きな叔父さんからの誕生日プレゼントをとても楽しみにしていました。彼の叔父さんはいつもちょうどよいおもちゃを選ぶ才能がありました。しかしながら、今年は、甥は着るものをもらってもよい年ごろだと考え、セーターを贈りました。母親にせかされて、その少年は素直に座って、お礼の手紙を書きました。

「ジョージ叔父さんへ
セーターをありがとう。セーターは僕がずっと欲しかったものですが、とても欲しかったというものではありません。愛をこめて、ジミー」

このような正直な答えはすがすがしいものですが、十二ステップを生きようとする試みはもっと隠されていることを明らかにします。私たちはキリストに高い力になって欲しいのです。キリストに従い、すべての他の持ち物や衝動を過去に捨てたいと思いますが、熱心にそう思ってはいません。少なくとも、十分ではないので、嗜癖にふけってしまうのです。私たちが好きなものや活動に興奮するのと同じように神や十二ステップにうきうきするのでなければ、失望と不安な状態にとどまることを選ぶことになるでしょう。

神は私たちに選びの力を創造しました。嗜癖に関してではありません（これは誰のせいでもありません）。それは「私」と「神」の間における選択に関してです。神はまた、私たちの中に深く神への願望を創造しました。それは多くの人の中には休止状態ですが、他のどんな魅力よりもまだずっと強力なのです。もし私たちが回復プログラムを通して、神の援助を選び、心を開き願望を伝えれば、「これはわたしがいつもずっと欲しかったものです、とても、とても欲しかったものです」と喜んで歌うことができます。

イエス様、あなたは私をあなたに従うように招いていらっしゃいます。しかし、私は時々躊躇してしまいます。どうぞ、あなたの恵みを慕う気持ちを増やしてください。私の持ち物への気持ちよりもそれを強めてください、特に、私の嗜癖よりも。アーメン

3月15日

3月16日

「わたしを見た者は、父を見たのだ。」

ヨハネによる福音書　一四章九節

次の古代ヒンズーの物語は神をどう見るかを教えてくれます。

「あなたは何を読んでいるのですか」通りがかりの見知らぬ人が道端に座っている聖人に尋ねました。「私は聖なる本を読んでいます」と彼は答えました。その見知らぬ人は尋ねました。「それは何についての本ですか」「それは神についての本です」と聖人は答えました。その人は尋ねました。「神というのは誰なのですか」聖人は答えました。「神は世界の主です」それに対して、その人は言いました。「私は自分の目で見えるものを存在していると信じる」と。聖人は立ち上がり、開いた本を手に取り、遠くからその男に見せて、読むように言いました。その男は叫んで言いました。「どうしてそのように遠くにあるものを読むことができるというんですか」その時、聖人はその本を鼻先まで男に近づけました。「あなたは今読めますか」「本がこんなに近くて、どうして読めるでしょう。何も読めません」とその男は言いました。「本当にあなたは読めません。見る方法が悪くて見えないのです。印刷物に目の焦点を合わせることができないからです」

ある少女がかつて自分の考えで言いました。「イエス様は神様が撮ったなかで最も良い写真です」文法的に間違っています、その通りです。しかし、見事な神学です。神をその生涯において見ること、イエス・キリストの指導、聖職、死、復活を見ることはクリスチャンの信仰と望みの核心です。これ以上明らかなこと、近くにあることはないでしょう。もし私たちがかなり遠くに立っていたり、鼻先の物を見落としたりすることがなければの話ですが。十二ステップは私たちが現実を見落とした時でさえその同じ現実を明らかにしてくれます。プログラムにあまりにも近すぎて焦点を失うことがありませんか。あまりにも遠くに立っているので、見えないことがありませんか。私たちは正しい写真を撮るために、適した場所をいつも見つける必要があります。必要に応じた写真を撮るために。キリストの眼を用いることはいつも正しい見方を準備する助けとなります。

キリスト様、あなたはいつもそこにおられます。私が正しく焦点を合わせ続けられますように助けてください、そして遠い距離からあなたを見ることがないように導いてください。またはあまり近すぎて当然と思わないように助けてください。私の頑固な見えない目を治してください。アーメン

3月17日

「友のために自分の命を捨てること、これ以上に大きな愛はない。わたしの命じることを行うならば、あなたがたはわたしの友である。」

ヨハネによる福音書　一五章一三～一四節

もっと率直なものがあり得るでしょうか。イエス様はご自身が誰であるか、何をなさっているかを最も明確に示しています。イエスは私たちの友です。この説明は木の上にあります。カルバリーの木、彼の受難の十字架です。彼はそこに磔《はりつけ》にされた時、「私はあなたがたを大きな愛で愛する」と言います。私たちに直接語っています。「私はあなたをとても愛している。あなたのために、ここまで行きます。あなたに愛を示し、本当に愛するためにここまで行きます。あなたを揺り動かすためにこのようにずっと行きます」

私たちを救うのはキリストの神の愛です。プライドを砕いて感謝と真の価値で満たすのはキリストの愛です。回復途上のクリスチャンとして、キリストとお互いへの愛と感謝へと突き動かすことができるのは十字架上での愛の犠牲だけだといえます。十字架上での愛の犠牲はすべての人のためです。古い讃美歌の歌詞がそれをよく表しています。

栄光の若きプリンスが亡くなった所に、
その不思議な十字架を見るとき
失われたものではなく、豊かに与えられたものを思い、
私のすべてのプライドを恥じる。
自然界のすべてが私のものだとしても、
それは小さすぎるささげもの。
愛はとても神聖で、驚嘆すべきもの、魂、命、私のすべてが要求される。

十字架の下に立って私たちのための主の偉大な愛を見つめる時、第三のステップは、感謝に満ちた心から自然に流れ出します。このような愛は私たちをひざまずかせます。私たちの誇りは消えます。しかしその場所に新しい絆と価値が私たちを満たします。私たちはキリストに愛されている友なのです。私たちの自尊心はキリストの愛から生まれるのです。

主なるキリスト、私をしばしばカルバリーへ導いてください。そこで、あなたの偉大な愛と友情がわかります。アーメン

3月18日

「はっきり言っておく。わたしを信じる者は、わたしが行う業を行い、また、もっと大きな業を行うようになる。わたしが父のもとへ行くからである。」

ヨハネによる福音書　一四章一二節

ある古いお話ではキリストが昇天した時にイエスに会った天使について伝えています。「主よ、あなたのお仕事を実行するために誰を残されたのですか」と天使が尋ねました。「私を愛する人々の小さな群れです」とイエスは答えました。「しかし、主よ、もし彼らが困難な時に失敗したらどうなるのですか。もし失敗すればあなたが成したすべてのものが無効になってしまいませんか」イエスは答えました。「その通りです。もし、彼らが失敗すれば、私が成したすべてのものが無効になってしまいます」「他にもっと何かないのですか」と、天使は繰り返して言いました。「いいえ」とイエスは答えました。心配になった天使は尋ねました。「それではどうなるのですか。主よ」「彼らは失敗しないのです」というのがイエスの答えでした。どうしてイエスはそのように言うことができるのでしょうか。キリスト教において、偉大な行為ではなく、失敗があることを誰も見ています。キリスト教の名で、破壊行為や戦争から迫害やテロリズムまですべてのことを私たちは目撃してきました。嗜癖に悩む仲間の私たちの多くはクリスチャンの兄弟姉妹に避けられたり、恥じと思われたり、馬鹿にされたり、非難されたり、捨てられたりしています。それは失敗ではないのでしょうか。

失敗ですが、完全なる失敗ではありません。その物語ではイエスは天使に小さなグループを残したと伝えました。イエスは弟子たちに「私を信じる者は私が行うことをする」と伝えました。主は少人数の一握りの人々の手に信頼を置きました。神はいつも彼の仕事をする小さなチームを信頼していました。神は彼の小さなグループを世界中に、さまざまな場所にばらまかれました。愛の行いが存在するところはどこでも、たとえ悪の中でさえも、キリストの勝利があります。「私を愛し、失敗しない人々の小さな群れ」があります。

主なるキリスト、どうぞ私を清め、あなたの小さな群れの数に入れてください。私はあなたを愛し、あなたに仕えたいのです。勝利を得させる愛の道に私がとどまれるよう、導いてください。

アーメン

「そして、見つけたら、喜んでその羊を担いで、家に帰り、友達や近所の人々を呼び集めて、『見失った羊を見つけたので、一緒に喜んでください』と言うであろう。」

ルカによる福音書　一五章五～六節

初期のイエスのある肖像画の一枚は彼を羊飼いとして描いていました。肩に小羊を担いでいます。多くの人はこのような肖像画を見たことがあるでしょう。小羊を自分のように見る人もいます。主の腕に安全に支えられているという思いは慰めであり、安心させます。

しかしながら、主に持ち上げられ、抱えられるという思いは私たちの多くの人にとって、受け入れることが困難です。「私は重すぎます」「私は恥ずかしいです」「私はとても品位があります」「私は弱くありません」……私たちの心はこのような思いでいっぱいです。

「とても疲れました……とても具合が悪いです……私は弱い人間です」と認めなければならなくなるまでは。

誇り高い人にとっては救い主の強い腕に任せ従うことは屈辱ですが、疲れた人々や、病気の人々には喜びをもたらします。

助けられることから私たちを遠ざけるのは私たちのうぬぼれです。羊はうぬぼれていません。気まぐれで、言うことを聞かず、がんこで、愚かですが、ほとんど自発的になれないし、独立心もありません。もし私たちが動物と同一とみなされれば、キツネのように賢いと思ったり、馬のように強く、フクロウのように賢明であると思ったりしたいのですが、羊飼いを必要としている羊と考えるのは屈辱的です。

良き羊飼いの主よ、私が疲れきってしまう前にもっと早く私を持ち上げ、私を抱えてくださることを受け入れられるように助けてください。毎日あなたに頼っていけるように教えてください。アーメン

3月19日

3月20日

「はっきり言っておく。死んだ者が神の子の声を聞く時が来る。今やその時である。その声を聞いた者は生きる。」

ヨハネによる福音書　五章二五節

子供たちはしばしば核心をついた質問をしてきます。仔猫が死んだ経験を持つ何人かの子供たちのことが語られています。「どうしてイエス様はこのようなことが起こるのをそのまま見ていらっしゃるの？」と彼らは尋ねました。それからさらに深い質問をしました。「なぜみんな死ぬのですか、なぜイエス様はそのようなことをそのまま見ていらっしゃるの？」彼らは専門家である牧師に尋ねることにしました。彼はとても奥深い、神学的な、正当である答えを述べ、満足してゆったりと椅子に座ります。一人の少年がお兄さんのほうを向いて言いました。

「牧師さんもわからないのでしょう？」

　あいにく誰もその答えを知らないように思えます。なぜ嗜癖になって苦しんだりするのでしょうか。なぜ苦しまなければならなかったり、人に苦しみを与えたりするのでしょうか。私たちにはわかりません。しかしながら、回復する方法やどこへ変わるかを知っています。その方法は十二の回復プログラムです。どこへ変わるかは、救い主であるイエス・キリストへです。私たちは人生のパズル、難問である病、死への解答を知りません。しかし、救済策があります。

　命、病、死はなぜなのか。イエスは私たちには語りません。彼は私たちのために生き、死に、再び生きるのです。

　主なる神様、あなたは私のために苦しみを受け、死なれました。なぜあなたはそのような苦しみを通らなければならなかったのですか。あなたはその理由を言いませんでした。どのような理由であれ、私をそのように愛してくださりありがとうございます。それが最初からの理由だったのですか。アーメン

3月21日

「あなたがたがわたしにつながっており、わたしの言葉があなたがたの内にいつもあるならば、望むものを何でも願いなさい。そうすればかなえられる。」

ヨハネによる福音書　一五章七節

「一日に一度」というのは、このプログラムは短距離走者のためのものではなく、長距離走者のためのものであるという意味です。短距離走者は距離が短く、一触即発のエネルギーで終わるので、ペースを心配する必要はありません。長距離走者はペースをゆっくりと歩調をとらなければなりません、そして途中で力を得ることさえしなければなりません。速すぎることは禁物です。中国に次のような諺があります。「虫を考えなさい。彼の一日はたった六〇センチです」この距離はこのような小さな生物にとってふさわしいのです。それは一日の仕事です。

多くの場合、「望むとき、望むものを欲しいです」回復途上で、衝動的に、初めのステップから十二のステップまで突進する人々がいます。回復の初めの一カ月で援助者になろうとする人々がいます。このような速いペースは進歩ではありません。プログラムは着実で、健康的で、生涯続きます。樫の木を育てているのであって、アルファルファではありません。確固たる成功には主の土の中にしっかりと根を張って強い幹や枝を伸ばす時間が必要です。あまりにも速く行くと、簡単に引き抜かれたり、枯れたりしてしまいます。

イエスは私たちが回復しなければならないと思っています。しかし、イエスはご自身の条件を私たちの成長に課します。あなたはイエスに最初にとどまらなければならない、イエスの言葉であなたの家を作らなければならないと言います。彼は強いのです。あなたがイエスにとどまれば、イエスの言葉にとどまるならば、あなたの願いは聞き入れられるという意味です。イエスにとどまり、家に住むには時間がかかります。キリストに生きることは、そしてこのプログラムで生きることは時間がかかります。家を作る努力をしていますか、それともただ訪問しているだけなのですか。

主よ、あなたにとどまり、回復のプログラムに住民として住まわせ続けてください。しっかり根を張った木に辛抱強く成長し続けさせてください。アーメン

3月22日

「父よ、御心なら、この杯をわたしから取りのけてください。しかし、わたしの願いではなく、御心のままに行ってください。」

ルカによる福音書　二二章四二節

ある偉大な哲学者が次のように述べました。ゲッセマネの園でイエスが経験した苦悩は、宗教の歴史の中で、最も崇高な瞬間であるし、永遠にそうであろうと。

もちろん、それは一人の意見です。明らかにキリストの受難記念日やイースターは生き生きとした記念すべき出来事です。なぜゲッセマネの園を最も崇高というのでしょうか。たぶんそれは園でのイエスの苦悩が十字架と復活という結果になる決心に導いたからでした。園における決意の苦しみがなければ、十字架も空《から》の墓も存在しなかったでしょう。

私たちは「私からこの杯を取りのけてください」と神に叫んだ時、苦しみの園を経験したのではないでしょうか。私たちの意志、願い、必要を主張しようとするとき、神と共に取り組む経験をしましたか――まだしていますか。しかし、もし、私たちがイエスに従い、第三のステップを取れば――私たちの生活と意志を神にゆだねること――イースターは前方にあります。それは十字架の痛みを通してのみ訪れるのであって、古い讃美歌にあるように、「もし、私たちが十字架を背負うことができないならば、私たちは冠をかぶることができない」のです。

第三のステップの園では十字架をもたらすと同時に冠も現れます。生活と意志を神へ完全に無条件に明け渡すことによって、力と決断力が流れ出て、愛と奉仕と平和のある新しい生活へと再び復活するのです。回復の素晴らしい事実は、第三ステップがいつもそこにあるということです。回復するなかで驚くべきことは、日ごとに一つ一つを神へ明け渡しすることが回復し続ける新しい力になるということです。

主なるキリストよ、第三のステップをとる度に、幾どとなくあなたは新しい十字架と新しい復活に向かい、ゲッセマネの園のお手本を与えてくださり、私をいつも従えるようにしてくださいました。アーメン

「わが神、わが神、なぜわたしをお見捨てになったのですか。」

マタイによる福音書　二七章四六節

中国のあるお話は一人の農夫と彼の一人息子について書いています。ある晩、その人の馬が逃げてしまいました、隣人たちは途方に暮れている彼を慰めにやってきました。その農夫は言いました。「どうしてこれは運が悪いと言えるのか」と。数日後、その農夫の馬は一群の野生の馬を連れて戻ってきました。さて彼の友達は彼の運の良さを祝いました、しかしその老人は「どうしてこれが良いことだと言えるのか」と言いました。彼の息子は野生の馬を飼い馴らそうとして、足を挫きました。再びその隣人たちはこの新しい不運を嘆くために集まりました。「どうしてこれは運が悪いと言えるのか」と老人は尋ねました。その後間もなく、ある軍人が強健な若者を軍に採用するためにやってきました。その農夫の息子は足を骨折していたので、徴兵を免れることができました。真の意味で、その農夫の友人たちはこの幸運を喜んでくれました。ここで、物語は終わりますが、その話は永遠に続くことでしょう。

これは回復と教会との関係で何と真実な全体像なのでしょう。

私たちが嗜僻を持っていることがわかったときは、何と悪い日に思えたでしょう。私たちが麻酔的な物質や衝動的な行為を断念したときは、何と悪い日に思えたでしょう。十字架上でキリストが痛みと苦悩で叫んだとき、何と悪い日に思えたでしょう。しかし回復の神秘の中では悪いと思われたことがたびたびよくなり、幸運が悪運になります。しかし、神にはいつも最高のものがあります。神は受難の金曜日から復活をもたらします。たとえ、次の新しい受難の金曜日がこようとも新しい復活がきます。イースターはいつも最高のできごとなのです。

全能の神であるキリスト、あなたの宮殿に行く最後の良き日に向かって、あなたの神秘の力の一部として、私に良い日も悪い日も受け入れる意志と意欲をお与えください。アーメン

3月24日

わたしたちが愛するのは、神がまずわたしたちを愛してくださったからです。

ヨハネの手紙一　四章一九節

かつてある聖なる賢いクリスチャンが、完全になるための秘訣は何かと問われました。彼は次のように述べました。

唯一の奥義は神の心からの愛です。その愛を得る唯一の方法は愛することによってです。単なる見習い生として始めなさい、そうすれば愛の力はあなたを達人へと導くでしょう。

しかし、人を愛するという資質を持っていても、それゆえに愛されることはありません。私たちが愛する崇高なお方は私たちに愛が欠乏しているにもかかわらず私たちを愛するのです——私たちが愛を持っているからではありません。キリストの愛について素晴らしいことは、とにかく愛してくださるということです。聖パウロはキリストの寛大さに目覚めました。「しかし私たちが罪人であったとき、キリストが私たちのために死んでくださったことにより、神は私たちに対するご自身の愛を示されました」（ローマ五・八）

キリストの犠牲に感謝の愛で応えることができないならば、私たちは本当に死んでいるのです。誰が彼の差し出す腕を拒否するでしょうか、彼の愛から顔を背けるでしょうか。それは私たちの選択にかかっています。

主よ、あなたの愛を失うことを最も恐れています。私を愛情に満ちたあなたの腕に伴ってください。愛する方法を教えてください。アーメン

3月25日

わたしたちは、わたしたちに対する神の愛を知り、また信じています。神は愛です。愛にとどまる人は、神の内にとどまり、神もその人の内にとどまってくださいます。

ヨハネの手紙一　四章一六節

愛より美しいものはありません。愛は悲しい出来事に、森や花や太陽の光を与えます。愛は美しいけれど、愛は美しい以上に現実的です。本当の愛は美しさのない実際の世界に本腰で取り組むのです。しかし、美しいのです。また、回復は美しい人々であふれていませんが、回復のために苦しむ人々は美しいのです。

十字架の重さに耐えながら頭を垂れるイエスの光景――つまずき、転倒、傷つくほどの石への激突、十字架上での彼の叫び、彼の汗、彼の血、彼のいまわの息――どれもきれいな光景ではありません。しかし、何と美しいのでしょう。数世紀も私たちはあの醜さの中に、その美をとらえようと努力してきました。いくつかの美術の傑作は十字架上のイエスの美しい救い主を描こうとしました。肉体を持ち、残酷にも裏切られ、苦しみを受け、十字架に釘打たれた神――もしあの丘に美よりも美しいものがなかったら、もし見るに耐えない恐ろしさが極限を超えて聖にならなかったら、これほど見苦しいものはないのではないでしょうか。あり得ないでしょう。――でも聖になったのです。そしてそれは聖でした。十字架の下にひざまずく時はいつでも苦しんでいる救い主を感嘆して見詰めるように、十字架上のイエスはどんな美しさも比べものになりません。栄光は圧倒的です。

時を超えてそそり立つ私たちが誇るキリストの十字架に、
すべての神聖を物語る光がキリストの崇高な頭上に集まる。
死と恵み、痛みと喜びは十字架によって清められる、
測ることのできない平和と絶えざる喜びがそこにある。
見なさい、彼の頭、彼の手、彼の足から悲しみや愛が混じり
あって流れているのを。
かつてこのような愛と悲しみが出会っただろうか。
茨が豊かな冠を作っただろうか。

イエス様、愛の美しい十字架が私の眼前に、そして私の心に永遠にありますように。アーメン

3月26日

しかし、実際、キリストは死者の中から復活し、眠りについた人たちの初穂となられました。つまり、アダムによってすべての人が死ぬことになったように、キリストによってすべての人が生かされることになるのです。

コリントの信徒への手紙一　一五章二〇～二二節

もし神が完全なら、なぜ私たちは苦しむのでしょうか。この質問は万人に共通ですし、人類と同じくらい古くからのものです。それは今もって問われていることです。仏教は答えを準備し始めました。人がすべての願望を排除すればすべての苦しみは消えると仏陀は言いました。しかし、苦しみは残り、愛の神はいまだに苦しみや不正や死があふれる世界を創造するのかと、私たちは問うのです。神は罰として苦しみを与えるという人もいました。また、神は創造した世界を支配しないし、関心もないし、偶然が支配するという人もいます。残念ながら、私たちにはわかりません。私たちは単純に嗜僻の苦しみを謎のように受け入れなければなりません。

しかし、ある事実は確かです。私たちがいかに苦しもうとも、神は私たちを愛してくださるのです。神は私たちの痛みを喜びません。事実、キリストにある神は私たちの嗜僻の痛みを彼自身が引き受けてくれているということを信じるあらゆる証拠が存在します。十字架は私たちの答えです。神には痛む理由がないにもかかわらず、私たちのすべての罪と苦しみをご自分のこととして背負われたのです。神は私たちの境遇を見て取り、私たちを愛し、命と栄光へといざないます。苦しみが不可解で、不思議なように、救い主の愛の癒しの腕に私たちを引き寄せる十字架上での私たちへの愛はさらに不思議です。イエスの十字架の下に倒れるとき、イエスと共に死に、それから復活の日にイエスと共に起き上がるのです。イエスは蘇り、私たちも蘇るのです。

主よ、私は、十字架上のあなたの愛の手に私をゆだね、そしてあなたの復活に信頼します。アーメン

3月27日

「あなたがたの天の父の子となるためである。父は悪人にも善人にも太陽を昇らせ、正しい者にも正しくない者にも雨を降らせてくださるからである。」

マタイによる福音書　五章四五節

フランスのレイン寺院を訪れたことのある多くの人は、その教会の宝である壮麗な薔薇窓に関するお話を聞きます。第二次世界大戦のときに、その薔薇窓は粉々に割れてしまいました。被災の後、即座に町の人々は家から飛び出し、ていねいにすべての鉛やガラスの破片を拾い集めました。戦争が終わったとき、粉々になった古い破片を用いて新しい薔薇窓を建てるために町は熟練の技術者を集めました。今は彼らの献身の結果、以前よりも壮麗なものになりました。

神から与えられた自由の中で、私たちは弱くされ、砕かれ、がっかりしたりします。私たちの生活で美しかったもの、貴重であったものが壊れたり、砕かれたりすることがあります。しかし、神は破片を拾い集め、再び元通りになる時のために、それらをとっておかれます。

クリスチャンは傷や危害から絶縁されていません。神は私たちの生活から災害を防ぎません。神は太陽と雨を誰にでも送ります。結局、神ご自身の御子は言葉では言い表せない痛みで苦しみました。弟子たちは好むと好まざるとにかかわらず、主人に従うように召されています。

それでも、いかなる破綻も衰弱も、新しい命や栄光の種なのです。神は何事もむだにしたくありません。神は私たちが小片や破片を集めるのを手伝ってくださいます。そして、より強く、もっと美しい窓を再建してくださるのです。なぜなら、彼の愛が照射されるからです。彼は私たちをすべての危害から保護しないかもしれませんが、今日始まる生活の中で、輝ける新しい復活へと、いつもわたしたちを修復し新たにしてくださいます。

復活の主よ、あなたの近くにいつもいさせてください。絶望から遠ざけてください。私の希望が生き続けますように、私をあなたの栄光への新しい窓としてください。アーメン

3月28日

イエスは言われた。「わたしは復活であり、命である。わたしを信じる者は、死んでも生きる。」

ヨハネによる福音書　一一章二五節

A・J・クローニンの『宮殿の鍵』の中で、キスホルム神父は数多くの失敗にもかかわらず、圧倒するような難しい出来事に対して、彼の人生を捧げる伝道師です。ある日、最近の洪水で畑を失い嘆いている農夫に話しています。「私の作物はすべて失われました。すべて最初から始めなければなりません」農夫は泣いて言います。キスホルム神父は静かに答えるのです。「しかし、それはしかたがありません。友よ、すべてが失われたときは再び始めるのです」

それは、十字架と復活、聖金曜日とイースターの神秘への道でもあります。クリスチャンの生活は死と復活の絶えざる連続です。命は多くの死と生まれ変わりでできています。私たちの作物は流されてしまいますが、やり直すことができます。それは避けられません。回復の途上にあるコミュニティに住む私たちは恵みのこのパターンをはっきりと見ることができます。私たちはいつも、生まれ変わります。すべての会合、すべての祈り、教父母とのすべての関係、読むすべての本は死と命の事実で迎えるのです。何かが死にますが、何かが復活します。それが回復です。回復は再生、変化です。古い物は死に、新しい命にと復活するのです。

本当の回復は静的ではありえません。生き生きとした回復はいつも変転しています。この十二のプログラムは「歩むこと」であり、「立っている」状態ではありません。新しい命に生まれ変わるプロセスには反発と悲鳴が起こります。それは神の行いです。

死と命の主よ、「失う」と「得る」のサイクルを受け入れることができますように、そして、私の死と復活においてあなたのご臨在への信頼に自分自身をゆだねることができますよう、導いてください。アーメン

「御国が来ますように。御心が行われますように、天におけるように地の上にも。」

マタイによる福音書　六章一〇節

ある偉大な作曲家が質問をされました。「もしあなたが晩年を孤島で過ごさなければならなくなったら、あなたの四〇〇曲もの作品からどれを持って行きたいですか」「白紙の紙を持って行きたいですね」と彼は答えました。「私の好きな曲はいつも明日書く曲なんです」いかなる最悪な状況の中でさえも、人は望み、創造し、美や意味を見いだすことができます。孤島にいるときでさえも。

クリスチャンにとって、望みはポリヤナの楽観的な態度と同じではありません。イエスの御国を私たちの人生にきたらせるという約束にある望みには慰めという感覚が宿っています。クリスチャンの望みは人生の苦しみのただ中で、地獄にいるような時でさえも、恵まれた確かな希望なのです。

嗜癖への戦いで見いだす勝利は、私たちの努力が病や永遠の死に対するキリスト自身の戦いに加えられるという確信にかかっています。「もし、わたしたちがキリストと一体になってその死の姿にあやかるならば、その復活の姿にもあやかれるでしょう」（ローマ六・五）

神の意志はこのようになされるものであり、それが命の神のご意志なのです。

結局私たちはキリストの勝利によって勝ったということを知っており、神の苦しみと、死と、復活の恩恵を保証されています。聖パウロは言いました。

「わたしたちの主イエス・キリストによってわたしたちに勝利を賜る神に、感謝しよう。」（Iコリント一五・五七）

聖なる主よ、あなたは私たちに祈ることを教えてくださいます。あなたの御国で私の意志ではなくあなたのご意志で、望みを生かし続けてくださいます。アーメン

3月29日

3月30日

「そこでは、後の人で先になる者があり、先の人で後になる者もある。」

ルカによる福音書　一三章三〇節

ある教会の新しい牧師が彼のもとで働く人々に書状と覚え書きを渡すことにしました。読み書きができない雑役夫はその手紙に返答することができないでいたので、目にとめられ、仕事を失いました。しかしながら、この男は普通の人ではありませんでした。文字は書けませんでしたが、才気あふれた人でした。彼は自分で仕事を始めて、とても裕福になりました。ある日、取引のある銀行員はこの顧客の無学を知り、驚いて叫びました。「おやまあ、旦那さん、もしあなたが読んだり書いたりできたら、あなたはどこにいるのでしょう」

彼の答えは次のようでした。「はい、私は監督派教会の雑役夫になっていたでしょう」「あなたが、レモンを手にしたら、レモネードを作りなさい（価値のないものを手にしたら、それをもとにして、もっと良いものを作りなさい）」という諺は、悪いことが大きな恵みをもたらすことがよくあるという意味です。もし失敗しなければ、または最後になってしまわなければ、より良いものへと決して進展しないでしょう。人生で、何が起ころうとも、神の恵みのそとにあるものはありません。回復途上の人は残物のように感じることがよくあります。しかし、もし私たちが神にゆだねれば、神の恵みは見捨てられた人々を選び、新しい、しかも素晴らしい成功の奇跡を創造するのです。

カール・セーガンは次のように言いました。「創造においては何も無駄にされないのだ」と。実際、彼は続けて「初めの宇宙の物質は、数十億年前から、私たちの現在の体を作っている細胞や要素に存在している」と言いました。わたしたちは数十億歳です。神は過去にあったものを現在のものに、また未来のものに使い、再編し、再利用し続けています。私たちが第三ステップで神に自分を捧げるとき、私たちは神のリサイクルの仕事をずっと簡単にしているのです。

ビリの者、最も小さい者の友であるキリスト、私は残物のような自分や捨てられたかけら全部をあなたに与えます、再建したり、再び新しくしたりするために。アーメン

3月31日

「また、誰も、新しいぶどう酒を古い革袋に入れたりはしない。そんなことをすれば、ぶどう酒は革袋を破り、ぶどう酒も革袋もだめになる。新しいぶどう酒は、新しい革袋に入れるものだ。」

マルコによる福音書　二章二二節

新しいものと今は一緒に進みます。今という時がなければ新しいということには意味がありません。キリストの存在の現在性がなければ私たちは衰えてしまいます。回復という新しいワインは新しいワインの革袋に注がれなくてはなりません。新しい十二ステップのプログラムの新鮮で新しい洞察は新鮮で新しく柔らかい革袋に入れなければなりません。それは新しいワインが膨張したり、熟したりするのを可能にするのです。

古く、壊れた考えや態度を持ち続けることは、古い革袋が破れる原因になります。それは何も生み出しません。プログラムやキリストの新鮮さが、古い硬い革袋に注ぎ込まれると、皮は持ち応えることができません。古い入れ物は新しい物を入れることができないのです。

しかしながら、新しい入れ物は古くても価値ある内容を入れることはできます。私たちは過去の価値あるものを完全に捨て去ることはできません。それを考えてください。一方で過去において創造的であったものは現在の新鮮な要素になることができるのです。良い、熟した古いワインは新しい入れ物に容易に迎えられ、溶け込むことができます。古いびんや入れ物だけがいらないのです。

もし、このプログラムが私たちに合わないなら、たぶん私たちの古い入れ物に新しいプログラムを合わせようとしているのです。しかし開かれた、新しいワイン用の革袋を用いればキリストとそのプログラムの新しいワインの癒しをそれに入れることができるのです。さらに回復というワイン用の新しい革袋を取り入れ、わたしたちの味付けされたワインをそれに注ぐことができます。

今います、新たな主キリスト、私を新鮮で、従順な、しなやかなワイン革袋になれるよう導いてください。そうすれば、あなたの新しいワインを受けることができます。古くて硬い乾ききったワイン革袋を捨てることができますように。そして、あなたの新しい入れ物に持っている何でも良いものや、古いものを注ぐことができますように。アーメン

Haste
急ぐこと

ロロ・メイは言いました。

「道に迷った時、速く走ってはいけないのにそうしてしまいます。人間の皮肉な習慣です」

何かを成就するために、単なる行動に混乱を来すことがあります。目的なく行動することも、行き詰っているよりましだと思うこともあります、

しかし、それは有害な事故を起こすことになりかねません。速く回復したいと急ぐこともあります。活動は必要ですが、全速力で行っても定着しません。

最も良いスローガンの一つに「行うことは簡単です」というのがあります。これは回復が易しいという意味ではなく、物事をゆっくりしなさいということです。振り返りや理解のない熱狂的な活動は、失望や虚脱感をもたらします。

それぞれのステップの活動を始める前に、安心して読める知恵が書かれています。私たちは無力さを受け入れ、信じるようになり、決心し、すっかり用意ができ、霊的に覚醒しました。私たちの行動は導かれた行動です。ステップやスローガンや、伝統、約束によって導かれています。

どの回復グループにも第一ステップから第十二ステップへ、その間のステップは飛ばしていく熱中している人たちがいます。すぐに彼らは学びます。すぐに、「急がば回れ」、回

復は生涯の努力である、ということを彼らは学びます。多くの時間がかかります。

感謝すべきことに、イエスはこの地球上に来られました。イエスは急いであちこちに行きませんでした。時間をとりました。私たちのために時間をとってくださるのです。イエスは中断されても決して怒りませんでした。婦人がイエスの上着に触れるために手を差し伸ばした時に、彼女のために時間をとりました。足の不自由な人たちや目の見えない人たち、口の聞けない人たち、病の人たちがイエスを必要とした時、イエスは彼らのために時間をとりました。子供たちが来た時、彼らのために時間をとりました。イエスは私やあなたのために時間をとってくださいます。回復はあなたに時間をとらせます。回復のためにあなたも時間をとりませんか。良いことには時間がかかります。プログラムを強いることはできません。定着させましょう。そして神の良いご計画に実を結ばせましょう

4月1日

「ここに大麦のパン五つと魚二匹を持っている少年がいます。けれども、こんなに大勢の人では、何の役にも立たないでしょう。」

ヨハネによる福音書　六章九節

三歳の男の子がお父さんの皮用の道具で遊んでいた時に、誤って、斧で自分の目を傷つけ盲目になってしまいました。それは一八一二年でした。一七年後、二〇歳の若者は盲人が読むことができるシステムを発明しました。彼はルイス・ブライルという名前の人でした。彼の悲劇は多くの人々にとって、恵みになりました。ヘレン・ケラーは彼女のハンディキャップについて次のように語りました。「私は自分のハンディキャップを神様に感謝しています。というのは、それを通して自分自身を見い出し、仕事を見い出し、神様を見い出したからです」

悲劇のただ中で勝利を見い出したこのような感動的な例は私たちの想像以上に多くあります。ハレルヤコーラスはヘンデルが五六歳で彼の半身が麻痺していた時に書かれました。モーツアルトは貧しい生活をしている時に、ベートーベンは耳が聞こえなくなってから、最も良い作品のいくつかを作曲しました。私たちの衝動的異常はハンディキャップです。私たちが病んでいる嗜僻はつらく、悲劇的ですらあります。しかしその結果は必ずしも悲劇になるわけではありません。結果は勝利であり、感激させるものになりえます。偉大な音楽家、作家、政治家になるような卓越したものを持たないかもしれませんが、偉大になることができます。苦痛や苦しみは私たちを愛情いっぱいの人間に創り出すことができます。すべての人のために苦しんで死んだキリストを通して、苦痛や苦しみは謙遜と親切への道になり得ます。私たちの弱さと苦痛を悟ること、私たちのハンディキャップのある生活の緊張と疲れに耐えることは、十字架への道であり、新しい命と愛への道でもあります。私たちの必要と無力さに直面することは神の偉大な愛の真実に向かい合うことなのです。

あなたの十字架から私をごらんになり、信仰と望みのない私を癒してください、主なるキリスト！　私の痛みをあなたへの供えものとしてください、そして今、あなたの復活の勝利を私にください。私の粗末なパンと魚をとり、それらをあなたのご栄光のために、増やしてくださいますように。アーメン

4月2日

「義に飢え渇く人々は、幸いである、その人たちは満たされる。」

マタイによる福音書　五章六節

かつて、やむことなく神様を求めている男の人がいました。彼は神を見つけようと決意しました。彼は教会から教会へ、集会から集会へと行きましたが、成功しませんでした。とうとうある川岸で賢い老人のスポンサーに会いました。その男性は「神を発見する方法を私に教えてください」と懇願しました。その老人は言いました。「私の友人二人があなたの助けになるでしょう、でも彼らの言うとおりに行わなくてはいけませんよ」

彼の二人の友達はその男性を川の中に入れて、彼の頭が水の下に隠れるほどになりました。彼らは男性の頭まで水の中に入れたままにしました。男性はそのスポンサーを信頼していたので初めはうまくいきましたが、すぐに恐くなり、荒々しくもがきました。しかし、男性はとうとう肺が持ち応えられなくなりそうになりました。咳き込みながら、空気を求めてあえいでいる男性を二人は水から引き上げました。男性が平静を取り戻した時、その賢い老人のスポンサーは尋ねました。

「あなたが溺れていたと感じた時にあなたが思ったことを話してください」と。男性は答えました。「私は空気のことを考えました、どのように呼吸をしなければならなかったか、どんなにか空気が欲しかったか」「それが、あなたが学ばなくてはならないことなのです。あなたが第二、第三ステップを歩む時、溺れている人が空気を欲するように神を欲する時、あなたは神を見い出すでしょう」とその老人のスポンサーは言いました。

ルドヤード・キプリングが臨終に際した時に、彼の最期の言葉は彼の最期の息と共に発せられました。それは「神に会いたい」という言葉でした。それはイエスが私たちに告げる言葉です。私たちは全存在で、神の正しさへの飢えと渇きを持ち、同じように神を求める時に恵まれ、満たされるのです。

義なる神よ、あなたや、あなたの義よりも小さい何事にも私が頼ったり、満足したりさせないようにしてください。あなたへの痛みを伴うほどの切望と、焼け付くような渇望を与えてください。アーメン

4月3日

あなたがたは神に選ばれ、聖なる者とされ、愛されているのですから、憐れみの心、慈愛、謙遜、柔和、寛容を身に着けなさい。

コロサイの信徒への手紙　三章一二節

ウォータールーの戦いのニュースが英国で最初に受信された時は、船便で南海岸に届き、それから手旗信号で送られました。そのメッセージは「ウェリントンは敗れた」と伝えました。その時は霧がかかっていて手旗信号を隠していました。敗北のニュースで国中に悲しみが広がりました。しかし、霧が晴れた時、その手旗信号が全部揃いました。「ウェリントンは敵を破った」というものでした。人々の喜びの反応は前に伝えられた暗いニュースのために、さらに強烈なものになりました。

回復途中の私たちの生活の多くにはまだ未完了な行動が含まれているか、あるいは霧に一時的に隠されているメッセージが含まれているのです。私たちはクリスチャンの信仰により、回復途上で恵みを与えられます。この信仰はキリストの十字架上の死がイースターの勝利になったという神の勝利に基づいています。十字架は不完全なメッセージです。空《から》のお墓は最後の答えです。キリストは蘇《よみがえ》りました。彼は生きています。彼は私たちと共におられ、私たちは彼と共に生きています。キリストの蘇りの命は私たちの回復や十二ステップにも共におられ、力強く、効き目があります。主なる神を打ち負かすことができる者はいません。だから、私たちも敗北することはありません。

蘇りの主よ、あなたはいつも勝利を得ています。あなたの勝利が私のものでもあることを忘れることがないように私を助けてください。アーメン

4月4日

「これらのことを話したのは、あなたがたがわたしによって平和を得るためである。」

ヨハネによる福音書　一六章三三節

危うい時、疑っている時、堂々めぐりをしたり、悲鳴を
あげたり、叫んだりする。

この昔の詩はアドバイスではありません。恐ろしかったり、混乱したりする時、普通、私たちが行うことを描写したものです。私たちは無意味であることをわかっていますが、そうしてしまいます。

この性癖は「静寂」という名で知られる慣行によって、英国海軍で取り組まれ、処理されています。突然の船上での災害の場合には、「静寂」の合図が鳴らされます。これは乗組員が完全に沈黙するための笛です。「静寂」の笛が鳴った時は、乗船しているすべての人はその意味がわかっています。「適切なことを行う準備をせよ」なのです。この静けさの瞬間は、堂々めぐりをしたり、悲鳴をあげたり、叫んだりすることが引き起こす多くの破局を避けるのに役立ちました。

ビヴァリー・シルズの私生活は悲劇に満ちていました。その一つは生まれた子供は母親の素晴らしい声を決して聞くことができない、耳の聞こえない子供でした。彼女はどのように対処していくかを尋ねられました。彼女は「静寂」のことを話しました。

「静寂」がくることを、あなたはただ実感するのです。皆に愛されることは重要なことではないということを。あなたが彼らを愛することのほうがもっと重要であることを。それはあなたの全生活を変えます。生きる行為は与える行為となります。

十二ステップでの回復はこのような「静寂」について語っています。それは私たちの生命の中心にある、深く静かな平和の存在です。それは「静穏」と呼ばれています。それを「貴重なもの」と呼びます。恐れや、疑いを神にゆだねるとき、神からそれを与えられます。第三ステップは「静寂」の最初の調べを私たちに知らせます。

主よ、穏やかさを求めさせてください。そして、安らかになり、適切なことをすることができるように、あなたが導いてくださる時に聞くようにさせてください。アーメン

「主よ、わたしから離れてください。わたしは罪深い者なのです」と言った。

ルカによる福音書　五章八節

一八三九年英国王立医科大学のトーマス・バーゲス博士は次のような言葉を書きました。

私たちは人の足の裏をくすぐって笑わせることができる。体罰によって人を泣かせることもできる。同じように人を怒りで震わせたりすることもできる。人を殴ることによって、怒らせることもできる。彼の良心に訴えることによって人を赤面させることもできる。しかし物理的な方法では人を赤面させることはできない。本当の恥に気づかせるのはただ道徳的な刺激でしかないようだ。

私たちは心配や罪を取り除く必要があると考えます。罪や恥を感じることはよくないことで、有害であると言われます。それは必ずしも真実ではありません。ただ誤った判断から出た誤った罪意識なら害があります。無理強いされて感じる恥や、辛らつな言葉に圧倒されて感じたりする恥は有害です。それらは、不公平で、正しくありません。本当の罪意識や偽りのない恥は私たちの道徳心にとってきわめて重要です。罪意識は悪い行いや、失敗を測る物差です。私たちが有罪だということを正しく判断されるときに感じるものが恥です。

罪意識は自分が間違っていることを教えてくれます。恥は良心に訴えて私たちを赤面させます。罪の行ないを正しく評価し、相応な恥を感じなければ、第四のステップをとることはできません。

愛なる主よ、私が罪や恥に気づくことができますように、そうすれば、私はあなたの癒しの赦しによって私の人生を修正することができます。アーメン

4月5日

4月6日

『なくした銀貨を見つけましたから、一緒に喜んでください。』

ルカによる福音書　一五章九節

小さな三歳の子供が国立公園のキャンプ場で家族から離れて迷子になってしまいました。その子の家族は探し回りました。他の多くの家族も探してくれました。すぐに公園にいる人々皆が加わりました。至るところを探し、ほとんど望みを失いかけていた次の日に、その子供は父親に見つけられました。その子供はベッドに連れて行かれた時、言いました。

「ねえ、みんな僕が見つかってうれしいでしょう」

もし私たちの天におられる神についてイエスが明らかにすることがあれば、それは私たちが救われたことを神はいかに喜んでおられるかということです。イエスはこれを物語でたとえています。なくしたお金を見つけた主婦、羊飼いに見つけられた迷える羊、父親に見つけられた迷える息子の話です。イエスは語ります。一人が救われたことについて、天にいる天使たちの間では多くの喜びがあると。神はそのようなお方です。

十二ステップの会合や教会の集まりなど、どのような場所でも神によってこのような喜びがもたらされます。失われたものが見つけられる時は、神様が近くにおられるのです。そして神の喜びに私たちは包まれます。もちろん私たちは救われた他の原因を見つけ、感謝しがちです。幸運、知恵、決意、判断力です。しかし私たちを見い出し、潔めるお方は神です。混乱している時、疑っている時、恐れている時、はっきり考えられようになるのは、私たちが神を見つけ、神が私たちを見つけたからです。

主なる神よ、私が見つけられると、あなたが喜んでくださることを知って、喜んでいます。あなたを探し続けたり、見つけ続けたりするように私を導いてください。そして、自分自身をも見い出すことをやめないように。アーメン

そのときから、イエスは、「悔い改めよ。天の国は近づいた」と言って、宣べ伝え始められた。

マタイによる福音書　四章一七節

　二人の兄弟が羊を盗んで有罪の判決を受けました、そして「羊泥棒」という意味のＳＴ（sheep thief）という文字の焼き印を額につけられました。恥ずかしさに耐えきれずに、一人は外国へ逃れました。そこでも彼は焼き印の説明をしなければなりませんでした。彼は罪を逃れたいと思いながら、国から国へとさ迷い歩きました。しかし、とうとう苦しみながら死に、無縁墓地に埋葬されました。もう一人は罪を悔いました。彼はその土地から去らず、恥に耐え、彼の罪を認め、改心しました。彼は人々と共にいて、彼らから尊敬されようと決意したのです。何年も過ぎると、彼は誠実で親切であるという評判が立ちました。ある日、見知らぬ人が町にやってきて、その老人の額にＳＴ（sheep thief）という文字の焼き印を見ました。「昔のことです、細かいことは忘れましたが、文字はＳＡＩＮＴ（聖）の短縮だと思います」と村人は言っていました。

　逃げ隠れする選択もできます。優位になるために争うこともできます。しかし、逃れることはできません。唯一の癒しの方法は降参し事実と向き合うことです。悔い改めると、真実と健康へと向きが変わります。神の癒しや、贖《あがな》い、清める愛へと自分自身をゆだねる過程のなかには聖なる力が宿ります。過去に直面する勇気より強いものはありません。聖徒であるほとんどの聖人も、彼らの過去から自由にならなければなりませんでした。私たちは見せかけの聖徒へと招かれているのではなく、悔い改めや、真実や許し、今日の新しい命へと招かれています。主なるキリストは私たちの過去の恥や罪をご自分の傷で負ってくださいます。私たちがしなければならないことは汚点を取り去ってくださる神の今の愛を信じることです。

　神様、あなたの御足のもとに、自分をさらけ出しています。私を許し、私の声をお聞きください。アーメン

●4月7日

4月8日

「あなたがたは何を見に荒れ野へ行ったのか。」

ルカによる福音書　七章二四節

ひどい歯痛に悩む男が友人に会いました。友人は彼がひどく痛がっているのに気づきました。「どうしたの、ジョン」と彼は尋ねました。「歯が痛くてね、でもきょうは歯医者は休みなんだ。アスピリンも効かないんだ」とジョンは答えました。友人は言いました。「僕は痛むときは妻に頼むんだ。彼女は私を抱き、キスし、とてもやさしくしてくれる。僕は痛みを忘れることができるのだよ」「それは素晴らしい。奥さんは今、家にいるのかい。私は奥さんに会いたい」とジョンは言いました。

人生の解決を互いに分かち合うとき、それは誰かのプログラムを使うことができるという意味ではありません。ある人の解決は私たちにはかかわりのないことです。自分自身のものでないものを取り入れることはできません。それぞれ自分自身の回復があり、自分にあるものや、自分に適したものしか使うことができません。

自分の痛みのために、自分を責めるべきではありませんが、自分の歯医者を探し、約束をし、椅子に座り、十二ステップを用いて自分の健康を考えるべきです。自分の歯痛は自分の行いではないかもしれませんが、治療への努力は確かに自分の行いです。

イエスはその人間が心から、誠実に癒しを求める意志を示すまではめったに、癒しませんでした。救いを待ち、想像以上に健康になれるということを受け入れるなら、願ったり、期待したりする以上のことをキリストから受けたりするのです。もし私たちが望み、正直になり、回復の恵みを受け入れるなら、十二ステップは同じように働きます。それはすべて私たちと共に始まるのです。

ああ、主なるキリストよ、痛みを取り去ってもらいたいのです。どうぞ、健康になりたいという私の意志を強くしてください。アーメン

4月9日

「わたしは世の光である。」

ヨハネによる福音書　八章一二節

十二ステップの精神はローレンス修道士の言葉に表現されています。

> 私があなたがたに勧めたことを覚えていてください。神のことをしばしば考えることです、毎日、毎晩、仕事のときも、気晴らしのときでさえも。神はいつもあなたの近くにいて、あなたと共におられます。神を一人にしないでください。あなたを訪れた友人を放っておくのは、失礼だと思うでしょう。なぜ神はおろそかにされなければならないのですか。神を忘れないで、神のことをしばしば考え、神をあがめつづけ、彼と生死を共にしなさい。これがクリスチャンの栄光に満ちた仕事です。ある意味では専門職です。もし、私たちがそれを知らなければ、それを学ばなくてはなりません。

昔の作家が同じようなことを書いていました。

> 誰でも、おぼつかない足取りで一歩神に近づけば、神は明るい光の中で、かなり近寄ってくださる。

私たちの回復はおぼつかないたった一歩の足取りではなく、何度も何度も繰り返す十二ステップなのです。どの歩みも、半信半疑であるか、あるいは弱いかもしれないけれど、主要な歩みなのです。神は私たちの暗闇の中に、明るくぱっと燃えてくださるでしょう。祈りや瞑想を通して神の存在を実感すればするほど、私たちの光はより偉大で、明確になるでしょう。神の光は純粋で、明るいのです。それは聖書の中に輝いており、十二ステップにもわかりやすく書かれています。読んだり、瞑想したり、聖書を学んだり、十二ステップを学んだりすればするほど、光は私たちの心や、魂の中でますます輝くでしょう。キリストにある神は私たちが啓発されることを願っています。神は世の光です。神なしに光はありません。神と共にいれば暗闇はありません。

私の世の光よ、わたしに光り、暗やみを追い出してください。

アーメン

4月10日

だから憐れみを受け、恵みにあずかって、時宜にかなった助けをいただくために、大胆に恵みの座に近づこうではありませんか。

ヘブライ人への手紙　四章一六節

ある偉大なクリスチャンの教師が次のように言いました。

「あなたの道具を準備しなさい。神はあなたに仕事を見つけてくれるでしょう」

どのように回復の途上にある人々に奉仕することができるのでしょうか。十二ステップをやり遂げるために何をしたらよいのでしょうか。残念ながらここには手引きや規則はありません。十二ステップは自分を分かち合うステップです。話をする力は使えるし、準備はできています。はなばなしい計画を待っているのでなければ、神は仕事を準備してくれるでしょう。アルベルト・シュヴァイツァーはかつて言いました。

いつも小さな仕事ができるように目を開いていなさい、なぜならイエス・キリストにとって重要なのは小さな仕事だからです。神の国の未来はこの人やあの人の情熱に依存していないのです。それらの偉大な人々も必要ですが、キリストに仕える奉仕の中で、小さなことを行う多くの普通の人々がいることが等しく必要です。

神は回復や救いの行いを多くの手で行います。他の人へのどんな親切や援助の行いも神と同列です。より優れているとか、もっとも優れているとかではないのです。誰でも別の人の重荷を軽くするときはいつでも、神は力強く存在しています。

ああ、主よ、あなたは小さなことがらの詳細を気づいておられました。毎日、小さな方法で助けたり仕えたりするために、私が準備されるように導いてください。アーメン

4月11日

「人々を恐れてはならない。覆われているもので現されないものはなく、隠されているもので知られずに済むものはないからである。」

マタイによる福音書　一〇章二六節

フィレンツエのドナテッロという名前の芸術家は、ある石切り場からとれた大理石の塊を断わりました。というのは、それが完璧な石でなかったからです。ミケランジェロはこの石をとり、その石で彼の有名なダビデ像を彫りました。ミケランジェロは汚れてゴミが多く付いている別の石を眺めて言いました。「あの石には天使がいる、私はその天使を外に出そう」

不完全なものにはしばしば美しさが隠れています。土にまみれたものは洗われ、ふさわしい手によって、ふさわしい目を通して変えられることができます。何と私たちは表面に見えないものを見落としたり、価値がないと見えるものの中に価値を探さないのでしょうか。ジョン・ラスキンは、ある日見つけた普通の泥をとって、顕微鏡で見ました。そこに四種類の物質、砂、粘土、炭素、水を見つけました。彼がより深く調べると、砂の中にはサファイアになる物質、粘土にはオパール、炭素にはダイヤモンド、水には雪の結晶になるものが見えました。

キリストの愛あるやさしい目と手で私たちは美しく作られることができるのです。キリストの目には私たちはいつも貴重です。誰も私たちの良い点を見てくれなくても神は見ています。そして、回復のプログラムの中で、似たような称賛に出会います。

しばしば「奇跡を期待しなさい」と言いますが、奇跡は奇妙なことや、奇想天外なことを通して呼び出される魔術ではありません。奇跡は普通の場所すなわち、普通の人々、食べ物、魚、飼葉桶、十字架から起こるのです。私たちの大きな格言は「奇跡を期待しなさい。私が奇跡です」あなたと私は奇跡の産物であり、個人的な奇跡です。私たちの平凡な生活は高い力のキリストによって変えられることができます。

親愛なる救い主、私を見て、御手で私を抱いてください。私を新しい愛と命の奇跡で形造ってください。アーメン

4月12日

「柔和な人は、幸いである、その人たちは地を受け継ぐ。」

マタイによる福音書　五章五節

私たち人間の精神、神からの「独立宣言」はウィリアム・ヘンリーの「不屈」に要約されています。「私は運命の主人です。私は自分の魂のキャプテンです」皮肉にもこの誇り高い詩人は後に個人的な不幸に見舞われ、ショックを受け、謙虚になり、砕かれたのです。驚いたことに、しかも感謝すべきことに、彼は弱まり、落胆して、必死になって神に心を向けた時に、愛と癒しを見い出しました。彼は真のキャプテンと魂の主人を発見しました。彼は高い力を発見しました。ウィリアム・ヘンリーは「不屈」を書いたことを深く悔やみました。それは誇り高い表現で書かれ、非常に多くの人々を魅了し、欺いたのです。

このお話は依存症や共依存から立ち直り始めた私たちに、何と似ているのでしょう。薬物依存になり、物質が主導権を握り、生活を自分で決められなくなっていることを実感する前は、自分自身を管理していると確信していました。人々や行動の嗜僻になっている私たちはその場面のキャプテンであり主人であると判断していました。結局、全く敗北し無力となりました。

しかしながら、無力になることは、望みがなくなることとは正反対です。無力を実感することは単に助けが必要であることを認めることです。私たちすべては助けが必要です。回復の十二ステップは、イエス・キリストの癒しの愛と共に働いて、私たちが必要とする助けになります。イエス・キリストは私たちの魂の本当のキャプテンであり主人です。どこから助けがくるかを知れば、望みがあるのです。この望みは私たちを健康にし、勝利のチャンスを与えます。

親愛なる救い主、あなたは私の主人であり、キャプテンであられます。私の無力を感謝します。望みをくださるあなたを賛美します。あなた様と十二ステップを感謝します。アーメン

4月13日

「わたしは、もはや世にはいません。彼らは世に残りますが、私はみもとに参ります。聖なる父よ、わたしに与えてくださった御名によって彼らを守ってください。わたしたちのように、彼らも一つとなるためです。」

ヨハネによる福音書　一七章一一節

神はキリストに現れているということ、それで私たちは神の御子としてのイエスを礼拝すること、それが分かり易く、驚くべき、素朴なクリスチャンの信仰です。

これをみる一つの見方は普遍と特殊という単純な原理にみえます。私たちがイエスにみる恵みは神の生来の、永遠の恵みの普遍的で特殊な例です。音楽は普遍であると言われます。そして、モーツアルト、ブラームス、ベートーベンの曲は特別で、特殊な最高の音楽の例です。美しさは普遍です、パルテノンやタージマハール、またはミケランジェロのダビデ像は特別な、特殊な、最高の美の例です。演劇は普遍です。ソフォクレスやシェークスピアやミラーの作品は特別な、特殊な、最高の演劇芸術の例です。

誰も普遍的な音楽を聴いたことはないし、普遍的な美、または普遍的な演劇を観たことはありません。私たちはそれらを具体的で、特殊な例を通してのみ知るのです。これは主なるイエスに関するクリスチャンの信仰であり、理解です。イエスは特別で、特殊で、最高で、神と呼ばれる普遍の例です。この信仰のゆえに、キリスト教は「特殊性が起こしたスキャンダル」と呼ばれました。

イエスは私が神と信じる単なる高い力ではなく、彼はこの世に恵みを与える主の完全な現れです。イエスを通して、十二ステップのような、すべて神の恵みによる癒しのプログラムは力やモデルを得ています。

主なるイエス様、あなたは現実にいまし、近くにおられ、人間であられることを感謝します。神の最も具体的で特殊な啓示として私はあなたを愛し、あなたに献身します。アーメン

4月14日

「あなたたち律法の専門家も不幸だ。人には背負いきれない重荷を負わせながら、自分では指一本もその重荷に触れようとしないからだ。」

ルカによる福音書　一一章四六節

セールスマンは玄関に来たときに、呼び鈴を聞いて出て来た男の子に会いました。その子供を見下ろして、そのセールスマンは尋ねました。「ねえ、君の名前は何というの」「僕の名前はジミー・ドントというんだよ」とその少年は答えました。小さなジミーは何回も「ドント」(「してはいけないよ」という意味)と言われていたので、ドントが姓だと思っていました。

心や気持ちの中にこびりついているドントのような言葉がたくさんあります。「すべき」「いつも」「決してない」「誰もいない」「誰でも」のような言葉があります。ときには会合や教会でこのような言葉を何回聞いたかを数えてみるのは楽しいかもしれません。もし何回も聞くとしたら、ジミーのようになるかもしれません。回復の言葉は次のように聞こえるでしょう。「できる」「行う」「してもよい」「決める」「選ぶ」「聞く」「学ぶ」「愛する」「考える」「信頼する」「話す」「感じる」などです。それらは積極的で滑らかに響きます。

イエスは律法の重荷でできた宗教に出会いました。果てしなく続く規則や法律がすべての生活を支配し、魂を窒息させました。パリサイ人はとても懸命に努力していたので一〇〇〇以上も「ドント」がありました。一〇〇〇以上の「あなたは〇〇〇をしてはいけない」というのを学び、それらにあまり従えないことを想像してみてください。

感謝すべきことには新約聖書やビッグブックは自由と望みへの証しです。それらは気分を高揚させ、制限しません。感謝すべきことには、わたしたちの十二ステップは可能性への踏台です。感謝すべきことには福音は約束の良いニュースです。感謝すべきことには、できないことよりもできることのほうが多いのです。

主よ、「望み」の言葉を聞き、その価値を話すことができるように、私を助けてください。希望的観測をもって生きられるように、可能性へと開くことができるように、助けてください。

アーメン

4月15日

「なぜ、生きておられる方を死者の中に探すのか。」

ルカによる福音書　二四章五～六節

回復途上にあるクリスチャンがもう一度やり直し、嗜癖の力から解放された経験をするとき、それはイースターになります。神が私たちを自由にし、新たな生き方を発見することは復活を経験することです。それは生まれ変わりであり、動き出すことです。病である衝動の死の墓から突然復活するのです。解放する神の命が現れ、墓石を取り除くとき、次の読み人知らずのクリスチャンと共に、歌うことができます。

魂よ、今日という日を歌え、主は蘇られた。
あなたの顔を日の出に向けよ、主は蘇られた。
神が与えられる力や恵みを見よ、
暗きには光を、苦しみには賛美を、
罪には聖を、争いには平和を。
魂よ、蘇れ、この復活の日に！
昨日の墓を忘れよ、
捕われの策略からあなたは自由にされたのだから。
あなたは神の復活にあずかり、
永遠の命はあなたのためにある、
主が蘇えられたから。

私たちは光、賛美、聖、平和を見い出しませんでしたか。捕われの身から自由になっていませんか。これは勝利ではありませんか。これはイースターではありませんか。イースターは神が嗜癖の鎖を壊すとき、それはいつでも始まります。回復途上にある多くのクリスチャンはそう考えます。私たちを解放してくださったことをキリストに感謝し、毎日彼に感謝します。

イエス様、あなたは私の復活の日です。あなたは墓石を取り除いてくださいます。あなたの蘇りの命は私をも蘇らせてくださいました。毎日真剣に感謝し、歌い、祈ります。アーメン

4月16日

「『幼子や乳飲み子の口に、あなたは賛美を歌わせた』という言葉をまだ読んだことがないのか。」

マタイによる福音書　二一章一六節

子供たちがいくつかの質問をされたときの彼らの答えに注目してください。最近、小学生と中学生のグループが次のように質問されました。あなたはどこで神様を探すのですか。あなたはどこで神様を見ますか。彼らの答えのいくつかは洞察力にあふれています。

ある高校一年生が詩的に答えました。「私は神を朝靄の中に、輝く太陽の向こうに、野の花のなかに、町の明かりのなかに」別の生徒は深い皮肉を考えました。「神は実在しない。心の休まる安心毛布」と言いました。同じスタイルで、もう一人は次のように考えました。「神は腹話術者で私たちは人形です」高校二年生は神を「孤独の中に、友達の中に、自然の中に、美の中に、他の人々の中に、赤ん坊の中に、六五歳以上の人々の中に、私の家族の中にだけでなく、ニューヨーク市の中に」見つけました。

たぶん、すべての答えの中でベストなのは単に質問で返したある高校生からのものでしょう。

「なぜですか。あなたは神を失ったのですか」

かつて次のようなことを言った人がいました。

「私が神を失ったとき、私は引っ越したのです」

十二ステップの回復プログラムに神はいます。神は失われていません。私たちが迷っているかもしれないし、会合に行くのを止めたり、ステップに従うのをやめたり、学ぶのをやめたり、援助者の助言を見過ごしたり、祈りや瞑想を忘れたりしているかもしれません。私たちが神の存在感を失うとき、神ではなく私たちが引っ越したのです。神は隠れていません。

イエス様、あなたを探し、ドアを叩き、あなたを求めて、あなたの命令に従うことによって、あなたに出会い、あなたを見い出すことができることを知っています。アーメン

4月17日

「ただで受けたのだから、ただで与えなさい。」

マタイによる福音書　一〇章八節

友達同士の二人が会合の後で、正直さについて話し合っていました。その夜のプログラムは、率直であること、正直であることについてでした。突然、一人が言いました。「メアリー、あなたは時々、冷たく、親しくないことがあるわ。それで、あなたに近づきにくいことがある。あなたは黙っているので他の人を不快にさせるわ」メアリーは友達を一瞥して叫びました。「なぜあなたは人をありのままに受け入れてくれないの」

メアリーの友達は「正直さと率直な話し合い」について一生懸命取り組んでいました。残念ながら、彼女は「受容」については同じように取り組んでいませんでした。メアリーと友達の会話は本当に「静穏の祈り」(The Serenity Prayer) ――変わることと受容にかかわるものでした。メアリーは受容してほしかったのです。友人はメアリーに明らかに変わってほしかったのです。

「静穏の祈り」は、勇気を出して変わることとかかわります。メアリーの友達は、正直にメアリーと向かい合い、彼女の怒りの返答がくることを覚悟する勇気が必要でした。メアリーは答える勇気が必要でした。しかしその祈りは静かな受容とかかわるのです。メアリーも彼女の友達もあまり静かではありませんでした。二人とも、変わるか、抵抗するかのどちらかにに夢中でした。もし自分自身や他の人を受容するのに熱心に取り組むことになったら、ほかを変えようとすることからくる痛みを減らすことができるでしょう、その中に知恵があるのではないですか。

恵み深き主よ、変わり続けることと受容し続けることとのバランスをとれるよう助けてください。そしてほかを変えようとしないように助けてください。アーメン

4月18日

「この小さな者の一人に、冷たい水一杯でも飲ませてくれる人は、必ずその報いを受ける。」

マタイによる福音書　一〇章四二節

ジョイス・キルマーは亡くなった友人について次のような言葉を書きました。

彼は豊かな喜びと愛の持ち主であり、また与えた人であった。
彼の心は彼の服と同じように、楽しかった。
得ることをしなかったが、成功そのものだった。
彼の墓に月桂樹を飾ろう。

回復途上にあるクリスチャンとして、私たちはこのような友人や外面的に成功を収めていない人々、利益のない仕事についているかもしれない――しかし、勝者である人々に囲まれています。なぜですか？　彼らは　内面的なことに成功を収めたり、喜び、愛、楽しい心を持ったり、与えたりしているからです。

今までに負けたことがないといっているフットボールのチームがあります。彼らにとって得点表は単なる外面的な点数の基準なのです。このチームのメンバーは内面的な道具――彼らの自己評価を基準にして測るのです。勝者は点数のいかんにかかわらず決して負けないのです。イエスは受難日に負けたように見えました。イエスの友人たちや敵は同様に明らかな敗北をみました。しかしイエスはただ一時的に負けたのです。試合は終わっていませんでした。イエスが墓から突然現れたとき、イースターは起こり、すべてに永遠の勝利を与えたのです。外面的なことでいかなることが起ころうと、すべてはキリストにあって勝利者です。聖パウロはそれをうまく表現しています。「しかし、これらすべてのことにおいて、わたしたちは、わたしたちを愛してくださる方によって輝かしい勝利を収めています。」（ローマ八・三七）「わたしたちの主イエス・キリストによってわたしたちに勝利を賜る神に、感謝しよう。」（Ⅰコリント一五・五七）

私たちの十二ステップはまた神の勝利でもあります。何百という回復グループは、至るところにいる明らかな敗北者に、望みと健康を与えてくれています。さらに良いことに今、ここで何千という個人的なイースターが起こっていることを現実に見ることができるのです。

最も小さい者、最後の者、失われた者の一人である救い主イエス様、私があなたとそして十二ステップを歩く時、私たちはすでに勝っているのです。アーメン

「なぜ、衣服のことで思い悩むのか。野の花がどのように育つのか、注意して見なさい。働きもせず、紡ぎもしない。しかし、言っておく。栄華を極めたソロモンでさえ、この花の一つほどにも着飾ってはいなかった。」

マタイによる福音書　六章二八〜二九節

偉大な詩人・エミリー・ディキンソンの父親についてのお話があります。ある日の夕食時に火災を知らせる鐘が鳴り続けました。その小さな町のすべての人々は火事を見るために家から走って出てきました。手にはナプキンやフォーク、ナイフを握りながら。そこにはエミリーの父親が立っていました。彼はちょうど豪華な夕焼けを見ていました。そして誰にもその夕焼けを見てほしかったのです。それで、彼は鐘を鳴らし、その美が消える前に皆に知らせました。

多くの人々は彼が狂っていると思ったに違いありません。夕日にそのように興奮することはあまりありません。私たちは神の美を見て、その魔法に少しだけ感激し、それぞれの用事に行きます。残念ながら、多くは「来て、見てください」と皆に叫ぼうとする感激や、衝動を失っています。イエスに関してはそうではありませんでした。彼の伝道を通じて、特に山上の垂訓では彼は同じような驚嘆をわたしたちに知らせます。それらは鳥、ゆり、塩、光、もっともっとあります。イエスは創造者の素晴らしい作品を受け入れ、称賛するように招いています。さらにもっと、イエスは私たちの内面の世界の美を私たちに知らせます。

神にゆだねることは、自然界や人間社会の周りや内部のすべての美を見ながら、リラックスして休み、気楽になることです。イエスはさらに注意深くなるために——よく考えるように招いています。私たちのプログラムもまた、回復を熟考するための招きを受け入れるように「来て、見てください」と招いています。

すべての美の主よ、私をあなたの世界や、他の人々、そして私自身のことをよく考えることができるようにさせてください。アーメン

4月19日

4月20日

「私は地上から上げられるとき、すべての人を自分のもとへ引き寄せよう。」

ヨハネによる福音書　一二章三二節

ミケランジェロは青年のときに、古代ギリシャの像の一片をもらいました。それは人物像の一部だけでしたが、ミケランジェロはそれに惹きつけられました。この一片の大理石にとても惹かれていてそのことがいつも心にありました。朝はそれを見てから始まり、夜はそれを見て一日が終わりました。昼間はその手触りを味わい、その美しさに見とれました。彼は絶えずこの美しいものに惹きつけられていました。数カ月、そして数年のあこがれの後、この古典的な美しさは文字どおりその偉大な彫刻家自身の人生の一部になりました。その芸術家は古代の美を吸収し、彼の新たな創作にそれを表現したのです。

　クリスチャンの信仰と回復プログラムはなんと素晴らしいシンボルでしょう。どんな少量でも、小さくても、私たちが見て称賛し注意を向けるものは、実際にその美しさと良さが私たちに刻み込まれ、私たちを形づくるのです。主なる神とプログラムに忠実に取り組むなら、少しずつこのような恵みによって変えられます。十二ステップのモデルとキリストにあるモデルは健康、完全、愛の核心へと私たちを従わせます。心にとどめるということは、何と重要な思考でしょう！　私たちは聖パウロのように言えるようになることが待ち遠しいです。

「生きているのは、もはやわたしではありません。キリストがわたしの内に生きておられるのです」（ガラテヤ二・二〇）

　美しい救い主、あなたは私のモデルであり、最も尊ばれる芸術作品です。私があなたを所有することができるのではなく、あなたは私にあなたを愛することを許し、あなたの美の命の一部になることを許してくださいます。アーメン

4月21日

イエスはこう答えて言われた。「わたしを愛する人は、わたしの言葉を守る。わたしの父はその人を愛され、父とわたしとはその人のところに行き、一緒に住む。」

ヨハネによる福音書　一四章二三節

一〇〇年以上も前ですが、ある男と女が結婚し、間もなく、完全な夫婦だと考えられていました。ロバート・ブラウニングとエリザベス・バレットは詩人でした。ロバートはエリザベスの濃い肌色を「小さなポルトガル人」と呼んで可愛いがり、からかいました。

しばらくしてエリザベスは「ポルトガル人からの詩」という詩集を夫に贈りました。ブラウニングが読んだ最初の詩には次のような二行がありました。

全世界の様相が一変した、
あなたの魂の足音を初めて聞いてから。

これらの言葉はやさしい人間の愛に関しての純粋な描写です。しかし、それらはまた、キリストと教会、回復と苦しむ人のイメージを映しています。私たちが十二ステップと福音を聞くとき、世界の様相は一変します。魂の足音を聞く時、魂の音を感知する時、私たちは現実に変化をみることができます。

魂の音はどのように私たちに聞こえるのでしょうか。もし魂が、人やグループの命や霊の力であれば、キリストにある回復の命の魂からは愛、受容、望み、平和、信仰、勇気、喜びの音が聞こえるでしょう。これらの足音は世界の様相を変えています。

私の魂の、愛する恵まれたお方、あなたの魂の音で私の世界を変えてください。アーメン

4月22日

「マリアは男の子を産む。その子をイエスと名づけなさい。この子は自分の民を罪から救うからである。」

マタイによる福音書　一章二一節

　ダン・スコタスは中世の賢い英国人の哲学者でしたが、税務局の監査の始めの説明で混乱してしまいました。彼の税金の間違いはとても愚かなものだったので、英語のdunce（のろま）は彼の愚かさを記念するものとさえなりました。バーンサイド将軍は南北戦争の英雄ということで覚えられているのではなく、彼のもじゃもじゃのほほヒゲ（sideburns）で覚えられています。最も人気のある昼食であるサンドウィッチは、サンドウィッチ公爵の名前を思い出させるだけです。彼は厚い二切れのパンの間に肉をはさんだということよりもっとたくさんのことを行いましたが……。

　しかし、神をほめ讃えなさい、イエスは過去におられて、現在にもおられることを私たちは覚えています。イエスという名前はジョシュアまたはジェシュアと翻訳されることができます。文字どおり、「救いの神」という意味です。彼は救いました、そして救います、そして救うでしょう。日本語ではイエス（英語ではJesusジーザス）は「yes」「はい」と聞こえます。何と素晴らしいのでしょう。はい、イエスは救うのです。道の脇にある小さな教会のネオンサインに「イエスは救います」という文字が見えます。それはコカ・コーラやロックシティの看板の隣にある屋根にあるのです。しかしそのメッセージは真実であり、完全に正確です。イエスは本当に救います。彼の名前は真実です。

　私たちがイエスの名で祈るとき、彼の聖なる名を呼ぶとき、私たちは彼の救いと彼の愛の癒しの力を切に求めて呼びかけています。なぜなら、イエスの名を知ることは名に話しかけるだけでなく、イエスを知ることです。彼を知ることは彼を受け入れること、健康と罪のあがないに結びつくことです。私たちが人生や回復に「はい」と言うとき、どこにいても、「救いの神」に出会っています。

　素晴らしい、神秘的な愛、私はあなたに私の命を捧げます。私はあなたに、主イエスに、私の救い主にイエス（はい）と言います。アーメン

「確かにあなたがたはわたしの杯を飲むことになる。」

マタイによる福音書　二〇章二三節

チャールズ・シュルツは「ピーナッツ」の作者ですが、「安心は親指と毛布」と呼ばれる本に彼のいくつかのマンガを集めました。最後のページには、夜、ベッドの脇にひざまずいている小さな男の子が描かれています。その題は「安心はあなたが一人ではないということを知ることです」と書かれています。

人生は寂しく、非人間的になる可能性もありますが、そうなる必要はありません。私たちが十二ステップのミーティングを歩むとき、私たちがそれを選ぶなら、孤独ではなくなります。私たちが一緒に回復するとき、個人的な経験の豊かな分かち合いの中で孤独はなくなっていきます。私たちは病を分かち合います。回復を分かち合います。

キリストは仲間付き合いをも与えます。キリストは飼葉桶の中で生まれました。彼は自分の家を持ちませんでした。実際、彼は頭を休める場所はないと言いました。しかし、家がなかったわけではなかったし、一人ではありませんでした。キリストは最高にくつろいで（「家にいる」という意味にもなる）いましたし、人類がキリストと共にいてくつろぐことを助けました。G・K・チェスタトンは、ベツレヘムで家ではない所で生まれたキリストを思いながら書きました。

夜、入口もない家に
エデンより古い場所に、
ローマより高い所の町に。
さまようその星の道の果てに、
存在するはずがなく、存在するものに、
神の家が無かった所に、
キリストは来られる
そしてすべての人はくつろぐ。

主よ、あなたと共にいて、私は一人ではありませんし、回復途中の友といて私は家のない人でもありません。どうぞ、私と共にいて私が安心できるように助けてください。アーメン

4月23日

4月24日

「悔い改めにふさわしい実を結べ。」

ルカによる福音書　三章八節

新聞であなたの死亡記事を読んでいることを想像してください。それはあり得ることです。それは数年前に起こりました。ある男性は目が覚めてから新聞で彼の死亡記事を読みました。別の人が亡くなったのに、死亡記事はそれを読んでいる人でした。その記事は彼を「死の商人」と書いていました。というのは彼がダイナマイトの発明者で爆薬と兵器で巨額の富を築いたからです。この話にショックを受けて彼の人生を完全に方向転換しました。その朝、彼よりも大きな力が彼の人生に訪れました。彼自身の真実に直面し、この軍需品の王は偉大な平和の人となりました。その瞬間から彼は人生と意志を人道主義の目的のために捧げました。今日、彼はノーベル賞の創設者、アルフレッド・ノーベルとして知られています。

AAのビッグブックに書かれている個人の変容の初めの数例は アルフレッド・ノーベルのような突然で劇的な転換です。私たちはこのような瞬時の洞察力を期待することはできません。回復のほとんどの話はそのようなものではありません。回復と信仰は十二ステップや聖書に一歩一歩、日々従うことによって起こるものです。

真実の言葉、愛する主なるキリスト、私が誰であるかを見たり聞いたりすることができますように助けてください。私の盲点を取り除いてください、そうすれば目覚めることができ、あなたが期待する人間に変わることができるかもしれません。

アーメン

そして、「聞く耳のある者は聞きなさい」と言われた。

マルコによる福音書　四章九節

最近妻を亡くした男性が彼の妻の墓石を作っている石屋に次のようなことを指示しました。

「両側に『安らかに眠れ』と書いてほしい。それから、もし十分場所があれば、『私たちは天国で会いましょう』と」記念の石が建てられたとき、次のような言葉が墓石に書かれていました。

両側に安らかに眠れ
もし十分場所があれば
私たちは天国で会いましょう

この間違いに誰が責められるべきでしょうか。その男やもめはきちんとうまく伝えました。石屋はきちんとうまく聞きました。しかしフィードバックがありませんでした。それを確かめませんでした。話し手は確認することをしませんでした。聞き手は繰り返して言ったり、指示を確かめたりすることをしませんでした。

同じように、結論を急いだり、軽率な判断をしたり、その場で評価したりすることは回復のプログラムを故意に妨害することになり得ます。聞くときに、意識せずに聞きたいことだけを聞いていることがしばしばあります。

「なぜこの人の話を聞かなくてはならないの。共通点が全くないわ。私はそのような人ではないわ。私はそれほど悪くはないわ」と密かに思います。偏見はそのようにして生まれます。私たちは聞く前に早まった判断をします。たぶん本当の真実はある程度見つからないのです。そこに、神の恵みがなければ、その人の中に私たち自身を見ていたかもしれません

愛するキリスト、あなたはしばしば誤解され、人に間違った判断をされました。私が聞きたい言葉だけを聞くのではなく、あなたの言葉を本当に聞くことができるように助けてください。アーメン

4月26日

「言うべきことは、聖霊がそのときに教えてくださる。」

ルカによる福音書　一二章一二節

ある学校の教育長と校長が授業中の中学一年生のクラスを見学していました。彼らが教室に入ったとき、先生が背の高い少年に、「カール君、窓を開けてくれませんか」と言うのが聞こえました。カールが先生の頼みを聞いた後、その先生はクラス全体に言いました。「もしカールがいなかったら、どうしたかしら、困ってしまうわ。窓に届いて開けられる人はカールしかいないわ」と。彼らが教室を出た後、校長は教育長に言いました。

「あの先生はカールに何と愛情のこもったことをしたか気がつきましたか。カールは年のわりには大きく、不器用なんです。子供たちは彼をカッコ悪いカールと呼んでいます。彼は遅進児で、自尊心が低く、彼には励ましがとても必要なのです。あの窓をほんとうは開ける必要はなかったのですが、カールはそれを開ける必要がありました。彼はとても認めてもらいたかったのです。そして、ありがたいことに、先生は彼の必要に応えていました」

カールのように、私たちはしばしば激励されること、認められることが必要です。それはプログラムで受けることができます。チップをもらう時、誕生日を祝われる時、ハッグされる時、背中を軽く叩かれる時など、私たちが「窓を開けてくれませんか」と頼まれる時、自尊心が育ち、回復するのです。

私たちはそのような先生になることも必要です。私たちが他の人を認め、援助してもらう機会を見つけようとする時、援助は必要でない時でさえ私たちは成長します。人々は必要とされ、愛され、認められることが必要です。聖パウロはそれをうまく言っています。

「ですから、あなたがたは、現にそうしているように、励まし合い、お互いの向上に心がけなさい。兄弟たち、あなたがたに勧めます。怠けている者たちを戒めなさい。気落ちしている者たちを励ましなさい。弱い者たちを助けなさい。すべての人に対して忍耐強く接しなさい。」（Ⅰテサロニケ五・一一～一四）

ああ主よ、私の激励者、どうぞ私の回復途上にある友や、仲間のクリスチャンに多くの激励の言葉を与えることができるように助けてください。また、私が必要なサポートを喜んで受け入れ続けられますように。アーメン

4月27日

「敵を愛し、あなたがたを憎む者に親切にしなさい。悪口をいう者に祝福を祈り、あなたがたを侮辱する者のために祈りなさい。」

ルカによる福音書　六章二七～二八節

ハッティーはある会社で働いていました。彼女は熟練者でした。マネジャーの地位になるまで自分のやり方で働いてきました。しかし彼女は厳しく、妥協せず、誤りを許しませんでした。彼女は有能でしたが、氷のように冷たい人でした。部下たちは彼女を「ヘイトフルハッティー（いやなハッティー）」と呼びました。新入社員が入るといつでも、彼女のことで、警告されました。しかしハッティーは決して変わりませんでした。ある日、ヘレンという新入社員が入りました。ヘレンはその警告を気にとめず、ハッティーを好きになる努力をしました。容易ではありませんでしたが、彼女は屈せずにやり通し、彼女を好きになることをやめませんでした。それから、なんの前触れもなく、「天にいますヘレン」と呼ばれ始めていた時に、彼女は亡くなりました。ハッティーはそのニュースを聞いて嗚咽しました。「ヘレンは私が今まで知ったただ一人のキリストのような人でした」

私たちは十二ステップで多くのキリストのような人に会いました。私たちの周りにはたくさんのハッティーがいます。私たちも含めてですが。私たちの意地悪さにもかかわらず、私たちを愛し続ける何人かのヘレンがいます。人々を押しやるのは簡単ですが、恐れ、不信、憎しみを通り抜けることは難しいです。愛は難しい行いです、単純な感情ではありません。キリストは私たちにいかに愛するかを教えました。彼は私たちを終わりまで愛しました、たとえ私たちが釘を彼の体に突き刺しても愛したのです。キリストは今ハッティーたちをヘレンたちに作りかえるために生きておられます。

愛の奇跡は人のために行う難しい行いの神秘です。他の人を大切にしたり、他の人と分かち合ったり、勇気を持って他の人に向かったりする難しい道は私たち自身に癒しを与えます。愛は決して脇に避けられることはなく、愛する人と愛される人を共に前進させ命へ招きます。

愛の救い主、愛せない人を愛せるように私を導いてください。魅力的でなく、悪意に満ちた人々に手を差し伸べることができるように、導いてください。私と共にいてください。そうすればわたしは彼らを脇に避けず、はぐらかしたりしません。アーメン

4月28日

「人々に憎まれるとき、また、人の子のために追い出され、ののしられ、汚名を着せられるとき、あなたがたは幸いである。その日には、喜び踊りなさい。天には大きい報いがある。この人々の先祖も、預言者たちに同じことをしたのである。」

ルカによる福音書　六章二二～二三節

ある晩、軍隊の駐屯地を恐ろしい嵐が襲いました。将校のクラブでは雨が窓をたたき、風はうなり声をたて、雹も降っていました。一人の女性は窓越しに兵士が嵐の中で立ちすくんでいるのを見ました。彼は守衛の仕事を忠実に行っていました。彼女は「まあ、お気の毒に。嵐の中で仕事をしているわ」と言いました。近くにいた女性は「まあまあ、大丈夫よ。彼はただの兵士よ」

キリストがそう言うのを想像できますか。しかしクリスチャンたちが「彼はただのアルコール依存症」とか「彼女はただの薬物依存者にすぎない」というのを何としばしば言っているでしょうか。「ただ○○○にすぎない」という表現が何と多く使われているのでしょう。世界中のスラム街に住む人々、メイド、道路清掃夫、ゴミ収拾人、外国人などの人々は「ただ○○○にすぎない」とみなされることがあります。私たちの主は何と異なるのでしょうか。回復途上の人は何と異なるのでしょうか。

病気が回復するためには、どのような人に対しても「ただ○○○にすぎない」という見方を捨てなければなりません。もし私たちが誰かにレッテルを貼ったり、レッテルを貼ったりしなければならないとしたら、兄弟姉妹か、友人や仲間というレッテルを貼りましょう。十二ステップのグループでは階級を知る必要はありません。福音もそうです。私たちはお互いがとても貴重で価値あるので他をみくびることは許されないのです。好むと好まざるとにかかわらず、神やお互いにとって私たちはすべて等しく重要なのです。

慈悲深く最も愛情深いキリスト、どんな人をも見下げることのないように私を導いてください。自分自身も見下げることのないように私を導いてください。アーメン

4月29日

「塩は良いものである。だが、塩に、塩気がなくなれば、あなたがたは何によって塩に味をつけるのか。自分自身の内に塩を持ちなさい。そして、互いに平和に過ごしなさい。」

マルコによる福音書　九章五〇節

北アイルランドのクリスチャンの悲しい闘争は、ローマンカトリックとプロテスタントの両方にとってひどい重荷です。この野蛮な戦争によってキリスト自身の体に与えられた危害は計り知れません。あるアイルランド人の若い男性は、「何が戦争や死の終結をもたらすことができると思うか」と問われて、答えました。「僕たちは誰か神を信じない人に入ってもらわなければならないと思う」

しかしながら、重要なことは神への信仰ではなく、神についての信仰です。神は暴力で仕えられるということを信じる人は誰でも惑わされています。神は平和、兄弟愛、愛の神です。血を流すことと同時に、神の名を唱えることは神がどんなお方であるかを知らないということを示しています。宗教の名で破壊的な行動をすることは平和の君ではなく、戦争と虐殺の神を拝することです。

愛の行為は真の礼拝の行為です。回復、十二ステップの方法、愛の福音は平和のメッセージです。これらは世界を救うことができるのです。

ああ、平和の君、どうか私の行為があなたについての誤った信仰を反映させることのないようにしてください。私のあなたへの信仰があなたの愛と平和の行為に一致するように導いてください。アーメン

4月30日

「あなたがたは、『然り、然り』『否、否』と言いなさい。それ以上のことは、悪い者から出るのである。」

マタイによる福音書　五章三七節

かつて鉛管工事の規則にかかわる政府機関に手紙を出した工事人がいました。その手紙に、中で詰まった下水管の内部をきれいにするためには塩化水素酸が効くことを発見したと書きました。一人の官僚が返事をくれました。

「塩化水素酸の効きめには議論の余地がありませんが、腐食させる残留物が金属の耐久にはよくありません」

その工事人は喜びました。彼は返事を書き、政府が彼に同意したことを喜んでいると伝えました。同じ官僚は次の手紙を送ってきました。

「私たちは塩化水素酸を用いれば有毒の腐食させる残留物を作るということに、責任をとるようになることを慎まなければならないことを強調したいと思います。したがって代替になる他の方法を最も強く推し進めなければなりません」

再びその工事人は誤解してまた返事を書いて、彼は政府が彼に同意していることを喜んでいると伝えました。とうとうその官僚は必死になって書きました。

「塩化水素酸を使用してはいけません。パイプを絶対に侵食してしまいますよ」

神に感謝すべきことには、キリストにある回復のプログラムの核心は単純です。十二ステップの明確なメッセージと手順と福音は水晶のようにはっきりしています。スローガンと聖書は信仰、望み、愛の純粋な調子で心に残ります。困難な部分は理解することではありません。困難なことは受け入れて実行することです。

主よ、あなたは率直です。どうぞ、私も同じように率直になれるよう、導いてください。アーメン

Blindness

盲目

昔、自我が強いことで知られたあるプロゴルファーが、黒い眼鏡をかけ白い杖を頼りにしている男性に一〇〇ドルでホールすることを挑まれました。

「どう対戦できるんですか、旦那。あなたは目が見えないのに」思い上がったプロゴルファーは怒鳴りました。

「君の言うとおり、私は見えない。全く見えない」その目の見えない挑戦者は答えました。「しかし盲目になる前はチャンピオンだった。私はあなたを打ち負かせる」

プロゴルファーは状況をあれこれ考えました。プロゴルファーは自分の運を腹立たしく思っていて、いくらかの現金が必要でした。それで「やろうじゃない」と思いました。もしこの間抜けが彼に挑戦するほど非常識なら、その白い杖の人がお金を損してもそれは彼のせいだ。

「一ホール一〇〇ドルでしたね」

この目の見えない人は賭けをすることを確認しました。

「あなたの向う見ずさはどうしてなのかわからない。あなたは冗談をいっているのではないんですね。いつ競技をしますか」

「いつの夜でもいいよ。特に月の出ていない夜はどうだい」と盲目の人は答えました。

盲目であることには有利なこともあります。ある映画では盲目の主人公が暗闇で襲われました。彼女は暗闇では攻撃者より、よくわかりました。私たちの多くは回復途上で自分の状態や過去の悲惨さを後悔します。実際、自分は不利な条件を負っていると考えますが、回復中の多くの人々は回復途上で、感謝の態度を表しています。苦難の中でいかにプログラムが彼らを祝福したかを明言しています。

何らかの点では私たちは盲目かもしれませんが、見たくない事柄はもう見えません。回復以前の依存症の生活を思い出したい人がいるでしょうか。他の人々の費用で誰が生き続けたいでしょうか。言い訳したり、空しい約束をしたり、嘘をついたり、愛する人を欺いたりしたいでしょうか。神様なしで生きられるでしょうか。私たちはこの世の誰よりも運がいいのかもしれません。イエス・キリストと共に十二ステップを歩く素晴らしさ、喜び、平安に匹敵する人やものはほかにはありません。

5月1日

だから、イエスを通して賛美の生けにえ、すなわち御名を称える唇の実を、絶えず神に献げましょう。

ヘブライ人への手紙　一三章一五節

私たちの最も重大な罪は神を無視する私たちの独立心です。すべての人の生活で明らかなことが一つあるとすれば、それは、神は私たちの拒否を受け入れないということです。私たちが神を無視することを神は許しません。キャサリン・マーシャルは、このことを次のように書いています。

もしあなたの人間的な計画や計算が失敗したら、もし一つずつ人間的な支えが壊されたら、あなたの目の前で道が閉ざされたら、勇気を出しなさい。神はあなたにメッセージを届けようとしているのです。そのメッセージは「適当でない人間的な力に頼るのを止めなさい。私にそのことをゆだねなさい」ということです。

私たちの回復の全生活は「神にその問題をゆだねなさい」という言葉を中心に展開します。私たちの誇り高き独立心は私たちの主な問題であり、病気の原因です。神の指示と支配を受け入れることが新たな健康と救いの本質です。第一ステップで私たちが無力を認めるとき、本当に重要である人の手にその問題をゆだねるのです。エマソンは神の愛へゆだねることを祈りと述べています。そして祈りを「高い立場からの見方で人生の事実を瞑想すること」と言っています。このような神の愛への信頼が回復の礎です。

ああ、救い主キリスト、私を祈り続ける者としてください。そして私へ注がれるあなたの力と愛を祈る者としてください。私をあまりに長くあなたから離れないようにさせてください。アーメン

5月2日

「友人であるあなたがたに言っておく。体を殺しても、その後、それ以上何もできない者どもを恐れてはならない。」それから、イエスは弟子たちに言われた。「だから、言っておく。命のことで何を食べようか、体のことで何を着ようかと思い悩むな。」

ルカによる福音書　一二章四、二二節

最も悲しく、危険な人々がいます。彼らは自分たち以外の人間を恐れて、小さなグループで武装し利己的に生き残ろうとする人々です。そのような響きがある流行歌があります。「世間に対してあなたとわたし」

脅威が至るところにあり、「防御すること」が毎日の強迫観念になっている時は、本当に生きているのではなく、存在しているだけです。恐れの虜になっている存在はどのようなものでしょうか。その中に幸せはあるのでしょうか。

ある偉大な人物が言いました。「幸せの源はあなたを利己的にしない世界に生きる能力にある、なぜなら、あなたの個人的な場所について心配し過ぎることはないからです」

この力はどこから来るのでしょうか。多くは主イエス・キリストの恵みを通して来ます。そして、十二ステップのプログラムからも来ます。恐れを取り去り、友情と平和に置き換えるのにどんな良い方法がありますか。私たちが本当に平安になるためにはキリストが私たちに教えるままにゆだねることです。

行うことによって私たちは勝利の信頼を見い出すことができます。キリストは利己的な生き方を遠ざけ、安全というものにとらわれることなく、自由に犠牲になる道を選びました。私たちは同じ自由を選ぶことができます。神と平和のプログラムは、私たちがゆだねるなら私たちの恐れを追い払うことができます。

主よ、私の平安と安心はあなたの中にだけ見い出されます。私の救いはどこにあるのかに気づかせ続けてください——あなたにだけであることを。アーメン

5月3日

あなたがたはこの世に倣ってはなりません。むしろ、心を新たにして自分を変えていただき、何が神の御心であるか、何が、善いことで、神に喜ばれ、また完全なことであるかをわきまえるようになりなさい。

ローマの信徒への手紙　一二章二節

「方法演劇」として知られている演劇学校があります。このテクニックを使いながら俳優は描かれた人物を自分のものとし、全く同一化します。同一化はとても強いので、劇の人物の感情、態度、考えはその俳優がほとんど持っているようになります。その俳優は劇の人物に変えられるのです。

　同じように、回復途上のクリスチャンとして、新しい演劇の方法を真剣に考えるように、新しい思考方法を演技することができます。聖パウロはこれを「心を新しくする」と呼んでいます。「できるまで真似なさい」というのが私たちのモットーです。

　聖パウロは、それは神が何を願っているかを想像することを助けると言っています。時々、ふりをする必要があります。想像するという言葉はイメージという語から来ています。それは画像という意味です。想像と画像は心を新しくする方法に私たちを導くことができます。

　ある回復途上のクリスチャンはたとえば不安の発作に苛《さいな》まれていました。彼女はすべてのことを試みたと思っていました。とうとう賢いスポンサーは彼女に思考の方向を変えて、神の意志に完全に献身するように、そして神が彼女に不安を受け入れすべての苦しみや弱さを神に与えなければならないと思っていると想像するようにと示唆しました。彼女はそれについて考えず、実行しました。それは効果がありました。彼女はこの新しいゆだねる方法を受け入れ、変えられました。

　私たちが神の見方に服従すると、私たちは神の意志と方法に従って行動し始めます。十二ステップと福音は、神の意志が何であるかを示す方法となり、私たちはそれに従うようになります。

　主よ、私が何をしなければならないかをあなたに尋ねること、私の想像力を使うこと、ゆだねる、あなたの意志に従うことを教えてください。アーメン

5月4日

どうか、御父が、その豊かな栄光に従い、その霊により、力をもってあなたがたの内なる人を強めて、……。

エフェソの信徒への手紙　三章一六節

ある哲学者が言いました。「平安の探究は当然自己点検から始めなければならない」と。本当に私たちは平安を求めています。それは「とても貴重な恵み」です。しかし、平安は自己点検から始まるのでしょうか。厳しくて、大胆な道徳的点検で始めることは不可能であることがわかります。ありがたいことにこれはステップ四までとっておかれます。回復途上にあるクリスチャンとして、「聖霊を通して与えられる力で強められる」までは、私たちは内部の自己を見ることに耐えられないということを知っています。

キリストにある回復は清めることも含みます。自己点検、私たちが探しあてたものを分かち合うこと、道徳的な欠点を神に取り除いてもらいたいと願うこと——すべては新鮮で、きれいな水のように回復の働きをします。しかし、神は私たちがきれいに磨かれるずっと前から私たちを受け止め、抱いてくださることは素晴らしいことではありませんか。もし日曜日の会合に行くために、きれいにならなければならないとしたら、着飾らなければならないとしたら、決して会合に参加することができないでしょう。

初めに行いを断念し、それから掃除するのです。これは回復途上のクリスチャンがよく行っていることです。主への道は悔い改めの道です。まず、悔い改めます。「悔い改め」は罪と恥の状態にいる場所で、汚れた恥ずかしい状態の私たちがいる場所でゆだね、主の方へ向くことです。主の方を向いた後で、悲しみを表し、告白し、リハビリが始まります。しかし神の方を向くためにリハビリは必要ありません。第四ステップを始めなくても、愛されているし、救い主の腕に招かれています。

イエス様、私のゆだねを受け入れてくださり感謝します。あなたが私を清めることができるように、自分を点検する勇気を与えてくださり感謝です。アーメン

5月5日

「そこで、王は右側にいる人たちに言う。『さあ、わたしの父に祝福された人たち、天地創造の時からお前たちのために用意されている国を受け継ぎなさい。』」

マタイによる福音書　二五章三四節

地球最後の日について、ある伝説があります——聖書が語る審判の日です。この日、天では誰もが楽しく祝い、歌い、踊り、彼らの愛するものを抱いています。イエスを除いて皆が楽しんでいます。イエスは天の門のところで、見下ろしたり、さらに遠くを眺めたりしながら悲しそうに立っています。イエスは彼の周りで行われているすべてのお祝いや喜びに加わらないのかと問われます。イエスは「私はユダを待っているのです」と答えます。

この物語の力は回復途上のどの人の心をも感動させるでしょう。キリストの神は彼を裏切る者をも抱こうとする純粋な許す愛です。イエスの弟子のすべてはイエスを失望させましたが、キリストとの交わりへと回復しました。同じ再会がユダを待っています。おのおのは多くの点で何回もキリストを裏切りました。私たちのひとりよがりと自惚れが自分たちの罪を否定しています。私たちは皆、あるユダを持っています。しかしいつも歓迎されています。最後の日にさえです。

私たちにとって福音は、イエスは私たちを待ち、戻ったときに私たちを抱いてくれることです。良くないニュースは、私たちが選ばなければならないということです。私たちはイエスの方へ進まなければならないのです。もちろん、神は私たちが神に戻るのを助けてくれますが、神は私たちを天に引っ張っていくことはしません。自身の選択によってその旅をするのです。一人で歩く必要はありません。助けなしに重い足取りで歩く必要はありません。しかし目指す道を私たちが決めなければなりません。一度それが決まると私たちはそこへ到着するでしょう。そのように十二ステップは働きます。それらは同じように、天への確かで着実な階段です。しかしそれらを歩かなくてはなりません。そして多くの他の巡礼者と手を携えて旅をします。

聖なる主よ、私を受け入れ、私をあなたのところまで連れて行ってください。私は永久にあなたと共にいることを選びます。

アーメン

5月6日

「その供え物を祭壇の前に置き、まず行って兄弟と仲直りをし、それから帰って来て、供え物を捧げなさい。」

マタイによる福音書　五章二四節

教会の初期の時代には間違った行いを修復したい人は告解と呼ばれることをしなければなりませんでした。間もなく聴罪と呼ばれる特別の場所で告解が行われる習慣になりました。これは祈祷をしたり、告解をしたり、黙想する時間を過ごしたりする告解者のために備えられた部屋でした。そのすべてのアイデアは正直で偽りのない悔い改めをしていることを明らかにすることによって罪に報いることでした。

第八、第九ステップでは私たちの回復のための聴罪に入ります。それは修復のときなのです。修復することは原因となった傷や危害を正直に悲しむ行為によって治るのです。結果は癒しであり、罰ではありません。修復の目標は恥を受けることではなく完全さです。私たちは清めるための許しや、新しい命を求めます。

すべての歩みが和解のステップを歩むために行われるべきです。回復は、どんな古い傷でもまだ残っているものを癒すのと同じように、すべての古い罪意識や恥と思うことを除去することによります。癒しが行われるかどうかは修復する努力が極めて重要になります。癒しは悲しみを表す意志と、癒されたいという願望を表わす意志にかかっています。残りは神の責任です。私たちは試みなければなりません。許しの愛が私たちを待ち受けているかどうかは求めなければ決してわかりません。

ああ、キリスト、許されたいという願いを増してください。断られても、求める勇気を与えてください。アーメン

「信じて祈るならば、求めるものは何でも得られる。」

マタイによる福音書　二一章二二節

多くの人々は、宗教的であるかないかは別として、安心できる霊的な故郷を切望しています。私たちの多くは、心の源になるもの――希望、勇気、魂の平和――が欲しいのです。この人生を通して己をみる哲学や信仰が私たちには必要です。かつてマルクス・アウレリユースは言いました。

「人は内から形作られ、支えられなければならない。さもないとその神殿は動き、粉々になってしまう」イエスはこの心の建造物と仕組みを信仰と呼びます。

　信仰なくして私たちは何もできませんが、信仰によって、すべてのことが可能であることをイエスはすべての教えや行いで示しました。回復の精神は信仰です。このような信仰を持つとき、私たちは決して一人ではありませんし、見捨てられることはありません。このような信仰を通して、私たちはガイダンス、慰め、平和、愛、喜びを受けます。

　ウイリアム・ジェイムズは言いました。

「人生の不幸に対処するためのどんなエネルギーも、忍耐も、勇気も、能力も信仰を持つ人々には与えられます」回復の十二ステップのプログラムとクリスチャン生活は、私たちにとって信仰の深い源泉です。それらに入るとき、私たちは日々元気づけられ、新たにされます。ジェームズ・アレンがかつて力説しました。

　心にある信仰のランプをつけなさい。それはあなたを疑いの霧と絶望の暗い闇の中でも安全に導いてくれるでしょう。病や悲しみの狭い茨の道を通るときも、誘惑や不確かさの危険な場所を超えるときも。

その信仰のランプは回復を約束してくれるでしょう。

主よ、私の信仰を増してください。あなたの深い井戸から変わらない糧をお与えください。アーメン

● 5月7日

5月8日

「あなたがたに新しい掟を与える。互いに愛し合いなさい。わたしがあなたがたを愛したように、あなたがたも互いに愛し合いなさい。」

ヨハネによる福音書　一三章三四節

田舎から出てきたある若い、無邪気な女性が大都市に職を探しに行きました。彼女は申し込み用紙を渡されました。名前、住所、家族史、仕事の経験、推薦者など、多くのことを書く必要がありました。緊急連絡先という質問に、彼女は人事部長を呼んで言いました。

「私はこの質問の意味がわかりません」

「そうですね、もしあなたや仕事に何か事故が起こった時に、または緊急なことがあった場合、誰に連絡するかということです」と部長は言いました。「もちろん、最も近くにいる人でしょうか」と彼女は言いました。

私たちの生活で「最も近くにいる人」というのは誰のことを考えるでしょうか。最も近い人、最も愛する人は私たちの隣人ではなく、または同じ家に住んでいない人であるかもしれません。クリスチャンにとって最も近い人はイエスです。彼の偉大な愛と力は地上の生活におけるイエスの人間性やＩＤからきています。もちろん、イエスは神聖なる神ですが、私たちは人間であるイエスに会います。イエスは向こう側の離れたところではなく、最も近くにいる人です。結局イエスはすべての人間の中にいるのです。十二ステップのどの会合もイエスの存在に頼ります。

人間としてのイエスの現実は素晴らしく、不思議で驚きです。近い友人のようにかかわることができます。私たちを超えた、私たちのようでない神にかかわることはできません。ありがたいことに、イエスを主であり王として礼拝するのと同じように、イエスを兄弟や友達として向き合い、抱くことができます。

イエス様、そのように近くにおられ、似ておられ、遠くにはおられず、異なっておられることを感謝いたします。アーメン

5月9日

「いと高きところには栄光、神にあれ、地には平和、御心に適う人にあれ。」

ルカによる福音書　二章一四節

お互いに、「こんにちは」「やあ」と挨拶すること、「さようなら」「じゃあまた」でお互いに別れを言い合うことは私たちの習慣です。他に多くのあいさつや別れの言葉があります。イエスの時代には「平安」という一語がすべての意味を表しました。ヘブル語でそれはシャロームです。それはイエスの時代と同じようにイスラエルではまだ一般的に聞かれます。

　シャロームは完全には英語に翻訳することができません。この言葉には「完全な、健全な、完璧な、健康的な」など多くの意味があります。このような平安は争いがないという状態以上のことです。それは心身が快適な状態で、生き生きとエネルギーが生じる生命力ある状態でもあります。「シャローム」であることは健康な人の状態、健康な人間関係、健康な組織を経験することです。それは地上を被います。「地にシャローム、人には良い心」と天使たちは歌いました。イエスは言いました。「わたしは、平和をあなたがたに残し、わたしの平和を与える。わたしはこれを、世が与えるように与えるのではない。心を騒がせるな。おびえるな。」（ヨハネ一四・二七）

　これは回復のゴールではありませんか。「プログラムの平安」を得ることは病気でないことや病気が小康状態であること以上のことを経験することです。それはキリストと私たちのプログラムで健康なシャロームを手に入れることです。シャロームは健康に生きることであり、健全な生活をすること、生き生きとした神のやさしさで満たされることです。あるビールのコマーシャルではこのような良い生活を約束します。「これより良いものはない」と。本当にそうです！

　イエス様、どうか日ごとにあなたの「シャローム」を私にください。そして、すべての他の人との出会いに「こんにちは」や、「やあ」があなたの「平安」を伝えることができますように。アーメン

5月10日

「しかし神は、『愚かな者よ、今夜、お前の命は取り上げられる。お前が用意した物は、いったいだれのものになるのか』と言われた。自分のために富を積んでも、神の前に豊かにならない者はこのとおりだ。」

ルカによる福音書　一二章二〇～二一節

サンフランシスコに次のようなサインのある葬儀場を経営する店があります。「私たちはあなたを九九ドルで埋葬することができるのに、なぜ死にそうな状態で歩き回るのですか」とても安く、ユーモアのある葬儀屋に会うのはおもしろいものです。しかしながら、悲しいことに多くの悲しい病んだ魂がこのような売り込みを受け入れてしまっています。

十二ステップではこれと反対の売り込みをしています。「無料で新しい命をあなたに提供することができるのに、なぜ死にそうな状態で歩き回るのですか」もちろん、これは本当に費用がかからないということではないことはわかります。本当に、会費は徴収しないし、請求書も送りませんし、このプログラムを売ることもしません。差し出すのはお金では買えない素晴らしいもので高くつきます。支払いは嗜癖、命、私たちの意志を神にゆだねることです。

命を神に投資し、十二ステップの回復という利益と配当金を手に入れるのです。回復を買うことはできません。破産宣告することによって回復を受け取るか、成し遂げるかだけなのです。それから貧しさから抜け出し、とても豊かになります。実際にいかなる経済的な豊かさも私たちの豊かさと比較できないほどです。

初期のクリスチャンたちはこのような財産――キリストにおける神の恵みの豊かさ――に満たされていると感じていました。聖パウロは彼の幸運について大声で語ります。「ああ、神の富と知恵と知識のなんと深いことか」（ローマ一一・三三）

回復は私たちのいと高き力であるキリストにあって、同じような喜ばしい豊かさに感動することです。

イエス様、かなえられそうもない私の夢をはるかに超えるほどに豊かにしてくださいました。貧しさや弱さにある私を豊かにしてくださりありがとうございます。アーメン

5月11日

「良い土地に落ちたのは、立派な善い心で御言葉を聞き、よく守り、忍耐して実を結ぶ人たちである。」

ルカによる福音書　八章一五節

たいていの人は交通渋滞に巻き込まれたことがあります。私たちは無力です。できることは待つことです。毎日このような亀の歩みのような交通状況を受け入れ、それを最大限に活用している超人的な人もいます。彼らは渋滞の真っただ中で歌い、ゲームをし、テープを聞き、読み、話し、勉強し、瞑想したりしています。忍耐強く、乱されず、我慢している魂もいます。

しかし、私たちの大半はフラストレーションで腹を立て、叫び、呪い、クラクションを鳴らします。私たちは障害物に耐えられず――フラストレーションがあるのは確かです――癇癪《かんしゃく》を起こす子供のようになります。もちろん、フラストレーションはあまり役立ちません。必ずそれはいつも戻ってきます。

かつてある人が中古品店でスーツを買い、一五年前に修理に預けた靴のチケットを見つけました。その店はまだ仕事をしていたので、好奇心から、その靴を取り戻すためにチケットを持って行き、それを見せるとその修理屋は中に入って行き、戻ってきて静かに言いました。

「来週火曜日には仕上がるでしょう」

回復はしばしばそのようなものです。行き詰まるか、まだ待たなければならないかのどちらかであることがわかります。最も必要とされるのは忍耐力です。フラストレーションは怒りやいらだちを生じさせますが、フラストレーションを味わい、それを処理しなければ、人は忍耐強いとは言いません。残念ながら、受け入れることと忍耐することを学ぶのは現場のトレーニングです。平安は苦しみの真っただ中で生まれます。そして、その苦しみが大きければ大きいほど、わたしたちには忍耐が必要です。

イエス様、あなたは私にとても忍耐強くあられます。私は即座に安心したかったり、忍耐強くなったり、平安が欲しかったりします。わたしをゆっくりさせ、静めてください。アーメン

5月12日

「ところで、いまはあなたがたも悲しんでいる。しかし、わたしは再びあなたがたと会い、あなたがたは心から喜ぶことになる。その喜びをあなたがたから奪い去る者はいない。」

ヨハネによる福音書　一六章二二節

誰かに「お早うございます」と挨拶して、「何が早いの？」と答えられた経験がありますか。誰かの憂鬱によって楽しい雰囲気がすぐに暗くなるのをみることがあります。憂鬱と悲運は感染しやすいのです。喜びは簡単に消えてしまいます。ある男性が死のうとして高い橋から飛び降りようとしていた話があります。勇敢で元気のよい警察官が近寄って、「今から一〇分、時間をとって考えましょう」と提案します。「今から五分、私はなぜ人生は生きる価値があるかを話しましょう。次にあなたはなぜ人生は生きる価値がないかを五分話します」それぞれが話し終わったとき、彼らは手を組んで橋から一緒に飛び下りました。

否定的で悲観的な思いは力があります。憂鬱をまん延させるのは重大で危険な行いです。他の人は私たちの悲しみに同情するだけかもしれません。自分自身の痛みや悲しみを感じることは自然なことです。悲しみを表現することは健康的です。しかし他の人たちを引き降ろしたり、彼らの光を消したりすべきではありません。自分自身の荷を降ろすのと同じように、他の人に負担をかけないような責任もあります。十二ステップは登りであって、下りではありません。私たちは回復という星をちりばめた屋上の庭に向かって歩んでいます。陰気な暗い地下室に降りていくのではありません。陰気という語は新約聖書では使われていません。栄光と喜びという語は何百回も出てきます。回復途上のクリスチャンは聖パウロが次のように語るとき、パウロと共に耐えることができます。

「そればかりでなく、苦難をも誇りとします。私たちは知っているのです。苦難は忍耐を、忍耐は練達を、練達は希望を生むということを。希望はわたしたちを欺くことはありません。わたしたちに与えられた聖霊によって、神の愛がわたしたちの心に注がれているからです。」（ローマ五・三〜五）

キリスト様、私の心を高く持ち上げてください。そうすれば私は他の人々を上げることができ、引き降ろすことをしないでしょう。アーメン

5月13日

「このようなことが起こり始めたら、身を起こして頭を上げなさい。あなたがたの解放の時が近いからだ。」

ルカによる福音書　二一章二八節

嗜僻と呼ばれる病気にかかっている人たちは、どんなに許しが大切かを知っています。私たちは許されなければならないことをたくさんしてきています。愛する人たち、同僚、友人に何回も許してもらったのに、私たちは自分の内部の奥深くで許すことができませんでした。私たちは無力であるのに、どのように自分を許すことができるのでしょうか。

回復において、許すこと、修正することと同じように重要なもので先にくるものがあります。私たちは永遠に許されているのに、まだ絶望しています。それは、許しだけでは十分ではないからです。救いが必要です。希望が必要です。許しは過去のためのものですが、希望は私たちの現在を輝かす未来を与えてくれます。

回復の最初の三つのステップは希望を与え、残りの九ステップは浄め、癒し、許し、霊的成長を与えますが、希望が無くては何も始まりません。私たちが自分の無力を認め(ステップ一)ないなら、高い力の腕にゆだねる（ステップ三）ときに、希望へ向かって歩む（ステップ二）ことはできません。なぜなら、望みを与え、新しくしてくださるのは神だけです。それを一人では見つけられません。たとえ永遠に許されたとしても、キリストにある新しい命という希望がなければ、枯れて、死んでしまうでしょう。聖パウロが話したように「私たちはこのような希望によって救われているのです」（ローマ八・二四）

すべての希望の主よ、私は望みを失ったものではないことを感謝いたします。あなたが私に与える良いものを切望することができるように、私を励まし元気づけてください。アーメン

5月14日

「わたしが来たのは、羊が命を受けるため、しかも豊かに受けるためである。」

ヨハネによる福音書　一〇章一〇節

ある大金持ちが亡くなり、遺言には次のように書いてありました。金で塗られたメルセデスに冷房装置をつけたままで彼を乗せ、埋めてほしいと。五ドルの葉巻を吸い、手にはスコッチとソーダを手に持たせてほしいと。この奇妙なリクエストはかなえられました。お葬式の参列者が墓のそばを離れた時、墓掘りの一人は下を見て、言いました。

「おやまあ、本当に生きている」

　エジプトの王たちや王女たちはこれよりもさらに大きな富と贅沢に包まれて埋葬されました。歴史を通して、偉大な人々には大きな墓が建てられました。すべての人は共同墓地に埋められている人々と同じように死んでいました。皇子やこじきもすべて同じ死で死ぬのです。私たち一人一人は各々の方法で安全と地位を与えるこの世の事柄にしがみつこうとしますが、誰も死を免れることはできません。そして誰も死を逃れようと、願わずにはいられないのです。

　依存症の人はすべてこの束縛に気がついています。逃れるためにどんなものにも依存します。痛みから逃げます。弱さを否定します。病気を軽視します。一つのこと、神を除いて、頼れるどんな杖をもつかみます。しかし、神を通してのみ真に生きることを体験できるのです。「まあ、本当に生きているのだ」と自分たちが叫んでいるのが聞こえたりします。十二ステップの方法は現実に生きることです。墓にある車の中にもたれかけられた偽りの命ではないのです。

　全能の救い主よ、地位やこの世的な安心への愛着から私をお救いください。あなたに信頼して本当に生きるあなたの命に私を伴ってください。アーメン

5月15日

「神が御子を世に遣わされたのは、世を裁くためではなく、御子によって世が救われるためである。」

ヨハネによる福音書　三章一七節

　古代社会では、船の乗組員の中に泳ぎがとても得意な人がいました。陸地が見えるところで難破した場合、このような人がロープを携え海岸まで泳ぎ、岸にある物にそれを結び付け、残りの乗客が安全に後について来られるようにしたものでした。このような人はアーケゴスと呼ばれました。イエスはヘブル書の記者に同じ名を与えました「イエスを信仰の完成者でありアーケゴスとみなすこと」（ヘブライ一二・二）多くの聖書はアーケゴスを英語でパイオニアと訳しています。本当に、イエスはパイオニアであり、道順を教える人です。パイオニアであることは、従おうとしない弱い魂にまさる頑強な人であるといえます。パイオニアは遅れをとっている人や、迷っている人、困窮している人、一人ぼっちの人にあまり注意を払わないことがあります。「命綱の泳ぎ手」というのは良い訳です。イエスは強い泳ぎ手です。彼の力は海岸に私たちの命綱をしっかりと結びますから、それにつかまって安全な場所へ行くことができるのです。私たちはキリストの努力によって救いをすでに得ていると保証されているのですが、キリストが差し出すロープを持って彼の方に向かって行かなければなりません。

　回復途上の依存症のグループにいる人は、それを一人で行うことはできないということがわかっています。しばしば困窮し、行き詰まってしまいます。「海の中で死んだ」ように漂っているときの恐れや苦痛を知っています。私たちに必要なのは、キリストにある私たちの力強い泳ぎだけでなく、共に生きてくださる救い主であるキリストの力強い泳ぎです。私たちには助けが必要です。しかしそれを選び、使わなければなりません。回復の命綱は多くあります。行うべきことはそれらを理解し、つかみ、海岸まで行くことです。十二ステップのそれぞれはこのような命綱です、スローガン、援助者、定期的な会合、読書、瞑想《めいそう》、祈りも命綱です。

　私の救いと回復の主よ、私にあなたの命綱を受け入れる勇気と信頼をお与えください。あなたの安全な海岸へ行くことができますように。アーメン

5月16日

「あなたがたは地の塩である——あなたがたは世の光である。」

マタイによる福音書　五章一三～一四節

長年の間、施設にいたある精神障害の患者が退院しました。医者は「あなたは治りましたよ」と言いました。回復した男性は喋《しゃべ》り始めました。「ある程度治りました。私がここに来たときはアブラハム・リンカーンでした。私は、今、誰でもありません」彼は贈り物をもらった婦人のように感じていました。その贈り物は美しいハンカチで、次のように書かれたカードが入っていました。「私たちはあなたの名前を刺繍したハンカチをお贈りしたかったのですが、誰もあなたの名前を思い出すことができないのです」

知られず、重要でなく、認められないことは笑い事ではありません。一人でいることや見捨てられて——取るに足りない人になったことへの痛みを笑いが和らげるので、私たちはこのような話にただ笑うだけです。昔の南部では低い階級の人々は「ノーカウント」（数えない）と呼ばれていました。一人とさえ数えられないこと、ゼロであることは魂にとっては全くの拷問です。

キリストの福音の良いニュースは、私たちはゼロでないということです、数に入れられたりすることや、優劣をつけられたりすることよりも価値があるのです。私たちの価値は主によって無限であるくらい大切なものとしてみられています。ゼロからは何とほど遠く、何と価値あるのでしょう。キリストが愛を豊かに与えたからといって、自分たちの価値を誇張する必要はありません、しかし決して取るに足りない人ではありません。

回復は価値ある人に復帰するために生き続けます。教会はキリストにある救いの仕事を行うために存在します。両方とも重要な人々——あなたとわたしのために働くのです。結局、世の塩であり、光なのです。

おお、最も聖なる、生きたお方である主よ、あなたが私をそれほどに重んじてくださることを知りました。取るに足りない人からあなたが愛する重要な人へと自分の評価を高めてくださいました。それはとても素晴らしいことです。アーメン

5月17日

「与えなさい。そうすれば、あなたがたにも与えられる。押し入れ、揺すり入れ、あふれるほどに量りをよくして、ふところに入れてもらえる。」

ルカによる福音書　六章三八節

神とプログラムは騙《だま》したりしません、共に歩みながら自分を他の人に与えれば与えるほど、神は私たちに「あふれるほどに量り」、私たちに与えてくださるのです。与えるものを単に取り戻すだけではありません。さらに多く、非常に多くを得るのです。得る量は与える以上です。十二ステップは杯にあふれるほどです。

いつもより多く得るだけでなく、得るものはたいてい、好ましい贈り物です。掘出物を見つける才能（セレンデピティ）を発見します。セレンデピティという語は古代ペルシャのセレンデップの三人の王子のお話からきています。この王子たちは宝探しに出かけました。彼らの探しているものは見つかりませんでしたが、もっと偉大な価値あるものを発見し続けました。

十二ステップの宝探しに入っている私たちはセレンデピティが普通のことになります。あるものを探しはじめ、もっと良いものを見つけたことが何回あるでしょうか。抑制できることを願い、節制を見い出します。禁酒を切望し、平安を見い出します。処理しようと努力して、生きることを学びます。他の人について絶えず心配し、自分自身に価値があることを学びます。一つのことを成し遂げようと精いっぱい努力して、選択肢が多くあることを発見します。良くなろうとして、良くなる以上になるのです。さらなる自己修養を切望し、リラックスしてゆだねることを学びます。それはキリストが共にいてどのように回復が行われるかを示しています。なんと素晴らしい贈り物でしょう！

多くの贈り物を与えてくださる主よ、楽しく期待している自由な私の魂を励ましてください。あなたは私を待っているセレンデピティをより多く持っていてくださることを知っています。アーメン

5月18日

「しかし、最後まで耐え忍ぶ者は救われる。」

マルコによる福音書　一三章一三節

ある若い未婚の女性は結婚したいと思っている若い男性とデートをするようになりました。彼女が母親に話したところ、彼の宗教は何かと尋ねました。

「無神論者よ、お母さん」と娘は答えました。

「恐ろしいことだわ。いったい、どうして信仰深いカトリックの女の子が無神論者と生活することができるの？　あなたは彼を説得して信仰に導かなくてはいけないわ」と母親は言いました。「うまくいっているわ、お母さん。ベストトリニティ教会に彼を連れて行ったわ」最初のデートの後、娘は報告しました。次のデートの後で、彼女は誇らし気に次のように告げました。彼女は求婚者を洗礼と聖餐に導くことができたと。もう少しで成功しようとしていた時に、その娘は全くがっかりしてデートから帰ってきました。「お母さん、彼を説得しすぎてしまったわ。彼は神父になるそうよ」

私たちの努力のすべてが私たちの見方では幸せな結果になるわけではありません。回復途上のクリスチャンは不愉快なことや、がっかりする瞬間が多くあるでしょう。それぞれのステップを歩むことにより、あなたは正直になり、そのために心が痛むようになることがあります。私たちのエゴはくじかれます。物事が望むようにはならないことがしばしば起こります。しかし、痛みも、愉快でない自己暴露も、失望さえも、人生の大きな全体像の部分になります。

回復には修正が必要です。修正は痛みを伴います。しかし、「痛みを伴わなければ得ることができない」というのは人生の法則です。緊張や努力が筋肉をつくるように、悲しみ、怒り、憤慨、罪悪感、その他多くの痛みを通過することにより、それぞれのステップが確かにされ、洗われ、癒されるのです——私たちが歩み続ける限り。

恵み深き主よ、私は痛みや傷つくことは避けられないことを知っています。あなたと共に、終わりまで、耐えることができるように助けてください。アーメン

イエスが山に登って、これと思う人々を呼び寄せられると、彼らはそばに集まってきた。

マルコによる福音書　三章一三節

クリスチャンは無神論者や不可知論者に会って当惑することがしばしばあります。このことは十二ステップの会合では残念ながら明らかです。誰かが神やイエス・キリストの名前を率直に語ることに異義を唱えるとき、私たちはクリスチャンとして落ち着かず、息苦しくなります。しばしば率直な信仰に憤慨する回復途上の人々と正面からぶつかることもしばしばです。祈祷会にいるように信仰の言葉に素直になりたいと願っています。私たちにはできます。その権利を持っています。

幸いにもプログラムの「より高い力、私が――と呼ぶ」という表現の中にこの問題を解く知恵があります。十二ステップのミーティングに出席しているクリスチャンにとっては――の部分に「神またはキリスト」と入れる前からこの句をいつも使うことに大きな喜びであるはずです。私たちは神を選びます。主であり、救い主、高い力としてイエス・キリストを選びます。選択には圧力や強制がなく、全く自由です。イエスは私たちを呼び寄せられます。私たちは近くに集まります。イエスは私たちを強制して来させるのではなく全くの選択の自由を与えました。

なぜ無神論者や不可知論者に同じ自由を与えないのですか。イエスは与えます。もし彼らがいつの日か、空欄を私たちのように埋めることを選ぶなら、それは喜びの出来事になるでしょう。そのときまで、私たちは自分の方法で空欄を埋める権利があるのです。イエスはイエスの名前を空欄に書くように人々を呼び続けています。彼はすべての人、未信者をも愛しています。たとえ彼らがイエスを信じなくても彼らを信じているのです。

主なるキリスト、あなた様のように他の人々、特に無信者に率直で、親切になれるように導いてください。私は率直にあなたへの証人となります、しかし誰に対しても、あなたのことを強いません。アーメン

5月20日

「時は満ち、神の国は近づいた。悔い改めて福音を信じなさい。」

マルコによる福音書　一章一五節

マルコによる福音書は最も早い時期に書かれたイエスの記録であるとたいていの学者に考えられています。マルコはイエスが「神の国は近づいた」、これに続く命令的な要求、「悔い改めて福音を信じなさい」という告知をして彼の奉仕を始めたことを明らかにしています。同じメッセージが私たちにまだ向けられています。イエスは私たちが常に忘れていることを語ります。神はここにおられるといえるほど近くにおられるのです。彼は遠くの天や忘れ去られた昔にはいません。神の国のあるところはどこでも天なのです――それはここであり、今なのです。イエスは私たちが待つ必要はないこと、神の支配や力を探しにいく必要はないことを宣言しています。私たちはすでにそこにいるのです。

これは福音です。しかしそうなのでしょうか。そのように神に近くにいてほしいですか。もし神が遠くにいてくれないいなら、昔の私たちだったら、福音どころか、悪音であったでしょう。イエスは次のように言っているのです。「神の存在と力を伝える福音を信じなさい、しかし初めに悔い改めなさい」と。悔い改めることは変わることです――文字どおり、回って方向を変えることです。同様に、転向することは、ある道から別の道に変わるという意味です（同じように、電気の変流器は交流を直流に変えます）。

嗜癖から回復して新しい人生を生きることは始めから終わりまで変わることを意味します。それは決して終わりません。悔い改め、転向するということは私たちの生活において、物事の配列を変えて、配列し直すことです。神がいま近くにおられるという事実は急な変更をもたらしますか、きっとします。

主なるキリスト、あなたがいかに近くにおられるかを知るとき、私の利己的な道を持ち続けあなたと共に歩くことを拒絶することはできません。どうぞ、私のコースを変え、あなたへの方向に向くことができるように助けてください。アーメン

「わたしがあなたがたを愛したように、互いに愛し合いなさい。これがわたしの掟である。」

ヨハネによる福音書　一五章一二節

5月21日

ヘンリー・ワード・ビーチャーがかつて次のように書きました。「葉に尋ねる。『あなたたちだけで完全ですか』と。葉は答える。『いいえ、私の命は枝にかかっています』枝に尋ねると、枝は『いいえ、私の命は根にあります』と答え、根は『いいえ、私の命は茎や、枝や、葉にあります。枝に葉がなくなったら、私は死んでしまいます』このように、葉は大きな木の存在と共にある。完全にただ一つ一つで存在しているものは何もない」同じように自分自身だけでは完全に回復することはできません。なぜだかわかりませんが、それが機能しないことがわかります。聖パウロは「わたしたちの中には、だれ一人自分のために生きる人はなく」（ローマ一四・七）と言いました。会合に行きたくないし、十二ステップに取り組んだり歩んだりしたくないし、他の人に自分の生活を話したくないかもしれませんが、私たちはそうしなければならないのです。回復するために、回復し続けるためにはそれ以外の方法はありません。神の存在だけに、すがりつくことはできません。一人で回復することはできません。私たちは蜂のようです。養蜂家は一匹の蜂だけを飼育することはできませんが、多くの蜂を飼うことはできるのです。蜂蜜の生産には多くの蜂が必要です。節制と平安の生産のためには多くの人々が必要です。有名な歌手のマリアン・アンダーソンは、「私は行う」の代わりに「人は行う」、「私たちは行う」となぜ言うのかと問われました。彼女は次のように言いました。「人は長く生きれば生きるほど、一人でできることで特別なことは何一つないということに気がつきます。その音楽を作曲した人々、伴奏者が弾くピアノを製造した人、上演を援助する伴奏者など多くの人がかかわっています。どのひとつが欠けても、舞台に出たり、自分で立ったりすることはないのです。——呼吸する空気でさえあなたのものではないのです。だからその『私』というのは本当に小さいのです」回復においても同じではありませんか？

主よ、私の回復を豊かにしてくれる人々に感謝します。十二ステップを与えてくれた人々に感謝します。ビッグブックに書いた人々、私の援助者、グループ、友人、私の生活にかかわる人々に感謝します。アーメン

5月22日

「体は殺しても、魂も殺すことのできない者どもを恐れるな。」

マタイによる福音書　一〇章二八節

十二ステップのグループに所属するある女性がかつて次のように問われました。

悲劇的で、混乱した人生のただ中でどのようにして自尊心と平静を保っていられるのかと。彼女は答えました。

「私はある連携の中にいるのです。私は神と連携するようになりました。私は仕事をし、神は悩みを取り扱うことに同意してくれました。それ以来、悩みはありません。神は契約を守ってくれています。そして私もそうしています」

主よ、どうか私の内面を健康で強い状態に保てるように助けてください。それで私は外の嵐にも立ち向かうことができます。

アーメン

かなり前のことですが、ある船が海で暴風雨に襲われました。恐ろしくなった乗組員たちは風や波にのまれないように体を船上にしばりつけました。突然、甲板の下から何か恐ろしいものが激突するような音が聞こえました。固定してあった大砲がゆるみ、嵐で船が傾くたびに、船の両側にぶつかって竜骨に穴をあけていました。二人の水夫はゆるんだ大砲を安定させるために命の危険をおかし、体をほどき、どうにか下方にたどり着くことができました。その仕事は嵐よりも危険であることを彼らは知っていました。

回復についてもそうです。外の嵐や人生の問題は本当に危険なものではありません。再発、間違い、不安な瞬間は甲板の下――私たち自身の中からくるのです。外側の環境は影響し、私たちを変化させますが、内部からどのように応答するかはもっと強力なのです。私たちはたいていの環境をコントロールできないし、決めることはできませんが、私たちは神への応答を選ぶことができます。

5月23日

「一人の罪人が悔い改めれば、神の天使たちの間に喜びがある。」

ルカによる福音書　一五章一〇節

アトランタにあるリッチデパートは名物になりました。この店についてのお話の一部はその返品に関する方針です。返品を受け入れなかったのはたった一回記録されているだけです。それは小さな男の子が彼の赤ちゃんの妹をフットボールに交換してほしいというものでした。リッチは返品については問わないのです。平均的なデパートの倍くらいは返品に応じます。部分的に変えられた衣服、何年も前に購入されたもの、競争相手から購入されたものさえも受け入れます。寛容さはまだ店の方針です。

十二ステップの方針はそれよりもっと良いのです。神の方針もそうです。質問はされません。口論もありません。領収書も必要ありません。あなたは以前にこの店のお客である必要もありません。店内にいることさえ必要ありません。あなたは何も返品する必要もありません。あなた自身を持ってくるだけですが、代わりに新しい自分を得られるでしょう。

もっと正確にいえば回復は修理屋のようなものです。売るべき商品はありません。実際、何も売るものはないのです。店には新品よりずっと良いリサイクルされ回復した品物があります。ユージン・オニールは『偉大なゴッドブラウン』という本の中に十二ステップの救いについて述べているような個所があります。「人は不完全で生まれてきます。回復しながら生きます。神の恵みが接着剤です。それは今日の神秘です」このことは私たちのようではありませんか？

ああ、救い主、私の返品に応じてください。ああ、癒し主、私を修復しつづけてください。それから他の人があなたを見い出すのを手伝うことができますように。アーメン

5月24日

イエスは彼らの心の内を見抜き……。

ルカによる福音書　九章四七節

ある人が友人を六人無作為に選び、次のような電報を送りました。「すべては知られた。すぐに逃げよ」

　六人はみなすぐさま町から出ました。もしあなたがその電報を受け取ったらどう対応するでしょうか。もちろん神には「すべて知られている」ことを私たちは知っています。イエスが私たちの心を見抜いていることを気づいています。神には明白なのです。多くの人はすべて神はお見通しであると考えたくはないのですが、神は見抜いています。罪意識や良心の呵責による恥と重荷に駆り立てられて、多くは神から逃げたいと思うでしょう。

　しかし神から逃げることは無益です。逃げる場所がありません。以前逃れる道に行ってみましたが、神はそれでもすべてをご存じなのでそれもうまくいきません。私たちは断念するかもしれませんが、とらえられているのです。それではどうなるのですか？　もし神が知っているなら、それからどうなるのですか？　罰せられるのですか？　牢屋ですか？　拒絶ですか？　決してそんなことはありません。神は私たちに自由になってほしいのです。元気になってほしいのです。神は私たちを愛しています。逃げたいかもしれませんが、そうする必要はありません。なぜなら「心に責められることがあろうとも。神は、わたしたちの心よりも大きく、すべてをご存じだからです。愛する者たち、わたしたちは心に責められることがなければ、神の御前で確信を持つことができ、神に願うことは何でもかなえられます。」（Ｉヨハネ三・二〇〜二二）

　そうです、すべての人には罪がありますが、恥にとどまる必要はありません。神は私たちの恥や自己卑下よりも大きいのです。私たちは自らを非難して生きているかもしれませんが、キリストにある神は私たちのやり方に非難をしません。神は苦しめる者ではなく審判者なのです。彼の愛と赦しを受け入れ、自分自身を非難することをやめるとき、自信を持って神と人生に向き合うことができます。

　主なるキリスト、あなたが清めてくださり、あなたの赦しを受け入れることができてありがとうございます。非難を伴わないあなたの愛を受け入れると同時に私へのあなたの判断を受け入れます。

アーメン

5月25日

言葉は肉となって、わたしたちの間に宿られた。……恵みと真理とに満ちていた。

ヨハネによる福音書　一章一四節

　博士号を持つ若い宣教師が経験のある年配の宣教師のところに加わるために、ある未開発地域の部族に遣わされました。この年配者は若い人のために通訳をしなければなりませんでした。新しく到着した牧師は集会で次のように話しました。「真理は絶対でもあり、相対でもあります。福音は絶対でもあり、相対でもあります。福音は絶対的な真理ですが、その適用は差し迫った必要や願望に対しては相対的です」

　年配の宣教師はこの深遠で貴重な言葉を次のように訳しました。「彼はここにいることを喜んでいると言っています」

　どの集会でも、また多くの説教の後でも私たちは複雑な考えに圧倒されるので翻訳が必要です。五〇年もの間、人々は十二ステップに関して説明したり、解釈したり、改善したりしようとしてきました。文字どおり何千もの図書館は福音を理解しようとした本であふれています。それらの根底には信仰、望み、愛というわかりやすい真理があります。

　ありがたいことに、集会や教会で、キリストは「私はここにいることを喜んでいる」と言っています。その考えだけで十分です。私たちのプログラムや信仰では、神にある喜びや神の存在を感じることが恵みです。共にいる人がいることは慰めです。私たちの存在が誰かを喜ばすことは喜びです。私たちの信仰、希望、愛を励ます人々のグループの中にいることは、喜びです。集会で歓迎されることは喜びですね。教会でのそのようなもてなしは喜びですね（もしそうでなければ、キリストは不在かもしれません）。

　私の友であるイエス様、あなたが私と共にいることを選んでくださり、私と共にいることを喜んでくださることはなんと感謝でしょう。アーメン

5

5月26日

さらに、イエスは言われた。「あなたたちは自分の言い伝えを大事にして、よくも神の掟をないがしろにしたものである。」

マルコによる福音書　七章九節

ある人はリバイバルの集会に行くことが好きでした。立ち上がって、証をすることが好きでした。過去の罪ある生活を公にして、何度も何度も証をしました。彼はすべてのことをしました。嘘、騙《だま》し、盗み、麻薬密売、刑務所暮らし、すべての十戒とさらに他の罪を犯しました。彼の長い悪行の話の後に、微笑んで次のようにいうのが彼の習慣となりました。「そのような不道徳な年月の間、決して信仰を失うことがなかったことを神に感謝している」

彼の信仰とは何なのだろうかと不思議に思わざるを得ません。罪が何であろうと、それは彼の信仰よりずっと楽しく、おもしろかったのです。

時々、悪行の列挙は私たちの主なる日常の習慣的行為やしきたりになります。イエスは私たちには「神の十戒をないがしろにする良い方法がある」ので、それが習慣を持続させていると言いました。聖ヤコブは私たちの間違った興味に注意を払わないで、奉仕に焦点を当てながら、真の信仰を全く異なった方法で定義します。

神と父の前に純粋で確固とした信仰はこれです。

「孤児、やもめが困っているときに世話をし、世の汚れに染まらないように自分を守ること、…。」（ヤコブ一・二七）

キリストは愛の行為を信仰と同じように測ります。行うことは、言ったり思ったりすることと同様に重要です。どのような行為を行うかが信仰です。私たちのグループや回復途上の仲間と共に歩む十二ステップによって、私たちを魅惑するものを断つようになります。それは話すだけでなく行動するように招きます。最も良い格言の一つは「話を話す」のではなく「歩みを歩きなさい」です。本当に私たちはキリストによって「話を歩く」ように呼びかけられています。

主よ、私のグループの生活を話したり楽しんだりすることから関係を断ち、もっとも私を必要とする人々のところへ行き助けることができるように導いてください。アーメン

「すると皆、次々に断った。」

ルカによる福音書　一四章一八節

偉大なクリスチャンの哲学者のキエルケゴールがかつて生き生きした比喩を用いて教会を説明しました。それは回復途上の人々に関する説明ともなりえます。それはパロディ（滑稽化した作品）ですがその中に真実があります。彼は私たちをガチョウのガーガーという鳴き声に例えています。私たちは教会にまたは集会に集まります、神がどんなに私たちを愛しているかを聞きます、頭を垂れます。敬虔な言葉やキャッチフレーズに賛同します。神が新しい命、新しい力、翼を与えてくださることを聞きます。「アーメン」と言ってうなずきます。キリストにある「新しい存在」、翼をいかに使って飛び、使命を成し遂げるかということを聞きます。「何と真実なのだろう」と納得します。霊的なメッセージにわくわくします。それから大きな食事のところに行き、聞いた素晴らしい言葉や、これからの日々の一日のためにいかに翼を使いはじめるかを話しながら座ります。

「間もなく第四と第五のステップに行かなければならない」と言います。「これからスポンサーを見つけなければならない」「まあ、第六、七、八、九ステップはきっと難しいわ。プログラムにもっと時間を持てるようになるまで待ったほうがいいわ」聞き覚えがあるでしょう？　残念なことにキエルケゴールの物語はさらに続きます。新しい翼で行動せずに霊的な言葉を食べ続けたら、「太り、水分が多くなり、屠殺され、市場で、一ポンドいくらで売られるのです」

キリストにある回復は非常な努力を要します。私たちは戦いをしています。病気と健康と、生と死の競技会です。翼がもっと上げられ、もっと力を得るために訓練し努力するチームに属しています。気楽に過ごし、飛ぶ力や戦う意志を失うための家畜を太らせる飼養場にいるのではありません。どうするかは私たちの選択にかかっています。

主よ、どうぞ、あなたの言葉で私を奮起させてください。しかしあなたのプログラムで、日々それを実践し、実行できるように変えてください。アーメン

5月27日

5月28日

「そのように、あなたがたの光を人々の前に輝かしなさい。人々が、あなたがたの立派な行いを見て、あなたがたの天の父をあがめるようになるためである。」

マタイによる福音書　五章一六節

新しい説教者が町にきました。彼はとても若いけれど、聡明な人でした。彼は最初の説教をする礼拝にわくわくしていました。次の日曜日、みんなが次のメッセージを聞きにやって来ました。彼らは前と同じ説教を聞いて戸惑ってしまいました。次の二回の日曜日も同じことが起こりました。とうとう、役員会はその説教者を呼んで説明を求めました。「あの説教だけしかできないのですか」と尋ねました。説教者は次のように答えました。「いいえ、私はもっといくつか説教の用意がありますし、さらに取り組んでいますよ。しかしあなたがたは最初のことをまだ何もしていません」

　最も重要なことは繰り返して言うことです。私たちは何度聞いても決してそのメッセージを理解しないということは驚きです。回復のプログラムは生活で繰り返しながら行うのです。実践が学ぶ最良の方法だということを私たちは知っています。最近の雑誌にあったマンガにはいく人かの親が息子の音楽への新しい努力について議論しているところを描いていました。「もういいよ」と怒った父親が叫びます。「彼は大きくなったらチューバの演奏者になるだろうよ。でも彼はレッスンを受けに行かないのかい？　彼は練習する必要がないのかい？」

　いかに多くのクリスチャンが彼らの日課の学びを知っていて、実践を怠っているかは驚きです。私たちは言語に強く、行動に弱いのです。回復は継続的な学びや行い、行いとさらなる学びによります。繰り返し行い、改善し行う、実践的に行動するグループにいるのです。一日に一度を繰り返すのです。

　主よ、聞き、学ぶことを私に教えてください。私が聞いたことを実践できるよう、導いてください。アーメン

「誰でも高ぶる者は低くされ、へりくだる者は高められる。」

ルカによる福音書　一四章一一節

ある牧師が日曜礼拝の報告欄のトップに、標語として「生きることは競争ではなく愛である」と印刷しました。

その日の午後、彼の電話は鳴り続けました。怒って電話をかけた人々は皆この非現実的で世間知らずの言葉に文句をつけました。「あなたは思い違いをしており、間違っています」と。「はっきり言って、生きることは競争です。そしてあなたはそのような感傷的なたわごとにふけりながら人生を安易なものにしているのです。実際の世の中はわれがちの戦いであり、最も能力のある人たちが生き残れるのですよ」

自分をクリスチャンと呼ぶ多くの人々は生きることは愛であると現実には思うことができないでいます。競争というのは彼らが行うゲームの名前です。しかしイエスはその競争の道を歩みませんでした。イエスは自己中心的な努力や支配から離れるように私たちを呼び出しました。他の人に譲り、一番ではなく最後になるようにと彼はとてもはっきり言いました。イエスの言うことが最も非現実的に聞こえるときでも私たちはイエスに聞き従うべきです。

速い車線にいる人生とはどのようなものでしょうか。トップまでのなみならぬ道はどのようなものでしょうか。かなり、神経質になり不安を感じたりするでしょうね。潰瘍《かいよう》、心臓病、脳硬塞《のうこうそく》、癌《がん》でさえも競争や前進する力からきたストレスの結果なのです。他の人を勝たせる道を歩むことが上手にでき、時々前進し、忍耐、思いやり、愛を生きることなどからどんな結果がくるかがわかるでしょう。実際にきちんとした科学的な研究は協力によって物事をより良く、より速く成し遂げられるということを証明しました。平等で尊敬し合うことがよりよく働くということを私たちは回復において知っています。多分イエスもまた、それほど非現実的ではないのです。

イエス様、私が一番になるために緊張し、他の人々から離れて盲目的な競争するのではなく、私に愛の人生を生き続けさせてください。アーメン

5月29日

5月30日

「わたしの軛《くびき》は負いやすく、わたしの荷は軽いからである。」

マタイによる福音書　一一章三〇節

あるユダヤ教の先生が、モーゼは大した指導者ではないと宣言して集会に集まった人々を茫然とさせました。この言葉は注意を引きました。このラビは説明を続け、「もし、モーゼがエジプトから人々を脱出させたとき、左ではなく右に曲がったなら私たちには石油が手に入ったでしょうに、しかし彼らには砂漠が待ち受けていました」

もちろんこれは聴衆の注意と興味を引く工夫でした。モーゼは偉大な指導者でした。たぶん彼は世界で最も立派な指導者の一人であったでしょう。それはそもそも彼が人々を砂漠の荒野に導いたからなのです。神が見い出されたのは砂漠でした。神の教えが明らかにされたのは荒涼とした岩山の荒野でした。神を信じる人々が形成され、強められ、一つとされたのは四〇年間の艱難《かんなん》と放浪を通してでした。イエスも又、力と目的を見出したのは砂漠の荒野でした。

このことは私たちにとっても真実です。私たち自身の個人的な荒野、渇いた場所、不毛の生活はしばしば啓示、洞察力、力、勇気を生みます。私たちにとって、物事がたやすく、うまくいくときには、神を見失うかもしれないし、苦難のときに見い出す霊的な深さに届くことができないかもしれません。西洋文明がより豊かになったときに、より霊的ではなくなったということがしばしば言われています。安易なときは安易な目標を作ります。福音や十二のステップは骨の折れるものですが強さを生みます、しかし両方とも思いやりのある愛を強めさせます。信仰や回復の強さは柔らかい弾力のある綱のようであり、硬くてもろく、粗い鎖ではありません。キリストは私たちにやさしい軛《くびき》――強くて優しいくつわ――を共にするように呼びかけています。すべての私の過去の砂漠や不毛の場所を感謝します。

主よ、どうかあなたの助ける手がどこにでも見い出せるように助けてください。アーメン

5月31日

イエスは起き上がって、風を叱り、湖に、「黙れ。静まれ」と言われた。

マルコによる福音書　四章三九節

ヘンリ・ナウエンはクリスチャン作家で私たちの霊の泉に深く貢献しました。騒がしい世の中の性質に対して次のように言っています。

静寂が常である時代があり、騒音は私たちをかき乱すものでした。しかし今日では騒音が普通の状態です、そして不思議なことに本当に静寂がかき乱すものとなりました。静寂の音に耐えられないというべきでしょう。

私たちは騒音公害に囲まれています。ステレオ、テレビ、警笛、ジェット機、芝刈機、チェーンソー、あらゆる種類の人々や機械から発せられる音です。私たちは騒音に慣れています。会社にでさえバックグラウンドミュージックがあるかもしれません、音楽をよく聞かせられるのです。聖なる静寂が包むべき神聖な場所の教会の礼拝では音楽が多すぎ、前奏、後奏が静かな時を占めていなければならないのです。

世界の偉大な宗教の三つが中東の音が全くない砂漠で始まったことを知ることは賢明です。イスラエルはシナイで神を見い出しました。モハメッドはアラビアで。イエスもパウロも砂漠へ行き神の声を聞き、神を知りました。偉大な修道会ではまだなお沈思の時に神を見い出しています――内の静かな小さな神の声の中に。

外の喧騒《けんそう》や騒動がないときは、鳥たち、風、昆虫などのより柔和な音が聞こえます。そして魂の音も。回復は私たち内部の神への敏感さをも取り戻します。しかしもし私たちの周りのすべてに雑音や騒音がある状態では、平安なささやきを聞くことができないのです。

救い主よ、私が静かに、沈黙し、あなたの柔和な声に敏感になれるように助けてください。アーメン

判断

Judgement

ある男性が夜遅く運転しているときに、ヒッチハイカーを乗せてしまい、馬鹿なことをしてしまったと思いました。彼はひどい間違いをしてしまったと思い、思わず自分の財布を探しましたが、ポケットにはなく、ダッシュボードに入れたのかと思いましたが、そこにもありませんでした。ヒッチハイカーが取ったのだと思い、車を道路脇に止めて、財布を返せ、車から降りろと叫びました。驚いたヒッチハイカーは札入れを渡し、その運転者は走り去りました。

帰宅して、彼は妻に未遂に終わった泥棒の話を始めましたが、妻は「今朝、あなたは財布を家に置き忘れたわ」と彼の話をさえぎりました。

かわいそうなヒッチハイカー。間違って非難されたり、誤った判断をされたりするのはよくあることです。私たちはすぐに誰かに罪をなすりつけます。私たちの多くは誤解されたことがあります。少なくとも二つのスローガン「ゆだねて生きる」こと、「神の憐れみで私は生きられる」ことに気づきます。それによって他人や自分に残酷な判断をしないようにできるのです。お陰で、このような間違いは多くの場合、謙虚に誤解を認めることによって訂正されます。早いほどよいのです。間違いを認めることは簡単ではありませんが、それは回復への鍵である謙虚さ、正直さへ至る関門です。誤った判断をしたことに対し罪を認めれば私たちの魂は洗われ、その過程において新しい友を得ることができます。

兄弟の目にある梁を見て自分の目にある丸太を見ることができないことをイエスは気づかせます。イエスは言っています。「裁くな、あなたが裁かれないために」と。

他を非難し、自分を優れていて正しいと決めつける私たちの傾向は大きな傷や破滅の原因になることをイエスは知っています。早まった判断や偏見は最も危険な害を及ぼすものです。

6月1日

イエスはこれを聞いて言われた。「医者を必要とするのは、丈夫な人ではなく病人である。わたしが来たのは、正しい人を招くためではなく、罪人を招くためである。」

マルコによる福音書　二章一七節

多くの人にとって、キリストにある回復は、無力の状態のまま病院のベッドに寝て、医師や看護師の慈悲を受け入れるようなものでした。絶望的な病気になったときは、彼らの介護を受け入れます。「ほんの検査入院」の時は、かなり頑固で、非協力的でしょう。無力で恐れているとき、何と従順になるかは驚くべきです。

荷が重すぎる時、誰かに手伝ってもらっても平気です。悲しいことに、多くは長く待ちすぎたことです。病気であるという事実に気づく前は、寝たきりの病人になる必要はありません。ますます多くの人々が、ますます早い段階で援助を求めたり、依頼したりしています。感謝すべきことに、回復途上の人々の平均年齢はすぐに三〇歳以下になるでしょう。

次のようなことは戸惑うような事実ばかりです。‥私はコントロールできない。私は病気だ。私は愚かだ。私はわがままだ。しかし病気、愚かさ、うぬぼれを認めながら、全く無力になる前に本当に良くなりたい外来患者として十二ステップとキリストに自分を引き受けてもらうことができるのです。あなたが癒しの友の熟練した手に明け渡すとき、その信頼が癒し始めるのです。

偉大なる内科医である神様、私はあなたのお世話や、十二ステップの回復プログラムに完全に自分を従わせます。アーメン

6月2日

イエスは涙を流された。

ヨハネによる福音書　一一章三五節

ある有名な昔話は、深く絶望し、疲れ果て、体力的にも弱り果てたラビのことを書いています。ヨム・キプル、すなわちキリストの贖罪《しょくざい》の日が近づいていました。これは悔い改めと修復のための最も聖なる日でした。毎年のようにイスラエルの罪が洗われ、その弱さが癒される日でした。神父が訪れて「あなたは何か改める必要がありますか」と叫んだとき、その悲しいラビは入口に立っていました。ラビはそれを神の声のようだと言い、すぐに彼自身が修復されなければならないとわかりました。自分が癒しを必要だということをわからないでいることがよくあります。一度気づくと、助けを求め始めることができます。しかし気づくだけでは十分ではありません。助けられること、他の人も助けられていること、希望があることを知る必要があります。私たちは一人ではありません。

かつてある精神科医が自殺を数回試みた十代の患者を、絶望的な人々を演じる悲しい劇に連れて行きました。彼の友人が尋ねました。「このかわいそうな女の子はすでに恐れや悲しいことでいっぱいなのに、このような希望もない、絶望的なドラマになぜ連れて行くの?」その医師は言いました。「この悲しいドラマは患者の心を開いたのですよ。あの夜、彼女は劇場から出るときはまるで踊っているようでしたよ。彼女は他の人も彼女と同じであることをとうとうわかったのですよ。もし、彼女を元気のよいミュージカルに連れて行ったら、彼女は望みのない絶望へとさらに沈んでいってしまったでしょう」

回復がそのようなものであることは不思議ではありませんか? 私たちの周りにいる快活で、元気よく、楽しい人は本当に私たちを意気消沈させるのです。彼らはとても現実とは思われないからです。十字架の涙や悲しみや、プログラムで痛みを分かち合えた経験は私たちを引き上げ、命へとつなぐ癒す力を持っています。

聖なるイエス様、あなたの涙や苦痛は、私が悲しみ苦しむ時にあなたにより近づけてくださいます。私は決して一人で泣かないことを知っています。アーメン

召されたときに奴隷であった人も、そのことを気にしてはいけません。自由の身になることができるとしても、むしろそのままでいなさい。

コリントの信徒への手紙一　七章二一節

ウィリアム・ブースは救世軍を創設しました。そのために彼は名誉を与えられ、称えられるべきです。なぜなら救世軍はこの世における神の慈悲とやさしさの真の力だからです。ブースさんは八〇歳の時に彼の成功の秘密を問われ、次のように語りました。

その秘密を語りましょう。神は私についてすべてを把握していました。私よりも偉大な頭脳を持つ人々や、より大きな機会に恵まれた人々もいました。しかし私がロンドンの貧しい人々のことを心に思い、イエス・キリストがロンドンの貧しい人々に何をしてくださるのかというビジョンを持った時から、神はウィリアム・ブースのすべてを用いてくださるということがわかりました。もし今日の救世軍がいかなる力でも持っているなら、神が、神を崇拝する私の心、私の意志の力、私の生涯のすべてをとらえたからです。

神は私たちに偉大なことを創造する力を持っています。ウィリアム・ブースのような人々の偉大さと、人生において彼らが実践する力は神への心からの服従からきています。

私たちが、受け入れ、コントロールできない生活を神にゆだねる時、私たちは神の偉大さに本当に近づいています。そうです。神は私たちを癒すでしょう。しかし、もし私たちが真に「心から行う崇拝と、すべての意志力と、生活のすべての力」を神に差し出すならば、神は癒し以上のものを成し遂げるでしょう。神は私たちを驚かせる方法で、神の目的のために私たちをお使いになります。すべてこれらは私たちの服従からきています。すべてこれは私たちの降伏からきています。それは真実です。神の奇跡は神に心から従う人によってなされるのです。

ああ、主よ、私は自分自身を完全にあなたに捧げます。私をあなたがなさりたいようにお用いください。アーメン

6月3日

●6月4日

もっと豊かな恵みをくださる。それで、こう書かれています。「神は、高慢な者を敵とし、謙遜な者には恵みをお与えになる。」

ヤコブの手紙　四章六節

誰が真に霊的な人でしょうか。誰かが言いましたが、真に謙遜な人々は真に霊的であると。しかし、どのようなことが謙遜でしょうか。あなたが真に謙遜である時、あなたは謙遜であることを例外なく気づいていないでしょう。またあなたが、霊的である時、内にある霊について自分では意識してないでしょう。自分の謙遜さを手柄にする人はすぐさま謙遜さを誇りにするでしょう。あり得ないことです。神がその人の中に住んでいれば、どんな才能を持っていることも否定する自然さ天真爛漫さがあります。

真の聖徒は率直です。正直さと謙遜さは考えや努力なしに存在しますから、気づかずに、見せようともせずにそれらの存在がわかるのです。誇りや破壊的な病から回復するとき、私たちが求めているものは自己正当化や自己救済ではなく神であることがわかります。神は私たちの病気の唯一の答えです。神は私たちが使う偽り、たくらみ、思い上がった策略を取り替えなければならないのです。神だけが私たちの偽善や不正直を追い払うことができます。神だけが私たちの自己中心を神の愛の人生に取り換えることができるのです。神が支配する時、自己への関心の感覚を失い、意志を言い張ったりする必要がなくなるでしょう。そのとき、謙遜になるでしょう。しかし私たちにはわからないし、それはどうでもよくなります。私たちはキリストのためにだけ生きるようになるでしょう。

素晴らしい十字架を仰ぐ時、
若き栄光の皇子が亡くなられた場所で、
最も豊かだと思っていた利益を損失と思い、
誇りのすべてを価値のないものと感じる。
もしこの世界が私のものであったとしても、
それはとても小さな供え物。
愛こそはとても素晴らしく、神聖であり、
私の魂、私の命、私がすべて求めるもの。（一九四〇　讃美歌集）

ああ、主なるキリスト、私をあなたの霊に溶け込ませてください。そうすればあなたは私の全てになります。アーメン

6月5日

『私どもは取るに足りない僕です。しなければならないことをしただけです』

ルカによる福音書　一七章一〇節

有名な福音伝道師のビリー・サンディはかつて問われました。「地獄へ行くためには何をしなければならないのですか」と。ビリーは答えました。「何もしないことです」

ある政治家が、選挙で負けた後、彼の支持者に言いました。「私には選挙に行かなかったすべての良い人々がしっかりした私の支持者でした」

私たちは「もの言わぬ大衆」とか、関係の無い隠れている人という言葉を聞きます。「怠惰は悪魔の仕事場だ」という古い諺を聞いて心にとめることが重要です。回復は能動的なプロセスです。今日、私たちは「回復しつつある」のか「回復した」のかどうかについての議論を耳にします。現実は両方です。私たちは真に良くなっていて少しずつ回復しており、振り返ることができ、「回復した」ということができます。しかしまだ多くのことがなされなければなりません。回復するためには、常に、より多くのことが必要です。その意味で私たちは常に「回復しつつある」のです。それは生涯の仕事です。

もし私たちが「回復しつつある」から、より良く「回復した」と考えれば、気をゆるめられるとか、何もしないでいられると思うのは勘違いでしょう。この種の自己満足は間違いの主なる要因です。うぬぼれてはいけないのです。十二ステップは決して完全には成し遂げられないのであって、いつも私たちの前方にあります。キリストの福音は決して完全に実現されません。しかしいつも私たちを日ごとに新しくイエスに従うように呼びかけています。

親愛なる救い主へ、回復はあなたからの救いの贈り物です。私が救われており、今も救われつつあること、そして未来においても救われるであろうことを知ることができるように導いてください。また私は回復しており、回復しつつあり、未来においても回復し続けることを理解できるように助けてください。

アーメン

6月6日

つまり、神はキリストによって世を御自分と和解させ、

コリントの信徒への手紙二　五章一九節

ある刑務所の牧師が死刑囚の受刑者を定期的に訪問していました。死刑宣告を受けた男は二時間後に死ぬことになっていました。牧師は死刑囚の前に座りました。二人とも黙ったままでした。その時、囚人は牧師の顔に唾を吐きかけました。牧師は座ったままで一言も言いませんでした。とうとう彼はその囚人に「もっと唾はないのですか」と言いました。その男は驚いて牧師を見ましたが、泣き出しました。彼らは最後まで一緒にいました。次の二時間のあいだ一人の強情な神の子供は神の腕に戻る道を見つけました。そして牢獄から解放され、神に和解され、癒されることを知りました。

　偉大な心理学者が人生を二つの大きな力が働く過程であると述べました。神と悪魔です。裂くもの、粉砕するもの、引き裂くもの、ばらばらにするもの、引き離すものは何でも悪魔です。神御自身の愛、癒し、修復、回復、参加、離れているものを合わせるものは神です。この神の修復は和解と呼ばれており、回復への通り道なのです。第七、八、九のステップは和解への修復ステップです。それらは回復の最も高い段階を構成しています。なぜなら私たちは離ればなれになったものを一緒に元に戻そうとしているからです。私たちはキリストの十字架の力強い癒しを経験します。そして神の克服する愛を通して無傷の人になるのです。

　救い主よ、あなたは私たちに和解の奉仕の仕事を与えてくださいます。私が神との和解に奉仕できますよう、導いてください。アーメン

6月7日

イエスは縄で鞭を作り、羊や牛をすべて境内から追い出し……。

ヨハネによる福音書　二章一五節

ある気性の激しい女性が死にました。彼女の棺が墓地に降ろされたとき、突然嵐が起こりました。風はヒューヒュー吹き、稲妻が光り、近くの木に落ちました。彼女の夫はすぐに天を見上げて、「彼女が到着したのだ」と言いました。

回復途上で私たちは怒りについて警告されています。怒りが問題になることはこの世では疑いもありません。怒りはまた、恵みにもなり得ます。怒りは私たちを動かすことができます。怒りは私たちを呼び起こし、行動にかりたてます。

そのエネルギーは大きな力を持っています。怒りが私たちをかり立てるとき、行動します。しかし、問題は怒りのエネルギーではありません。それがどのように表現され、行動に移されるかということです。クリスチャンはキリストの福音に合う方法で怒りを示すべきです。不正、不道徳、悪、浪費に対して怒る権利のすべて――義務さえも持っています。これらの悪に対する正義の怒りを抑えることは信仰表現の怠慢になるのです。

聖パウロはエフェソの信徒への手紙四章二六節で怒りについて三つのことを述べています。初めに「怒りなさい」と言っています。そうしなさい、怒りを感じなさい、奮起しなさい。それはオッケーです。しかし、次に彼は「罪を犯さないように」と付け加えています。罪深く、残酷で、非キリスト教的な方法であなたの怒りを表してはいけません。最後に、「日が暮れるまで怒ったままでいてはいけません」と言っています。あなたの怒りが一日を終える前に解決され、使い果たされるように確かめなさい。蓄積された怒りは敵意になります。怒りは保たれません、それはミルクのように腐ります。それはためられると怒りと憎しみの腐った酸になります。回復への良いアドバイス――私たちの生活に酸は必要ありません。

聖なるイエス様、あなたが深く愛するとき、あなたは深く怒られます。あなたが心にかけていることと同じことに怒ることができるように教えてください。アーメン

6月8日

御旨を行うすべを教えてください。あなたはわたしの神。恵み深いあなたの霊によって安らかな地に導いてください。

詩編 一四三編一〇節

回復するには教育が必須です。しっかりと回復している人は誰も読み手であり、聞き手です。十二ステップ、私たちの文学、会合、聖書は学びの源です。本、講義、テープ、研修会、テレビ、映画もまた効果のある活動です。学ばなければ、回復しません。真の幸福は見い出せません。ティモシー・ドワイトは次のように言いました。

最も幸せな人は最も興味深い考えをする人だ。教育は富を増やさないかもしれないが、人生を豊かにする。それは心を豊かにし、幸福をもたらす。

回復途上の人は興味深い心を持っています。回復途上の心は満たされていなければならないのです、空っぽの心は退屈し、怠け、弱まるからです。しかしながら、回復途上の心は訓練されています。訓練を表すディシプリンという語はディサイプル(弟子)という意味の語からきています。キリストに従うディサイプル(弟子)として十二ステップのディシプリン(訓練)に従います。十二ステップは健全な学びに満ちていて本物であると証明されたプログラムです。十二ステップのディサイプル(弟子)として、神の霊に導かれ、私たちは神の意志を教えられます。そして私たちは最終的に真っすぐに、安定し、強く立つことができる「平坦な道」に導かれます。

学びの主よ、私があなたに従うとき、いつも心が興味深い思いで満たされるように助けてください。アーメン

6月9日

『あなたがたはあなたの隣人を自分のように愛しなさい。』

マルコによる福音書　一二章三一節

ニューヨークに住むソーシャルワーカーが回復途上の依存症の人たちのための社会復帰施設を始めました。ある婦人から手伝いたいという申し出がありました。彼女の手紙には、自分が多くの欠点があると告げたうえで、それでも受け入れてもらいたいと書いてありました。そのソーシャルワーカーは返事を書きました。

親愛なる方へ

今のあなたは本当に短所が多すぎます。あなたは自分を愛せない上、それにあなたの短所が加わることになってしまいます。あなたは誰かを愛する前にもっと自分を愛することを学ぶようアドバイスします。

表面的にはソーシャルワーカーの返事は残酷で拒否的なようにみえますが、それは同情的な知恵にあふれていました。疑いもなく良い目的と低い自尊心を持つ他の人たちがこのソーシャルワーカーの通ってきた道に訪れていました。回復において、しばしば言われています。「あなたが自分を愛せなければ、本当に他の人を愛することはできない」と。もし私たちが愛を持っていないならば、どうしてそれを与えることができるでしょうか。欠点を取り除くことが自尊心への道ではありません。欠点があるにもかかわらず私たちを愛する神を受け入れることです。私たちが愛されていることを知るとき、自分を愛することができ、他の人をも愛することができるのです。空っぽのタンクは他を満たすことはできません。回復においては他の人の回復にかかわる前に自己の回復に取り組むことが必須です。最初の十一ステップは十二ステップに至る前に必須です。誰かの問題に取り組む前に私たちは態勢を整える必要があります。そうでないと私たちは持たない富を共有しようとする物乞いです。

愛の主よ、わたしのためのあなたの愛を受け入れることができるように助けてください。そして自分自身を愛することができますように助けてください。それで私は自分の豊かさを他の人に与えることができます、私の貧しさを他の人に負わせないように。アーメン

6月10日

「わたしに従いなさい。」その人はこの言葉に気を落とし、悲しみながら立ち去った。たくさんの財産をもっていたからである。

マルコによる福音書　一〇章二一～二二節

ある若者が公園を歩いている美しい女性を見詰めていました。彼は後をついて行きました。女性は立ち止まり、彼に問い詰めました。「なぜ私の後をつけるの」「あなたがとても美しいからです。あなたに恋しています。あなたが私の恋人であればいいのにと思っている」

　これに対し、彼女は答えて、「しかしあなたは私よりずっときれいな私の姉を見るために後ろで見ていたのでしょう」

　その若者はすぐにあたりをきょろきょろ見回しましたが、誰も見えませんでした。「君は僕のことをからかったね」と言いました。彼女は答えました。「もしあなたが私を好きになったのだったら、なぜきょろきょろしたの」

　それはちょうど、私たちのようではありませんか。私たちはあちこち見たりする目や、衝動的な欲求を持っています。絶えず祈ることを約束した後ですぐに目の前を通って行く魅力的なものを振り返って見るのです。キリストに従う約束はどうなのですか。十二ステップを歩く約束はどうなのですか。会合に出ることは？　無力な人を助けることは？　確かに、そのときはそのつもりでしたが、注意をそらされるのです。何か他のものがより良く見えるのです。

　神は私たちが、気まぐれで、弱く、すぐに道に迷うことを知っておられます。神は私たちが踏み外したり、何も精力を使わずに過ごしたり、さ迷ったり、隠れたりすることを知っています。だから神は新しい二四時間をくださるのです。再び始めからやり直すことができます。神への約束を新しくしなおし、再びこのプログラムへゆだねることができます。毎回、私たちは再出発し、力を得て決意することができます。忠誠と愛は成長し、気まぐれは一日に一度は消えていくのです。

　主なるイエス様、私を十二ステップの道へしっかりつなぎとめてください。もし迷ったら、日ごとに私を引き戻してください。アーメン

「狭い門から入りなさい。滅びに通じる門は広く、その道は広々として、そこから入るものが多い。」

マタイによる福音書　七章一三節

6月11日

ある男が死んで、次の世で目を開いたという物語があります。彼が見たものは地上のものよりはるかに美しく贅沢なものでした。彼の希望と気まぐれな願いはすぐさま実現されました。彼が唯一しなければならなかったことは、欲しいものを考えることだけでした、そうすると侍者が現れて彼の願いをかなえてくれるのです。しばらくすると、彼は落ち着かなくなり、退屈しました。「もしたった一つでも違ったことが起こればいいのに」と独り言を言いました。「一回でもいいから断られたらいいのだが」とうとう単調さは耐え難いものになりました。

彼は侍者を呼び出して言いました。「努力しなければ得られないものが欲しい」と。「すみません、それだけはここで与えることができないのです」と侍者は答えました。

「よろしい、それではここから出してくれ、地獄に行ったほうがましだ」とその男は言いました。それに対して、侍者は言いました。「あなたはどこにいると思っているのですか。ここは地獄です」

簡単な方法は地獄、甘やかされた子供たちのための場所です。すぐに得られる満足感やインスタントな喜びへの道は刑務所です。私たちは創造し、働き、成し遂げるために創造されています。退屈さは私たちにとって地獄のようなものです。

十二ステップは本当に易しいものではないのです。クリスチャンの訓練の道は、また努力を要する取り組みです。信仰における回復は決して安楽椅子ではありません。私たちはステップを学ぶことや愛のために働くことが求められています。それは天への道です。

イエス様、ありがとうございます、愛の働きや成し遂げるための大変な仕事を与えてくださりありがとうございます。退屈さと怠惰から私たちをお救いください。アーメン

6月12日

「信仰の薄い者たちよ。」

マタイによる福音書　六章三〇節

精神的に健康な人は不確かなことや変化に耐えることができると心理学者は言っています。わからないことや予期しない出来事に順応しながら生きる力は、生存のための強い手段です。精神科に入院している人々は答えられない質問があると生きられないのです。彼らはすべてのことに関して正しい答えを持たなければなりません。彼ら自身で想像の世界を創造しなければならなくなったとしても。

不確かな状態で生きられことは霊的に健康であることの証明でもあります。これが信仰と呼ばれます。ヘブライ人への手紙の著者は信仰を「信仰とは、望んでいる事柄を確信し、見えない事実を確認することです。」（ヘブライ一一・一）と定義しています。信仰は神の摂理と配慮への信頼です。

「私は神様がなさっていることを知りませんが、それがどんなものであれ、それは良いことだと信じています」と宣言する態度なのです。クリスチャンは答えを必要としていません、なぜならキリストにある神の存在と愛があるからです。私たちの無知と混乱のただ中で、慰め、安心させるために神がともにおられる時、どうして答えが必要でしょうか。私たちは強く安全な親の腕に抱かれている小さな子供のようです。すべて知る必要はありません。大丈夫です。永遠の腕の中で休むことができます。満ち足りています。

回復途上のクリスチャンは米国政府が行っている一〇年ごとの人口調査のためにやってきた調査員が話した年老いた婦人のようです。その老女は答えました。

「ああ、あなた、私にはわからないわ」

私たちはどのように回復するのか知る必要はありません。ただ、回復するのです。

イエス様、わたしのためにとても多くの思いがけない贈り物をあなたは貯えておられます。あなたが私と共におられる限り、私はそれらを受ける用意ができています。アーメン

現在の苦しみは、将来わたしたちに現されるはずの栄光に比べると、取るに足りないとわたしは思います。

ローマの信徒への手紙　八章一八節

travel（旅する）という単語はフランス語の「苦しむ」が語源であることを知り興味を持ちました。英語の travail（労苦）も近い意味があります。ある旅は苦労になりえます。持ち物、列に並ぶこと、機内や車内の混雑、セキュリティや税関を通り抜けること、時差ぼけはもちろん、困惑、胃腸の不調、痛む脚。旅には必ず苦しみがあります。しかしその価値と利点を知る人にとって、苦しみはすぐに忘れ去られます。目的地に到着すること、新しい発見をすること、喜ばしい出来事や人々に会うこと、これらのすべては満足と楽しみに加えられます。

十二ステップは旅です。クリスチャンの信仰は巡礼です。キリストにある回復は苦しみに満ちていますが、それは王道を歩むときに見いだす喜びに比較したら何でもありません。イエスは彼の復活へ導かれるカルバリーへの十字架の道をつまずきながら歩きました。私たちには同じ日程が割り当てられています。

回復には危険が伴いますが、それはもう一つの選択である暗黒にとどまることを否定することです。私たちは困難な道にいて、旅は大変ですが、それは命の光へと導いてくれるのです。

主よ、そして共に旅する仲間たちよ、たとえ苦しんでも、あなたの道にあなたと共にいさせてください。あなたと共にいてもう到着しています。アーメン

6月14日

「しかし、先にいる多くの者が後になり、後にいる多くの者が先になる。」

マルコによる福音書　一〇章三一節

ある作家がかつて書いた本がとても評判になりました。一〇年後、彼は改訂版を出版することにしました。新しい本が出たとき、序文を次のように変えただけでした。

この版で単語のis（です）があればそれをis not（ではありません）に変えてください、そしてis notがある場合はそれをmay be（恐らく）、またはperhaps（たぶん）、またはGod knows（神のみぞ知る）に変えてください。

人々は変わります。しかし変化は避けられないにしても何かは変わらないままでいます。

福音は永遠です。十二ステップの回復の道程は五〇年前と同じように今日でも良い道です。人々はさまざまに変化するかもしれませんが、神の癒しの愛は私たちと共にいて変わりません。神は私たちにもっと近づくためにアプローチや方法を変えるかもしれませんが、神の目的はいつも救いと愛です。変わる世の中についてあまり自信を持つことができませんが、愛については確信できます、特にイエスの愛は。もし神が変化をもたらすなら、それは良いことにちがいないと確信することができます。たとえそれがわたしたちに必ずしも良いと感じられないことも。神が何を変えておられるのか、どのようにして私たちは知れるのでしょうか。イエス様に尋ねなさい。

主なるキリスト、あなたの変わらぬ愛で、あなたは人生を変えるように私を突き動かしてくださいます。私をあなたの愛の要求に注意深く、従順にさせてください。アーメン

そのとき、人々は自分自身を愛し、金銭を愛し、ほらを吹き、高慢になり、神をあざけり、両親に従わず、恩を知らず、神を恐れなくなります。

テモテへの手紙二　三章二節

6月15日

私たちの最大の敵は物ではなく、人です。それはあなたであり、私である人間です。別の言い方で言うと、わがままがすべての悪の根源です。自己中心的な、利己的な人間が最も危険な敵です。私たちはガラスの部屋に住んでいます。偉大なハリー・エマソン・フォソディックは次のように説明します。

もし人が完全に自分だけでできていて、それをまとめると本当に小さな包みになるでしょう。人は自分以外のことにかかわり始めたとき、偉大な日が始まるのです。彼は鏡に囲まれた部屋のような心の中で生きていました。毎日、振り向くと自分が見えました。今はしかしながら何枚かの鏡は窓に変えられました。彼は窓から外を見ることができます。彼は自分自身から去り始めます。もはや、自己像の囚人ではなく、すぐれた人々、大義、真実、価値の存在する社会における自由な人です。

このように、鏡的な心から窓的な心へと移ることは本当のパーソナリティが発達するために必須の要素です。その経験なくして誰も意味ある人生に達することができません。

さらに、その経験なくして誰も嗜癖《しへき》から回復することはできません。回復のプログラムは私たちが神の手の中に置かれることを約束するでしょう。神は私たちに清らかさと愛の窓を紹介してくださるでしょう。私たちは最悪な敵から救われます。

主よ、私を私の手から取り去ってください。私が最悪な敵です。あなたへと開かれているドアで世界へ通じる窓のように私を開いてください。アーメン

6月16日

「心の清い人々は、幸いである、その人たちは神を見る。」

マタイによる福音書　五章八節

雨の土曜日の午後、ある父親は退屈している八歳の娘を楽しませようとして、あるアイデアを思いつきました。大きな世界地図を小さくちぎり、混ぜ合わせ、それらをジグソーパズルのように復元するように話しました。驚いたことにその少女はそのパズルを数分で完成させました。「ねえ、どういうふうにしたらできたんだ」と父親は尋ねました。「やさしかったわ」と娘は言いました。「始めは全部の線や点や色を結びつけることはできなかったわ。それから一枚の紙の裏側に人の顔の一部が見えた。それで全部の紙をひっくり返しにした。裏側の人の顔をつなげたら、表の世界地図は自然にできあがっていた」

この子が優先したことは正しかったのです。個々が一緒にされると、世界は自然にできあがるのです。イエス・キリストという人間がもはやパズルでなくなり私たちのプログラムに来られると、私たちの世界は自然にできあがるのです。イエスは、神を見るためには純粋な心が必要だと言っています。純粋なものは何でも一〇〇パーセントのもので、汚染されてない、添加物も入ってない、変なものは入っていないのです。純粋で、明確で、単純な子供の目はパズルの真ん中に人の顔を見ることができるのです。それはイエスが考えていたものに近いものです。

誰も一人では回復しません。誰も他の人々がいなくては回復しません。私たちは回復のグループに属しています。私たちはクリスチャン共同体に属しています。私たちが、回復のグループとクリスチャン共同体の両方で神の存在がわかるとき、心は純粋になります。

救い主よ、私が混乱しているとき、その混乱の裏側にあるあなたの顔が見られるように助けてください、そしてあなたに焦点を当てることができるように助けてください。アーメン

6月17日

そこで、イエスは言われた。「これらすべてのものを見ないのか。はっきり言っておく。一つの石もここで崩されずに他の石に残ることはない。」

マタイによる福音書　二四章二節

　ある有名な精神科医が話したケースについてですが、その婦人は劣等感や無能感にさいなまれていました。彼女は幼児のころから内気でした。彼女の家族はみんな、外交的で、騒がしいほどでした。彼女の父親は母親や二人の姉妹と同様に、快活で話好きな社交家でした。父はその娘の内気さについて心配しており、もっと自分を表現できるようにうまく彼女を説き伏せようとしました。ある日、父は彼女にプレゼントを買ってあげました。それは金の鎖についている美しい小さなガラスの象でした。父はそれをテーブルの上に置き、恥ずかしがり屋の娘に話しました。

「あなたにプレゼントを買ってきたよ」

　娘は口もきけないほどびっくりしました。この豪華なプレゼントを有頂天になって見詰めている彼女は口を開けたまま、目を見開いていました。それの美しさだけではなく、お父さんの愛のシンボルであり、それは太陽のように輝いていました。彼女はこの神秘的なものを見詰めて、答えることができず座っていました。とうとう立ち上がり、飛び上がって、別の部屋にいたお母さんに話しに行きました。しかしながら彼女は戻ってきたとき、困惑しました。彼女の美しい象は彼女の妹の首にかけられていました。お父さんは厳しく告げました。

「君はそれを欲しくなかったのでしょう。だからそれを君の妹にあげたよ」

　この小さな内気な女の子が自分の価値を感じることなく、神経症で、臆病な女性になったことは不思議ではありません。聞くこと、敏感さは命をもたらします。無愛想、無感覚は窒息させたり、殺したりします。この父親は自分の残酷さを気づきませんでした。他の人の沈黙の中にある喜びや驚きにでさえ、聞く時間を持たなければ、私たちにはわからないのです。聞くことは耳だけで行われるのではありません。心も必要なのです。

　憐れみの神、イエス・キリスト、心で聞くことを私に教えてください。アーメン

6月18日

「だから、人にしてもらいたいと思うことは何でも、あなたがたも人にしなさい。これこそ律法と預言者である。」

マタイによる福音書　七章一二節

山上の垂訓はイエスの教えの真髄《しんずい》と呼ばれてきました。教訓の最高峰エベレストと呼ばれてきました。多くの市民のクラブはモットーとしてそれを使っています。

しかし、フロイドは言いました。

「私たちが隣人を自分たちのように愛さないことは良いことである。さもなければ、私たちは彼らを殺してしまうでしょう」

もし私たちが山上の垂訓を主要なガイドとしてみるなら、面倒なことになるでしょう。フロイドは正しいです。もし願望が自分を指図することになれば、私たちは自分の思うままになります。回復途上の多くの人は自尊心と自己愛の質が安っぽいものであることに気づきます。

もしそれが私たち次第ならば、私たちの衝動はアルコール、食べ物、薬、ギャンブル、そして、私たちを中毒にしたり、だめにしたりする行為を求めるでしょう。いかに私たちが扱われるかがあなたと私次第で決まるならその視野は低すぎます。幸いにも、聖書の言葉は聖書の文脈の中にあります。山上の垂訓は神にまず依存します。私たちの愛、信仰、祈り、キリストの神への依存は、私たちの古い独立した、わがままな自己よりも質の高い新しい自己を創造します。私たちが神の愛の恵みに生き、神の栄光とやさしさに満たされるとき、山上の垂訓にあるものを手にしています。神の存在なしにはそれは全く垂訓ではないのです。

私が山上の垂訓を理解する前に、主よ、私を垂訓で指図してください。

6月19日

ぶどう酒が足りなくなったので、母がイエスに、「ぶどう酒がなくなりました」と言った。イエスが「水がめに水をいっぱい入れなさい」と言われると、召使たちは、かめの縁まで水を満たした。イエスは、「さあ、それをくんで宴会の世話役のところへ持って行きなさい」と言われた。召使たちは運んで行った。

ヨハネによる福音書　二章三節、七〜八節

あなたはキリストから宴会に招待を受けたとします。希望を持ち、信頼して十二ステップにおける安堵と支え、平和な気持ちで飲み始めます。それからあなたは渇きを覚えます。そしてあなたは元気のない、いやな場所にいる自分に気づきます。あなたは再発のつらさを経験し後戻りします。失望し、狼狽《ろうばい》し、古いワインが切れたように感じます――疲労し、無力さを感じます。何も残っていません。今度はどうするのでしょうか。

水がワインに変わった奇跡はいつ起こりましたか。何もなくなったときに、ちょうど使い尽くした瞬間に、すべてが注がれた後に起こりました。キリストは私たちが、彼の命令「さあ、それをくんで」という言葉に従う時、私たちのよどんだ水を最も良いワインに変えるのです。空《から》の井戸と思われる物にバケツを下ろすと、見てください、奇跡が起こるのです。宴会の給仕と共に私たちは驚きます。

「誰でも初めに良いぶどう酒を出し、酔いが回ったころに劣ったものを出すものですが、あなたは良いぶどう酒を今まで取っておかれました。」（ヨハネ二・一〇）

私たちが、失望し、無になったときに、キリストは私たちの空虚を、高級で、輝く、新しい命のあふれるほどのワインに変えてくださるのです。貧困と枯渇のときに、イエスは私たちを変えてくださいます。

命の晩餐に招く主は、私の古いワインを新しい、輝くワインに変えてくださいます。私の困窮した今を用い、私の空虚をあなたの最も良いもので満たしてください。アーメン

6月20日

ところが、旅をしていたあるサマリア人は、そばにくると、その人を見て憐れに思い、近寄って傷に油とぶどう酒を注ぎ、包帯をして、自分のろばに乗せ、宿屋に連れて行って介抱した。

ルカによる福音書　一〇章三三節

二人の男性が猛吹雪の中でそりに乗っていました。彼らはもう少しで凍りつくほどでした。吹雪がやんで寒さがおさまることはなさそうでした。ある旅人が雪の中で転び、死にそうにみえました。一人が、止まって旅人を助けようと頼みました。もう一人は断りました。これ以上、猛吹雪の中にいることは死を意味しましたが、最初の人は残って助けることに決めました。連れは彼を残して出発しました。大慌てで、彼は意識を失った男性をマッサージしました。数時間のマッサージの後、その男性は意識が戻り、動き始めました。この二人は立ち上がり、雪の中を一緒に歩き始めました。力強いマッサージは二人を救いました。彼らが歩き続けていると、助けることを拒んだ男に出くわしました。彼は凍えて死んでいました。

私たちが費やすエネルギーは決して無駄にはなりません。毎回のミーティング、苦しむ仲間との出会い、身動きできなくなっている兄弟や姉妹が回復するのを助けるために立ち止まるたびに、私たちは自分の救いを容易にしているのです。私たちはお互いを必要としています。私たちは仲間の良い刺激や激励が必要です。一緒にうまくやっていけるのです。一人では、凍えて死んでしまいます。

回復への十二ステップは決して孤独ではありません、それはお互いに温かさや安心に頼る求道者の家族です。「各人が自分のために行う」のではありません。私たちのグループはわがままなプログラムと呼ばれるかもしれませんが、それは本当ではありません。多くの自己を助ける多くの自己がたくさんいる自助プログラムです。イエスは良いサマリア人の譬え話を用い、お互いに助け合う必要があることに、私たちの注意を促しませんでしたか。

憐れみに富むキリスト、私を孤独にならないように導いてください。他の人々が救われるために手伝わせてください。それは私自身が救われることです。アーメン

6月21日

「わたしの羊はわたしの声を聞き分ける。わたしは彼らを知っており、彼らはわたしに従う。」

ヨハネによる福音書　一〇章二七節

ある古い伝説に、天における戦争が書かれていて、人間について意味深い記述があります。悪魔、すなわち反逆者の天使は彼の味方と共に天から追放されました。もともと天使長の一人である悪魔は神ご自身を転覆させるための謀反を起こしました。その戦いには三つのグループがいました。悪魔の天使たち、神の天使たち、決心できない天使たちの小さなグループでした。これらの決心できない者たちは人類になりました。

この古いお話は私たちについて真実を語っています。私たちは誰に従い、誰に忠実になるかを決定できないのです。神の支配を否定し、神に忠実に従わず生きている悪魔の天使たちはまだ、どこにでもいます。それから、決心できない私たちがいます。私たちは苦労し、神の側につこうと努力しています。私たちは神の言葉を聞き、神に答えますが、いつもそうしているわけではありません。多くは反逆者の命令に従います。

私たちのプログラムは、決められない者たちの思うままです。私たちはやってみたり、やらなかったりです。気合を入れて行いますが、表面的です。しかし、私たちはあてになりませんが、愛されています。私たちはたいした者ではありませんが、神の技の対象なのです。神は日ごとに、一日に一度、神に従うように呼びかけています。神は決して私たちを見捨てません。

主よ、あなたへの忠実さを強めてください。そして、あなたの側の近くにいさせてください。アーメン

6月22日

イエスのなさったことは、このほかにも、まだたくさんある。わたしは思う。その一つ一つを書くならば、世界もその書かれた書物を収めきれないであろう。

ヨハネによる福音書　二一章二五節

一四世紀にイタリア人の旅行家、マルコ・ポーロが中国から帰国したときに、彼が訪れた素晴らしい都市や、見聞した不思議なことについて話しました。これらのことは、町の人々には理解できないことばかりでしたので、人々は彼が嘘をついていると非難し始めました。彼らはマルコ・ポーロを馬鹿にさえしました。彼の死にぎわに、彼らはマルコが間もなく神に会うことになるので、嘘を白状するようにと告げました。マルコ・ポーロは最期に言いました。

「話の半分さえもまだしていないのだ」

回復の不思議さを見た多くの人が、目撃した多くの素晴らしいことを説明しようとしても、他の人には信じることが難しいのです。私たちのプログラムで正直、愛、癒し、平安などを見たり、経験したりしたことがない人は理解することができません。しかし、私たちは「その半分も話していない」のです。キリストにある依存症からの回復と十二ステップの継続した生活は霊的な復活の真実の奇跡です。もし、新しく与えられた健康のすべての素晴らしさを語ることができたとしても、それを信じることは「第三者」には難しいでしょう。

私たちには何も証明するものはありません。マルコ・ポーロのように、私たちは真実を知っています。後になって、他の人々が中国に旅をしたときに、彼らはマルコ・ポーロが嘘つきでないことに気づいたのでした。新しい旅行者が回復への十二ステップの道に加わると、彼らは自分たちでそれを経験し、信じる者になるのです。それは学ぶ最も良い方法です。

驚くべき奇跡を行ってくださるキリスト様、私が単純に信じ、プログラムを生きるように教えてください。そしてあなたへの道を示してください。他の人たちも自分の道を発見できるように。アーメン

6月23日

「しかし、行っているのであれば、わたしを信じなくても、その業を信じなさい。」

ヨハネによる福音書　一〇章三八節

厳格で冷たい女性が弁護士にアドバイスを求めました。「私は夫を憎んでいます。彼は私の人生をみじめなものにしています。私は離婚をしたいし、それ以上にできるだけ彼にとって物事が大変になるようにしたいのです。どうしたらいいでしょうか」弁護士は答えました。「彼を惜しみなくほめることから始めなさい。いろいろな方法で彼を喜ばせなさい。彼のきまぐれを受け入れなさい。それから彼があなたをどのくらい必要としているか、あなたを欲しているかを実感したときに、離婚話を進めなさい。そうすれば彼は悩むでしょう」六カ月後、弁護士はその女性に会い、尋ねました。「あなたは私のアドバイスどおりにやっていますか」

彼女は「はい、しています」と答えました。「あなたは離婚訴訟を起こしますか」と彼は尋ねました。

「あなたはよくわかっていないわ」と女性は冷淡に答えました。「私たちは素晴らしく幸せですよ。私は心から彼を愛しています」

見せかけのように始められた愛でさえ、嘘の状態のまま続けることはできません。本当の変化は、考えよりもその行為で始まるのです。回復においては「うまくいくまで、そのふりをしなさい」と私たちは言っています。知恵は私たちに教えます。新しい演じ方を考えるより、新しい考え方を演じるほうが、よりうまく行えるというのです。偉大な男性も女性も上からの期待や役割を満たすことによって偉大になりました。十二ステップを行動に移すことによって、私たちは変えられ、癒されるのです。ステップは私たちをより高く、より良い生活のレベルに引き上げます。たとえ私たちがそれぞれのステップをためらいながら歩んだとしても、私たちをサポートし、現実に私たちを変えるのです。

主なるイエス様、あなたは私のモデルであり、私に役割を与えます。私があなたの名で行う者になれるように助けてください。アーメン

6月24日

マリアは言った。「わたしは主のはしためです。お言葉どおり、この身になりますように」そこで、天使は去って行った。

ルカによる福音書　一章三八節

ある賢い人が私たちは人生で四つのことだけができるということを主張していました。第一は人生から逃げること、第二は人生を走ること、第三は人生を支配すること、第四は人生を引き渡すこと。

　私たちはしばしば第一を選択します。私たちは逃げ、隠れるのです。私たちは責任ある生活の困難さや重荷を回避したり、避けたりします。私たちは頭上の被いを取り去りたいときがあります。隠れ場がなくなるまで、仕事から逃げるのです。

　しばしば、第二の道を取ります。荷物を持って走るのです。多くの人と一緒に、他の人がしていることを行います。仲間は私たちに勇気を与えますが、数が多いときに出る偽りの勇気です。集団本能が強い時、集団の中で、私たちは魂や誠実さを失います。

　私たちは第三の方法を使いたいと考えます。生活を確立して、目的や強い意志を持っていろいろな出来事をやりくりするのです。私たちは自分の生活を支配し、コントロールすると決意してためしてみたり、熱心に取り組んだりしますが、私たちの嗜癖に関してはつまずき続けます。

　最終的に、神の恵みによって私たちは逃げることをやめ、走り続けることをやめ、万事に走ることをやめ、ただ、ストップし、主やプログラムにゆだねるのです。それから高い力であるキリストが私たちを動かすのです。キリストによって動かされることは、力と目的をもって走ることです。なぜなら神は、愛で私たちを促し、前進させるからです。

　イエス様、あなたは私の人生を走っていらっしゃるのですか。もし、そうでないなら、どうぞ、私を止め、私をあなたに引き渡せるようにしてください。アーメン

「このように空模様を見分けることは知っているのに、時代のしるしは見ることができないのか。」

マタイによる福音書　一六章三節

二人の男性が気球で空高く上がりましたが、厚い雲で覆われてしまいました。まもなく方向がわからなくなりました。とうとう雲が消え、彼らは地面に近いことを知りました。彼らの一人は気球の下に立っている人に呼びかけました。「私たちは今どこにいるのですか」と。地面にいる人は見上げて、見回し、再び見上げて言いました。「あなたたちはバルーンにいるよ」バルーンに乗っている人が地面の人に尋ねました。「あなたは政治家ですか」その男は叫びました。「そうですよ。どうしてわかったのかね」その気球士は言いました。「政治家だからそのように素早く答えることができたのですよ。その答えはとても論理的ですが、どこにいるか、どこに行きたいのかをほとんど語っていません」

経済学者、説教師、心理学者、教授についても同様のことがいえるでしょう。私たちはさらに多くの時間、複雑な考えをして明白なことを逃しています。私たちが嗜癖の気球に乗っていることを認めないのですか。そして私たちの問題には多くの理由があると主張しているのですか。少なくとも私たちは嗜癖を持っており、コントロールできないでいるという事実を過小評価したり、正当化したり、大目にみたり、消し去ろうとしていました。私たちの必要への答え、「神であると私たちがわかっている神」を避けてきました。私たちクリスチャンは、イエスキリストにある神を知っています。イエスは私たちがどこにいるか、どこへ行きたいかを話してくれるでしょう。

主なるキリスト、私にいつもあなたの存在を見られる視力を与えてください。私にあなたを求める願いを与えてください。

アーメン

6月26日

「何を求めているのか。」

ヨハネによる福音書　一章三八節

ある牧師が説教の始めに標語を持ち上げました。それにはGODISNOWHEREと書いてありました。牧師はこれは何と書いてあるかと会衆に尋ねました。「GOD IS NO WHERE.：神はどこにもいません」と会衆は答えました。それから牧師は尋ねました。「誰か『GOD IS NOW HERE. 神はいまここにおられる』と読める人はいらっしゃいませんか」と。この牧師の話で、皆はわかりました。

神について私たちの実際の姿はどうでしょうか。同じ文字が異なったメッセージを伝えることができます。それは私たちがどのように見るかにかかっています。私たちはしばしば神はいないと思っています。神が私たちと共に、ここにおられると思うことはあまりありません。しかし望みをもって神の存在を期待すれば、神はここにおられると確かに感じます。私たちが神はいると思うとき、神はいます。否定的な結論に飛びつくと、神は見えません。

人生は恵になりますし、呪い、問題、あるいはチャンスにもなりえます。私たちが常に何を探すかにかかっています。良いことか、悪いことか、神か無神論か、それはあなた次第です。私たちには信仰の選択があります。私たちはいつも詩編の作者の態度を選ぶことができます。「わたしは信じます。命あるものの地で主の恵みを見ることを」（詩編二七・一三）

救い主、私があなたの目を通して自分を見られるように助けてください。楽観的な信仰の目を通して見られるように導いてください。アーメン

6月27日

主はほかに七二人を任命し、ご自分が行くつもりのすべての町や村に二人ずつ先に遣わされた。

ルカによる福音書　一〇章一節

ある人が深い森で迷い、突然、別の人に会うという古い寓話があります。彼は、「私はこの旅人と一緒に出口を探そう」と思いました。「森の出口はどちらか教えてください」と尋ねます。

旅人は答えます。

「私も知らないのですよ。私も探さなくてはならないんです。知っていることは一つあります。私が通ってきた道に行かないでください。それはどこへも行けない。新しい道を一緒に探しましょう」

このお話は私たちのことを述べています。回復する前にそれぞれが歩んだどの道も、私たちを迷わせ、失望させます。一人で道を探そうとする限り、私たちは森の中により深く迷い込みます。しかし別の人や他の二人、三人と一緒になれば、新しい道を一緒に探し、その道を見つけることができるのです。その方法は、もちろんイエス・キリストにある回復の「道・真理・命」なのです。回復の福音の道は、いつも他のガイドや先生と共にいる状態に私たちを置きます。そして、いつも、新しく、確かな道です。

古い道は私たちを引き戻そうとします。古い習慣が私たちを求めようとすると、私たちはまだ迷ってしまう可能性があります。決して呑気にしてはいられません。そして一人で道を探そうと思ってはいけないのです。孤独の道は「どこにも通じていない」のです。キリストの道は常に私たちをやりがいのある場所に連れて行ってくれます。

いつも友でいてくださる神様、あなたの道と十二ステップの近くに私をおらせてください。そうすれば、他の人と共に、新しい生活を見い出せます。アーメン

6月28日

「恐れるな。わたしは最初の者にして最後の者。」

ヨハネの黙示録　一章一七節

有名なフットボールのコーチであるクーテ・ロクネは恐れには力があることを知っていました。今日、その力は「敵を不安にさせること」と呼ばれています。アイルランドのノートルダムチームはフットボールの決定的な試合に臨んでいました。それはとても優れた南カリフォルニアチームとの対戦でした。

ロクネはノートルダムで見つけたすべての筋骨たくましい学生をリクルートしました。そしてその学校のユニフォームを約一〇〇人の体格の良い人に着せました。試合の日、対戦相手の南カリフォルニアチームは始めにフィールドを走り、客のアイルランドチームのノートルダムを待ちました。

更衣室からグリーンのユニフォームを着た巨人軍が続々と出てきました。南カリフォルニアチームはうろたえてしまいました。彼らのコーチは一度に一二人としか試合できないのだと念を押しましたが、すでに被害を受けました。南カリフォルニアチームは負けました。彼らは一〇〇人の選手に負けたのではなく、彼ら自身の恐れによって敗北したのです。

聖書は敵への恐れはどうなるかを示しています。「恐れるな」という句は少なくとも聖書に一〇〇回以上現れます。聖書に最も多く現れる宣言です。それには理由があります。恐れや心配は回復や平安のひどい障害となるからです。

「むだな恐れや世俗的な心配」から私たちを救うのは、強く、しっかりした十二ステップやキリストの愛を確信することだけです。聖パウロが書いたように、「神は私たちに反対する神ですか、それとも私たちのためにおられるのですか」

イエス様、あなた様が私といつも共におられることをはっきり見られるように助けてください。恐れず、もっと信頼することを私に教えてください。アーメン

6月29日

「誰も、二人の主人に仕えることはできない。」

マタイによる福音書　六章二四節

かけ出しの画家が本当に美しい風景画を完成させました。家族は惜しまず彼女の絵を称賛しました。しかし賢い叔父はその絵を詳細に見て、頭を横に振りました。

「おじさまは私の絵を好きじゃないのですか？」と若い画家は尋ねました。

「ああ、君の絵を本当に好きだよ。でもその気持ちは長く続かないだろうね」と彼は答えました。

「あなたの絵には二つの中心がある。ご覧、そこに大きな木がある。そしてそこには雪に覆われた山がある。しばらくすると人々はあなたの絵の主題の焦点について混乱する。そしてそれを嫌いにさえなる。興味の中心が二つ以上あると、永続しないのだよ」

回復途上のクリスチャンは、関心の中心が二つある時は長続きしません。十二ステップの道と信仰は一つの中心です。二つの注意を競い合う主題ではありません。回復は救いです。そして救いは回復です。矛盾はありません。神は私たちを癒してくださる方です。私たちの健康は十二ステップと福音を結びつけます。その二つを切り離すなら十分に癒されないでしょう。

一方を立てれば他方が立ちません。私たちの焦点は、周りの背景と、主題を明らかにする詳細な事柄を結びつけるのです。その主題はキリストです。私たちの生活の絵画のスポットライトの中心はイエス・キリストです。キリストの光は生活の全体の風景に美と意味を与えます。

私の人生の中心であるキリスト様、いつもあなたを中心にしていけますよう私を導いてください。アーメン

6

6月30日

「わたしの名のためにこのような子供の一人を受け入れる者は、わたしを受け入れるのである。」

マルコによる福音書　九章三七節

三世代の女性たち、祖母、母、そして少女がレストランへ行きました。ウエイターは祖母の注文を取り、次は母親、それからその少女に聞きました。

「何を注文しますか、お嬢ちゃん」

母親はすぐにさえぎって言いました。

「私が彼女のオーダーをするわ」

ウエイターは失礼にならないようにして母親のほうを見ずに、母親がどのように反応するかを肩越しに眺めながら質問を繰り返しました。

「ねえ、あなたは何を食べたいのですか」と。

「ハンバーガーよ」と少女は言いました。

「ハンバーガーはマスタード、ケチャップ、ピックルを全部ですか」とウエイターは聞きました。彼女は手をたたいて喜んで「全部よ」と答えました。

ウェイターは祖母と母親の注文を繰り返してから大声で言いました。

「それと全部を入れたハンバーガーデラックスですね」

少女は、とても驚いて、母親を見て言いました。

「ママ、彼女は私を本物だと思っているわ」

このウェイターは聖職者の仕事についています。彼女は人々をユニークで特別だと思っています。彼女は少女の声に耳を傾け、彼女を本物の人として扱いました。このような関心は人を元気づけます。人と会う時、聞いたり、答えたり、興味を示したりしてお互いの存在を楽しむことを伝えると奇跡が起こります。私たちは本物になります。私たちを元気づけるこのような関心を持たれるまで、私たちはどんな恵みの賜物であるかを気がつきません。十二ステップのミーティングで他の人からこのような心からの関心を何回経験しましたか。何回、私たちは他の人に関心を示しましたか。

聞き手である主なる神よ、どうぞ私が他の人の話を聞き、彼らのありのままを喜ぶことによって、他の人の魂に、命の賜物であることを気づいてもらえることができるような接し方を教えてください。アーメン

決断力

Determination

フィリップ・ブルックスは「あなたが何もできないと思うことは、すべてのことをできると思うのと同じように思い上がりである」と言いました。

回復の途上で、自分は全く何もできないと思うことがよくあります。私たちは病気や依存症に対して無力ですが、すべてのことができないわけではありません。まだ選ぶことができます。コントロール不能をどうにかしようとすることをやめ、キリストを通してそれを神に任せなければなりません。私たちには相当な力や、能力があります。聖書を読むことができます、会合に行くことができます、礼拝することができます、瞑想することもできます、祈ることもできます、他を助けることができます、積極的な態度を選ぶことができます。

全く簡単にいえば、神は私たちができないことをするように、求めていません。神は私たちに能力を与えました。とりわけ我慢することができます。健康と回復への道をやり抜くことができます。判断は自分によって決められるのであって、他の人ではありません。

ジョン・ビリングズは次のように言っています。「郵便切手を考えてみなさい。その便利さは、一つのものに貼られてそれが届くまでの役割で成り立っています。それが役に立つ方法だと思います。決してあきらめません」イエスの物語に出てくる婦人は夜遅く裁判官の家のドアをノックし続け、彼を起こし、彼女の願いが聞かれるまでねばり続けたという事実があります。聖パウロは祈り続けるように、時宜を得ても得なくても祈るようにと促していいます。キリストを通して神は私たちに、主張すること、固執するコースを定めました。豊かな結果をもたらすのは、自分に何ができるかを知ること、そして、神から与えられた力が私たちの限りある能力に励ましと勇気を与えるという確信です。私たちの限りある能力というのは、神の無限の力につけ加えられたものなのです。もし、私たちが自分自身と神に決して見切りをつけなければ。

7月1日

「あなたは、兄弟の目にあるおが屑は見えるのに、なぜ自分の目の中の丸太に気づかないのか。」

マタイによる福音書　七章三節

ある土曜日、新しい聖職者が町にやってきて、郵便局への行き方を一人の少年に尋ねました。牧師は行き方を教えてもらってから、感謝してその小さなガイド役に言いました。

「君は頭の良い少年ですね。明日私の説教を聞きに来ませんか。そうすれば天国への行き方をお話ししますよ」

その少年は答えました。

「天国への行き方をあなたが私に教えようとするのですか。あなたは郵便局への行き方さえ知らないのにですか」

イエスには核心に行く道があります。神は私たちがどこに行けないかがわかっています。神は私たちが空気に気づかない鳥や、水に気づかない魚のようだということを知っています。私たちは周囲の状況があまり近くてわかりません。自分の顔もみえません。他の人に真実の鏡を持ってもらう必要があります。イエスは言います。他の人の目にある小さな木の破片を見ようとして自分たちの目から大きな木の破片が突き出している人々のようだと話します。

他の人を批判するとき、自分が何と愚かなのかということがわかると、自分を笑い始めることができるでしょう。自分が正しいと、大げさにしかも誇りにしていることがわかると、自分が間違っていることを楽しく、安心して許すのです。多くの回復中の勝者は快く、敗者であることを認めます。それについて笑います。

真実なキリスト、あなたの現実を見る鏡を私に向けて持ってください。そして現実の自分の発見によるつらさを笑いで和らげてください。アーメン

7月2日

「神の国と神の義を求めなさい。」

マタイによる福音書　六章三三節

私たちは助言の力で方向づけられます。建設的な考えや、否定的な考えは注意を引きます。不思議にも「するな」と言われると、「しなさい」と言われたように思う習性があります。子供にあることをしないように話すことは、その行いをするように約束することなのです。

ある有名な野球のピッチャーがこのような悩みを生き生きと記憶していました。知らないバッターに向かった時、そのピッチャーは監督と話したいと頼みました。「偵察隊によると、このバッターは高く外に打つそうだ。その場所からボールを遠ざけろ」監督はマウンドから離れていこうとした時繰り返しました。「さあ、外のコーナーに高く投げるなよ、いいか」

そのピッチャーは何が起こったかを繰り返します。

「高く、外へ、という声が私の頭にひらめいたのです。どこに私はボールを投げたと思いますか。もちろん、私は高く、外へ投げました。そしてバッターはホームランを打ちました」

何が問題かを気づくことは、それを取り除くことではありません。何が間違っているかに集中することは、その問題を永続させ、強めさせます。間違いは正しいことに取って代わる必要があります。「正しい心」を持つということはそういうことです。そのピッチャーは「低く、中に」に集中することが必要でした。なぜなら、そこへ彼が行く必要があったからです。回復において私たちは同じ焦点が必要です。そして十二ステップは私たちに前向きな方向を与えます。聖パウロはこれを雄弁に語ります。「すべて真実なこと、すべて気高いこと、すべて正しいこと、すべて清いこと、すべて愛すべきこと、すべて名誉なことを、また、徳や称賛に値することがあれば、それを心に留めなさい」（フィリピ四・八）

主よ、私の考えを前向きに導いてください。アーメン

というのは、主によって召された奴隷は、主によって自由の身にされた者だからです。同様に、主によって召された自由な身分の者は、キリストの奴隷なのです。

コリントの信徒への手紙一　七章二二節

神への明け渡しには栄光と喜びがあります。他の主人たちに降伏すると押しつぶされ、辱められ、敗れるのです。私たちの人生を神へ完全に服従させるとき、私たちは神に栄光を与えられ、勝利を与えられます。名前不詳の詩人は神の手にある私たちの服従する名誉を知っていました。

私を捕虜にしてください、主よ。
そうすれば私は自由になるでしょう。

私たちの意志や行く先を神にゆだねるとき、神に会うことができます。神のご意志で私たちは何も持たずにまさに、ただお会いできるのです。リチャード・バックスターという偉大な英国の清教徒は「主よ、あなたのなさろうとすること、あなたがなさろうとする所、あなたがなさろうとする時」と言いながら亡くなりました。

私たちが、完全に自分の人生を神の支配にゆだねる時、誰かが言ったように熱狂した信者になります。しかし、神が支配する時、健康と回復を与えられ、私たちの存在は有害な中毒性のものから離れます。神に明け渡し、服従し、自分自身を神にゆだねるしか方法はありません。とても難しいですが、完全に必要です。

主なる私の神様、すべての面で私はあなたの忠実な召使です。あなたのご意志どおりに私を用いてください。アーメン

7月3日

7月4日

「わたしは命のパンである。」

ヨハネによる福音書　六章四八節

エドウィン・マークハムは次の言葉を書きました。「私の魂を探したが、見つけることができなかった。神を求めたが、見つけることができなかった。私は兄弟を探し、すべて三つのものが見つかった。私の魂、神、兄弟が」ヒンズーの格言では「あなたの兄弟のボートが川を渡るのを助けなさい。ほら、あなたの船が海岸に到着している」というのがあります。

鉄道の切符には次の言葉が書いてあります。「切り離すと使えません」このことは離れている人や距離を置いている人にとっても真実です。蟻、蜂、シロアリ、他の昆虫は共同体で生き、うまくやっています。たぶん、だから、すべての生物の八〇パーセントは昆虫なのです。神は私たちに群れ本能を与えました。しかし人間の生存と進歩は、人間関係や協力関係のいかんによって決まるということを知ることは人間にとって難しそうです。

アメリカ合衆国は多様性の中で一致している最も良い一例です。共に働き、共通の絆で生きることもまたわれわれの十二ステップを支えます。回復はお互いの協力的な努力で行われるので本物です。それぞれのグループでの一致は必須なことです。もちろん、一人一人は重要ですが、力や強さは多くの人々の愛やお世話があるから得られるのです。

私たちはたくさんいますが、ひとつの体です。聖パウロは言いました。「パンは一つだから、わたしたちは大勢でも一つの体です。皆が一つのパンを分けて食べるからです」（Iコリント一〇・一七）キリストは私たち全部を養ってくださる一つのパンです。私たちはキリストにある仲間と共にパンを配り合うのです。

親愛なる救い主へ、イエス様、あなたはご自分を友人で囲みました。どうぞ支えてくれるグループと共にいるように私を助けてください。私と他の人々のために。アーメン

7月5日

イエスは、いろいろな病気にかかっている大勢の人たちをいやし、また、多くの悪霊を追い出して、

マルコによる福音書　一章三四節

私たちの人生における悪魔の存在や異邦人や敵意の影響について、ある説教者が日曜日にお話しました。その説教者は悪魔を絶望、憎しみ、欲張り、ねたみなどのようなものだと定義しました。彼はこの種類の悪魔の所有物になることについて説得力のある事例を出しました。私たちは本当に絶望や憎しみ、そして破壊的な欲求に所有されてしまうことがあり得るのです。説教の後、ある人がその説教者に例外もあると言ってきました。

「あなたの悪魔に関する考えに私は同意できません。私は五〇歳を超えています。世界を旅してきました。私は悪魔に出くわしたことはありません」

その説教者は答えました。「たぶんあなたは悪魔と同じ方向へ行こうとしていたからでしょう」

私たちは衝動という悪魔に協力していませんでしたか。嗜癖と仲良くしていませんでしたか。飲みたい衝動や、ドラッグを使いたい衝動など、渇望に負けたときそれらを探しませんでしたか。私たちは欲望や、コントロールできない力の手に自分が捕えられてしまっていました。反抗しても、「なぜ戦うの、私はそれに加わるわ」と言ったでしょう。嗜癖を守ろうとさえしました。要するに、嗜癖の悪魔に侵略され、とりつかれていたのではありませんか。

私たちが、神と同じ方向に行き始めると、悪魔は追い出されるです、しかし悪魔は招かれればいつも戻る用意ができています。以前の性格の欠点や、有害な習慣・考え・感情を調べると、私たちの中にまだ多くが住んでいることがわかります。神だけが私たちの現在、過去、未来の悪魔を追い払うことができます。

聖なるイエス様、私の悪魔を追い払ってください。私を自己憐憫、絶望、憎しみ、わがままから救ってください。アーメン

7月6日

「『あなたがたは新たに生まれなければならない』とあなたがたに言ったことに、驚いてはならない。」

ヨハネによる福音書　三章七節

回復とクリスチャンの信仰はそれを最大限に活かすという点で共通しています。両方ともひどい状態の中に可能性を予測します。両方ともレモンからレモネードを作ります。両方とも不幸を逆転させる方法があります。ここに偉大な説教者のヘンリー・ワード・ビーチャーの生涯に書かれた一つの例があります。彼は「ばか者」と書かれた紙切れを案内係から受け取りました。ビーチャーはそれを誰が書いたか知っていましたが、彼に恥をかかせないように、教会から立ち去らせました。ビーチャーは信徒たちのほうを向いて受け取った紙のことを説明してから、言いました。「手紙を書いて、名前を書き忘れた人々を知っています。しかし、今回のことは初めてです。この人は自分の名前を書き、手紙を書くのを忘れました」彼は不愉快な攻撃をユーモラスな瞬間に変えました。

　ある婦人はインクでハンカチにシミをつけたことがあります。画家である友人はその周りにバラの花びらをスケッチしました。そのハンカチはとても美しく、貴重なものだったので、その画家による、間違いの上手な処理の例として額に入れました。回復中の私たちの生活はそのようなものです。キリストや私たちのプログラムは私たちの不完全、シミ、間違い、欠点を取り上げ、美しいバラをそれらの周りに描いてくれます。すべきことは私たち自身を主である画家にすべてを捧げることです。そうすれば私たちは生まれ変われるでしょう。

　主なるキリスト、変えていただくために、新しくしていただくために、そして、再構築していただくために自分をあなたに捧げます。アーメン

7月7日

「父よ、彼らをお赦しください。自分が何をしているのか知らないのです。」

ルカによる福音書　二三章三四節

ある若い母親は特別な行事のために美しいパーティードレスをちょうど買ったところでした。その晩、風呂に入る前にそのドレスを注意深くベッドに広げました。風呂の後、戻ってみると、ドレスは引き裂かれ、ずたずたに切られていました。小さな娘は母親に出かけてほしくなかったのです。怒って母親のドレスを切り裂いてしまいました。母親は怒る代わりに引き裂かれたドレスを手にし、咽《むせ》びながらベッドに泣き崩れました。その少女は自分のしたことを気づき、「ママ、ママ」と叫びながら、母親の腕を引っ張りました。母親は泣いていたので、少女に気がつきませんでした。しまいには少女はやけになって、叫びました。「ママ、お願いだから」と。母親は立ち上がって、「どうしたいの」と聞きました。娘は「ママ、私をまた、抱いてちょうだい」と懇願しました。

これが癒しの心です。これは赦しの魂です。教会はこれを救い・和解・贖《あがな》いと呼びます。その少女はどこに戻る必要があるかわかっていました。彼女は母親と再び良い関係に戻る必要がありました。彼女は「ごめんなさい」や「もうそのようなことをしません」または「○○○だから」とは言いませんでした。重要であったのは母親の腕に抱かれることでした。言い訳、約束、謝罪は後にくるのです。

もちろん神は私たちから顔を隠すこともないし、放っておきません。しかし、この少女のように、私たちはわがままを止めたり、うぬぼれを改めたり、友好な関係の大切さを考えたり持ちたいと願ったりしなければなりません。私たちは神の痛みの原因になります。私たちは神を悲しませます。しかし私たちが必要なことは神のほうへ移動することです、そうすれば神は戻ってきます。

許しの主よ、私の恥や悲しみを通して、あなたの腕に、そして私を傷つけた他の人の腕に戻れるように教えてください。

アーメン

●7月8日

『どうか、失礼させてください。』

ルカによる福音書　一四章一九節

「言い訳」(alibi) という語は、ローマ時代に起源があります。当時それは「他の場所にいる」ことを意味しました。現在、弁護士は、ほとんど同じ意味で使っています。漁師たちはalibiを高いレベルの意味まで引き上げました。湖の上での長い、不漁の日、漁師は言うのです。「このような濁っている水に何も期待できないよ」

その同じ漁師が、また別の日に不漁で「湖の透き通った水は絵葉書ではきれいだが、魚がびっくりするよ」と言います。

ベンジャミン・フランクリンは言いました。

「言い訳するのがうまい人は何事にもうまくいかない」

他の人も言っていました。「自分に言い訳する人は自分を非難しているのです」

回復途上で、自分の行為を正当化するためによく使っていた言い訳や、弁解を思い出すことがあります。いつも非難すべき理由や環境があったかもしれないし、そのような人がいたかもしれません。たぶん、学校で弁解をすることを学んだのかもしれません。「メアリーは○○なので、すみませんが〜」と両親に手紙を書いてもらいました。「苦境から抜け出る」ことに慣れ、そして自己正当化にも慣れたのです。

しかしながら、回復においては「言い訳」の余地はありません。言い訳は許されません。真実だけが認められます。完全な誠実さと自己責任が必要とされます。軍隊での兵卒のように私たちの答えは「はい、主よ」、あるいは「いいえ、主よ」、「言い訳はありません、主よ」であるべきです。回復途上のクリスチャンとして私たちの生活は、弁解を必要としない生活なのです。より良く行うための意志と行いだけです。

主なるキリスト、私は弁解しません。私を清め、あなたの真実な愛を与えてください。そして罪から私を自由にしてください。アーメン

『天におられるわたしたちの父よ、御名が崇められますように。』

マタイによる福音書　六章九節

イエスの弟子たちはイエスに頼みました。「私たちに祈り方を教えてください」と。イエスは「主の祈り」を彼らに教えました。私たちはそれを暗唱できますが、その力を使い切ることはできないか、またはその意味を完全に理解できないでしょう。祈りは信仰の中心です。祈りは「最も価値のある芸術」「最も良い方策」「最も崇高な喜び」「教育」と呼ばれてきました。聖人たちはよく祈りました。聖イグナチュース・ロヨラは一日に七時間を祈りに捧げました。ジョン・ウェズレーは祈りと断食のために数日間、誰にも会いませんでした。聖パウロは「やむことのない」祈りをするよう勧めたり、実行したりしました。イエスは昼も夜も神と話して過ごしました。しかし祈りはなお偉大な神秘――必要なものです。それは私たちの神との交流です。

偉大な神学者のリチャード・ニーバーは尋ねられました。「あなたの祈りの神学はどんなものですか」と。彼は答えました。「私には祈りの神学などない。祈りは話すことではない。祈りはあなたが行うことです。祈りは神学的な考えの結果ではない。それはすべての神学的な理論の土台である」ニーバーの答えはまだなお祈りを神秘のままにしておきます。

祈りは崇拝、願い、話、希望、嘆願、とりなし、告白、感謝、傾聴などですが、それは人間の魂と神の間にあります。それは創造主と被造物の間の動的な人間関係です。それは呼吸のように正常で自然です。テンプル大司教は私たちが祈ると奇跡が起こると言いました。「あなたが奇跡と呼ぶものは単なる偶然ではないですか」と疑い深い人が尋ねました。「ええ、たぶんそうです。しかし、私が祈るとき、偶然が起こるのに気づきました。祈らないときはその偶然は起こりません」私たちの生活は単なる偶発や運ではないのです。祈りによって生き生きとなる「神の出来事」なのです。

主よ、私は、偶然ではなく、神の出来事を信じます。私の生活は運でもなく、偶発でもなく神にとって、他の人にとって大切なものであることを知っています。アーメン

7月9日

7月10日

「ところが、旅をしていたあるサマリア人は、そばにくると、その人を見て憐れに思い、近寄って傷に油とぶどう酒を注ぎ、包帯をして、自分のろばに乗せ、」

ルカによる福音書　一〇章三三～三四節

十二ステップの数件の訪問はどのようにして行われていたかを回想している人がいました。

「悩んでいる人が電話をしてきたので、私たちは誰が行って助けるかを話し合いました。時々、私たち数人が訪問し、話しをしました」

苦しんでいる人と話すために回復途上の人が夜中に出かけるというのはあまり聞いたことがありません。しかし、苦しむ兄弟姉妹への奉仕活動がなければ、私たちはみんな苦しみ、弱まってしまいます。

カルカッタのマザー・テレサは次のように語り、私たちの十二ステップのパートナーになり、インスピレーションを与えてくれます。

キリストにはあなたがた以外に、この地上にキリストに従う人はいません。あなたがたの手や足以外に何もありません。キリストの憐れみの眼で世界を見渡すのはあなた方の眼です。あなたたちは良いことを行う足です。あなたたちは今、祝福する手です。

私たちはミーティングにくる人たちを愛していますか。教会にくる人たちを愛していますか。一カ所にとどまる良い感情には愛は存在しません。『南太平洋』の歌は私たちに「愛はそれを与えるまでは愛ではない」ということを気づかせます。

憐れみ深いイエス様、痛みをかかえている人たちを助けるために私の時間と努力を与えることによって愛することができるように自信を与えてください。アーメン

7月11日

「わたしについてきたい者は、自分を捨て、自分の十字架を背負って、わたしに従いなさい。」

マタイによる福音書　一六章二四節

福音の最も大きな恵みの贈り物によって私たちは自分自身から自由になります。キリストは私たちを愛するためだけではなく、私たち自身への執念から私たちを自由にするために救ってくださいました。十字架は自我のための旅ではなく、私たちを自我から解放するのです。私たちの回復は私たち自身の重荷を軽くします。

偉大なアルバート・シュバイツアーはこの行き止まりであるプライドの解決方法を私たちに教えてくれます。

> 目を開けて、誰かを探しなさい、または博愛のための仕事を探しなさい。少しの時間、少しの親しさ、少しの同情、少しのエネルギーを必要とするでしょう。あなたの力を注げる場所であるかどうかを調べなさい。

もし、自己をそぐ場所があれば、それは十二ステップの場所です。どの会合も自己の檻から逃れる機会を与えたり、他の人に少しの何かを与えたりする機会もあります。健康と回復の真髄は自己の檻から自由になることです。私たちが会う半数の人は私たちの救い手であり、救助者です。

聖なるイエス様、他の人々を大切にし、分かち合う自由を私から引き出してください。アーメン

7月12日

「人を裁くな。あなたがたも裁かれないようにするためである。」

マタイによる福音書　七章一節

無批判は人々を批判しない技術と呼ばれてきました。それは賢い人にはやさしく、利口な人にとっては難しく、独善的な人にとっては不可能です。批評は賢い人にとっては難しいのです。なぜなら知恵は頭の良さや独善とはかかわりないからです。知恵は名指しで非難したり、粗探しをして責めたりするのを慎むのです。賢い人はとても思慮分別に富むので、鋭い批判を言ったり、名指したり、人々にレッテルを貼ったりすることができません。

ある寓話にペルシャの王が彼の四人の息子たちが他の人を批判するのをやめさせようとしているお話があります。長男は王の命令で冬にマンゴの木を見に旅に出ました。春がくると次男は同じようにその木を見るようにと送られました。夏になると三男が送られました。末っ子は秋になってそこへ行きました。王は全員を一緒に呼んでマンゴの木について述べさせました。長男はそれが焦げた切り株のようだったと言いました。次男はそれが美しいレースのような緑だったと言いました。三男はその花はバラのように美しいと言いました。末っ子はその実は梨のようだと言いました。「お前たちの一人一人は正しい。お前たちは違った季節にそれを見たからだ。この教えを覚えておきなさい。裁いてはいけない。お前たちは全体の真実を知らないからだ」と王は言いました。

これは回復中のクリスチャンにとって良いアドバイスです。聖パウロは私たちに自分自身をも裁かないように警告します。「わたしにとっては、あなたがたから裁かれようと、人間の法廷で裁かれようと、少しも問題ではありません。わたしは、自分で自分を裁くことすらしません。自分には何もやましいところはないが、それでわたしが義とされているわけではありません。わたしを裁くのは主なのです。」（Ⅰコリント一四・三～四）

イエス様、どうぞ私の確信が愚かにならないように助けてください。私を責めや裁きから自由にしてください。そして私がいつも率直で建設的になれるように導いてください。アーメン

「わたしも言っておく。あなたはペトロ。わたしはこの岩の上にわたしの教会を建てる。陰府の力もこれに対抗できない。」

マタイにによる福音書　一六章一八節

ある小さな女の子が祖父の農場を初めて訪れていました。納屋に入ったとき、驚いて言いました。

「おじいちゃん、なんて面白い顔をした牛なんでしょう。でもどこに角があるのかしら」

辛抱強く祖父は説明しました。「ねえ、お前、生まれた時から角がない牛もいるし、角を取られる牛もいるんだ。角を切ってしまうんだよ、そうすることによって人を傷つけないからね。角があるか、ないかにはたくさんの理由があるんだ。でもこの牛に角がないのは、それは牛ではないからだよ。それは馬なんだ」

名前を正しくいうことは大切です。身分証明は重要です。私たちはすぐにレッテル貼りや他の人に間違った名前をつけたりします。他の人の名前を違ったところに貼ったりすることは人を戸惑わせることで、建設的ではありません。最近の英国での国勢調査の際に、調査員がある女性に何人子供がいるかを尋ねました。彼女は「そうね、ウィルバー、オラス、それにイーゼルだわ」と言ったときに、調査員は話の腰を折り、「名前は結構です。私が知りたいのは数だけなんです」彼女は怒って答えました。「子供たちには数などついていません。一人一人名前がついています」

クリスチャンは名前を恵みとして、また特別で、ユニークな個人証明として受け取ります。伝統的には名前を洗礼の時にもらいました。いまは誕生した時に名前をもらいます。回復中の人として名前は最も重要です、病気は次にきます。「私の名前はフィルで、私はアルコール依存症です」たまたま依存症になったのです。「アルコール依存症」ではなく、まず人なのです。

命の主よ、私の名前や独特さを主張できるように助けてください。そして自分自身にレッテルを貼ることのないように助けてください。アーメン

7月13日

7

7月14日

「すると皆、次々に断った。」

ルカによる福音書　一四章一八節

ある婦人がオマレー旅行代理店へ訪れ、旅について尋ねました。「奥様、たぶんあなたはアフリカに興味があるでしょうね」と店員は示唆しました。「いいえ、いいえ」と彼女は言いました。「私は動物の臭いに耐えられないわ」「それではインドで寺院を訪れるのはどうですか」と店員は案を出しました。彼女は「ノー」と言って「インドは病気が多くあり、ヒンズー教徒でいっぱいだわ。それには耐えられない」「それではエメラルドの島、アイルランドへの旅はいかがですか。今、とても美しいですよ」と彼は微笑みました。「本当に、だめだわ。アイルランドは寒く、湿気があって、カトリック教徒がたくさんいるわ」と荒々しく言いました。「それでは地獄はどうですか。そこは暑く、乾いていて、プロテスタントがたくさんいますよ」とアイルランド人の店員は答えました。

多くの人は会合に行かない理由をたくさん並べていました。時には十二ステップのグループについて偏見があります。私たちは「そのような種類の人々」とみられています。しかし何と多くの素晴らしい人間が回復途上にいるのでしょうか。概して、いかなる教会も彼らがいることで非常に恵まれ、豊かにされるでしょう。私たちの多くは病気の人々の会合で、精選された人間という群れに会ってきました。なぜですか。たぶん、私たちは生き残ったか、または痛みが私たちを柔らかくしたのです。

愛するキリスト、いつも必ずしも良い評判を持たなくても正直で本物である人の中に、あなたを見つけることができるように私を導いてください。アーメン

7月15日

良い贈り物、完全な賜物はみな、上から、光の源である御父からくるのです。御父には、移り変わりも、天体の動きにつれて生ずる陰もありません。

ヤコブの手紙　一章一七節

　ある偉大なクリスチャンの牧師は、コレラにかかって男の子を亡くした友人がいました。「さて、牧師様、これは神のご意志です。それだけのことです。神のご意志です」その牧師は答えました。「もし誰かがあなたの子供のところへ来て、コレラ菌を腕に注射したと思ってください。どう思いますか」父親は答えました。「誰もそんな馬鹿なことはしませんよ。もし私がそんな人を捕まえたら、その場で殺してしまいますよ」「しかし友よ、それはあなたが神の行為を非難することではないのですか。あなたはこれが神のご意志だといったとき、神を殺人者と呼んだのではないですか。貴方の子供の死を多くの愚行の結果と呼びなさい。それらは排水の悪さ、不衛生、不注意、無知の結果であって、神の意志なんかではないのです」と牧師は言いました。

　私たちが命を持つことは神の意志です。神は私たちが健康であってほしいと思っています。神はエネルギーを私たちの救いへと働かせ、使います。私たちに起こる痛み、苦しみ、災害が何であろうとも、それは神の願いではありません。私たちの回復においてこれまで通ってきた地獄がどんなであっても、神がそれを望んだからではありません。ある古代の祈りはこの神の愛と守りの事実を述べています。

　ああ、慈悲深い神様、天のお父様、あなたは私たちを聖句で教えてくださいました。あなたは人々を悲しませたり、悲嘆にくれさせたりすることを望んでいないのです。私たちが祈りを捧げるあなたの弟子の悲しみを憐れんでくださるよう慈悲を祈り求めます。

私たちの苦しみや悲しみは神の行いではありません。私たちの痛みの責任は誰であっても、何であってもそれは神ではありません。

　ああ、キリスト、あなたは命と意志を父なる神に与えました。どうぞ神はわたしのために良いことだけを望んでいるということを知ることができるように助けてください。アーメン

7月16日

「あなた方は彼らの実によって彼らを見分けるでしょう。」

マタイによる福音書　七章一六節

あるクリスチャンの牧師がロータリークラブの会合で話しました。彼は話し終わったとき、ラビの隣に座り、尋ねました。

「先生、私はあなたにとって今日はクリスチャンすぎましたか」

彼は言いました。

「いいえそうではありませんでしたよ。人はクリスチャンになればなるほど、ユダヤ人をより良く扱いますよ」

これは多くの宗教において真実なことです。私たちが宗教的な目標を実践すればするほど、お互いをより良く扱うものです。

他への思いやり、世話、感受性、愛は人間を慈悲深くします。私たちはお互いにいつも話すことができますが、本当の人間を創るのはお互いをどのように扱うかにかかっているのです。いかに行動すべきかは、最高の人間であるイエス・キリストの例に最もよくみられます。すべての人々の価値への愛と思いやりは私たちすべての人にとってモデルです。生きた愛がどのようなものであったかはイエスが示しています。イエスは私たちに同じ愛を与えることができます。

私たちの最も大きな医学的な問題は動脈が硬くなることではなく、心が硬くなることなのです。私たちが防御的になったり、攻撃的になったり、人と交わらなくなったりする時、私たちは心をコンクリートで固めてしまうでしょう。私たちが他の人の痛みや苦しみを思いやったり、泣いたりすることを止める時、私たちはすでにセメントに入れられているのです。私たちが高い力に求めるものや人がどんなであれ、そこに愛や思いやりが見られなければ、邪悪を見ているのであって神ではないのです。愛はすべての命の中心です。愛なしでは私たちは腐敗します。愛なしでは私たちは回復できません。

キリスト様、憐れみ深いお方、どうぞ私に愛の恵みだけをお与えください。そうすれば私はすべてを所有することになります。アーメン

7月17日

「あなたがただけで人里離れた所へ行って、しばらく休むがよい。」

マルコによる福音書　六章三一節

ある男性が空港の雑踏を突進して行った時に、二人の人に押されました。彼らは男性に「何で急いでいるの」と言いました。男性は「ワシントン行きの飛行機だよ」と言うためにゆっくりと歩きました。彼らは楽しそうに答えました。「大丈夫ですよ。私たちはあなたのパイロットです」と。皆いっしょに笑いました。

私たちの時代は短距離競争、一瞥、押しのける時代と言われてきました。誰もが急いでいます。イエスは行動することにおいても、行動しないことにおいてもイエスに従うように呼びかけておられます。しばらく休むようにとも。神は創造の後、休息され、聖日を休みやくつろぎにあてました。実際、神は七日目に休息され、その日を聖なるものとされました。

現代人は休んだり、リラックスしたり、一人で静かな時を持ったりすることが難しくなっています。私たちは人々や、活動や、騒々しさで自分自身を落ち着かせようという傾向があります。しかし、また私たちは静かにしているようにも言われているのです。イエスは彼の弟子たちを招いて言われました。

「イエスは、『さあ、あなたがただけで人里離れた所へ行って、しばらく休むがよい』と言われた。出入りする人が多くて、食事をする暇もなかったからである。」（マルコ六・三一）

急いで食べたり、走りながら食べたりして、胃の調子がおかしくなるのも不思議はありません。「ゆっくりやりなさい。あなたは速く動きすぎる」という歌を聴く必要があります。旅のどんなところが好きかを尋ねられた小さな少年は答えました。「有料道路の料金精算所だよ。そこだけは車が止まるし、十分な時間があるので何でも見えるから」

主よ、どうぞ私のブレーキを踏むことができますように。そして日々、私を休ませ、しばらくリラックスできるようにさせてください。アーメン

7月18日

「忍耐によって、あなたがたは命をかち取りなさい。」

ルカによる福音書　二一章一九節

ある父親は毎晩、自宅に仕事を持ち帰り続けていました。小学校一年生の娘になぜなのか尋ねられました。会社ではたくさんすることがあり、仕上げることができないので持ち帰るのだと父親は説明しました。

「それでは、なぜ会社の人たちはお父さんを遅れている人のグループに入れないの」

ガンディは言いました。「スピードを増す以上に大切なものが人生にあります」回復は急いで行われることができないプロセスなのです。「ゆっくりやりなさい」は回復に必須な要素を示しています。私たちは無理に解決させることはできません。私たちを無理に努力させることはできないし急がせることもできません。急いだプログラムや不安にさせるプログラムは、実際に支配（コントロール）へと後戻りさせてしまいます。過度のコントロールは進歩の敵です。緊張と静寂は調和しません。

ある婦人は彼女の牧師に言いました。「私は昨日あなたにお話ししたかったのですが、お電話した時、あなたはオフィスにいらっしゃいませんでしたね」牧師は答えました。「すみません。昨日、私は休暇でした」その婦人は言い返しました。「休暇ですって。悪魔は休暇を取らないのをご存じかしら」笑いながら牧師は答えました。「それは本当です。しかし私が休暇を取らなかったら、私は悪魔のようになってしまうかもしれません」悪魔には平和がありません。満足し、自信を持ち、急がず安心した人生へのアプローチは神からくるのです。回復途中のクリスチャンの生活は日課ではなく、興味や楽しみへの経験なのです。回復は詰め込まれるべきではなく、またはがつがつ食べるものではありません。それはゆっくりと消化され、楽しまれなければなりません。

主なるイエス様、どうぞ私の歩みを遅くさせ、私に忍耐と信頼を与えてください。アーメン

イエスの方から言い出された。「シモン、あなたはどう思うか。」

マタイによる福音書　一七章二五節

ある高齢の女性は彼女の古いアパートに住むことにあきあきしてきました。多くのアパートを熱心に見た結果、新しい場所を見つけました。彼女は引っ越しの準備をしている間、新しいアパートで楽しく安心して過ごせるだろうと想像しました。彼女の心はすでに新しい家に住んでいて、うっとうしい古い家のことは気になりませんでした。楽しんでいたので少しその古い家が少し良いように思えてきました。彼女は古いアパートを新しい気持ちで見ていたのです。彼女は古いアパートに残ることに決めました。「なぜかしら、私は新しいアパートに引っ越す必要がなくなったの。私がしなければならなかったことは、新しい気持ちに引っ越すことだけでした」と彼女は驚いて言いました。

聖パウロは内側からの変化を述べています。

「あなたがたはこの世に倣ってはいけません。むしろ、心を新たにして自分をかえていただき、何が神の御心であるか、何が善いことで、神に喜ばれ、まだ完全なことであるかわきまえるようになりなさい」（ローマ一二・二）

回復はキリストの救いの力を通して健康で欠けたところのない「新しい気持ちに移る」ことでなされなければならないのです。

愛するイエス様、私の気持ちを新しく、そして変えてください、その結果私はあなた様にお会いでき、あなた様を愛することができます。アーメン

7月20日

「互いに愛し合うならば、それによってあなたがたがわたしの弟子であることを、皆が知るようになる。」

ヨハネによる福音書　一三章三五節

ある偉い哲学者がかつて言いました。

「自分自身の完璧さと他の人の幸せを追求することは私たちの義務である。自分たちの幸せや他の人の完璧さを求めることではない」

これはまた与えられる愛ではなく、与える愛と呼ばれています。与えられる愛は「猫の愛」とも呼ばれています。なぜなら猫があなたにすり寄るのはあなたを愛しているのではなく、自分自身を愛しているからなのです。自己愛は、愛ではありません。エーリッヒ・フロムは、愛は自己を与えることと述べています。

愛は保証なしで自分を捧げるという意味です。その愛が愛する人の中に生きるという望みを持って完全に自分を与えることです。愛は信仰の行いです。信仰のない人は愛もありません。

回復、嗜癖から自由になることは私たちが神に信頼することにおいてなされます。自己の明け渡しを覚悟すること、「すなわち自己を完全に与えること」で新しい健全さと希望を得られるのです。私たちが信頼すればするほど、愛することができます。愛すれば愛するほど愛は実を結びます。人を愛するという冒険を伴う仕事には保証はありません。聖パウロは愛を次のように述べています。

「愛は自慢せず、高ぶらない。礼を失せず、自分の利益を求めず、いらだたず、恨みを抱かない。不義を喜ばず、真実を喜ぶ。すべてを忍び、すべてを信じ、すべてを望み、すべてに耐える」（Ｉコリント一三・四〜七）

このような愛は神にゆだねる、覚悟をすることから生まれるのです。

私の魂の愛する人よ、より深く、より良く、より自由に愛することを私に教えてください。アーメン

「しかし、勇気を出しなさい。わたしはすでに世に勝っている。」

ヨハネによる福音書　一六章三三節

中世においては、悪魔が不幸や悲惨さの主な原因だと考えられていました。特殊な悪魔は「青い悪魔」というもので、鬱病や絶望を起こすと考えられていました。三〇〇年後、米国人作家のワシントン・アーヴィングは「青い悪魔」を「ザ ブルーズ」と短縮しました。その時から「ザ ブルーズ」は失望した低いムードを表す共通の言葉になりました。私たちは、よくブルーファンク（おそれの状態）であると言います。しかしながら、私たちが悪魔とかかわっていると思う人はいません。

絶望の実際の原因が何であろうと、悲しみのムードは回復途上にいる人々にとっては親しんでいる仲間のようなものです。あまり強引に進めたり、速過ぎたり、頻繁すぎたりすると、たいていがっかりしてしまいます。我慢できなくなったり、毎日の新しいプログラムを忘れたりします。もし、昨日、十分にできなかったとしても、今日はいつも新しいのです。期待しすぎて、進歩が遅すぎると思ったりするとき私たちは悲しくなります。

しかしながら、回復途上のクリスチャンは、回復というのは止まることのない生涯の旅であり、私たちは神の癒しを受ける一日一度の永遠の時があることを知っています。締切日はありません。毎日新しい出発ができます。それは今、キリストによって私たちに保証されている事実です。キリストは私たちを激励します。

「あなたがたには世で苦難がある。しかし、勇気を出しなさい。わたしはすでに世に勝っている」

すべての青い悪魔が原因である問題にキリストは勝っているのです。

キリスト様、あなたは絶望を知っておられます。しかし、あなたはあなたの喜びで悲しみに勝利されます。あなたに近くいさせてください。特に私がブルーなときに。アーメン

7月22日

「あなたがたのうちの誰が思い悩んだからといって、寿命をわずかでも延ばすことができようか。」

ルカによる福音書　一二章二五節

私たちのスローガンである「行うことはやさしい」というアイデアは最近の偉大なサチェル・ページのものです。彼は長い野球の生涯に彼が指針とした六つの簡単なルールを説明しました。

一　血液を汚す揚げ物を食べない。
二　立腹しているとき、冷静に考えて、それを静める。
三　静かに動きながらエネルギーを保つ。
四　社会で起こり続けている悪い行為から遠ざかる。社交的な遊びは平和を与えない。
五　いつも走っているという状態ではいけない。
六　振り返るのをやめる。追いかけてくるものがあるかもしれない。

私たちは彼の六つのルールに親しんでいても、死が私たちすべてに追い着くことを知っています。しかし、最初の五つのルールは瞑想したり、正しいかどうか試してみたりするだけの価値があります。最初の五つは命にかかわり、私たちがどのように生きるかにかかわるからです。そこには平和があります。

回復途上にいるクリスチャンはこのようなリラックスしたライフスタイルから得られることがあります。今日ではストレスは多くの病の原因であるとされています。ページのアドバイスに従うことは私たちの活発すぎる生活への良い解決方法です。それはイエス様のように響きます。

「だから、言っておく。命のことで何を食べようか、体のことで何を着ようかと思い悩むな。」（ルカ一二・二二）

主よ、私がもっとやさしく、リラックスして歩むことができますように助けてください。アーメン

7月23日

「御子を信じる人は永遠の命を得ている。」

ヨハネによる福音書　三章三六節

第二次世界大戦で南の島上空で米国人の航空兵が撃ち落とされました。彼はすぐに隠れました。なぜなら原住民たちは首狩りをする人食い人種だという情報がありました。彼は病気になり、精神が錯乱してきました。ところが彼は島民に発見され、健康が回復するまで、お世話をしてもらいました。彼は親切に扱われただけでなく、次のようなことも知りました。この島には刑務所、貧困、離婚、犯罪、病気もないということを。酋長は言いました。

「医者はいるにはいるが、ほとんど釣りをして過ごしている」

航空兵は、どのようにして野蛮な人食い人種がこのような素晴らしい状況になったかを尋ねました。酋長は言いました。

「あなたがたの先祖が私たちに宣教師を送った。私たちは皆、クリスチャンだ。私たちはキリストを真剣に受け止めている」

もし、私たちが同じようなことを言うことができたら、なんと素晴らしいでしょう。私たちは、何年も嗜癖、失敗、挫折を経験した後で、キリストと十二ステップですべてが変えられることを真剣に受け入れ始めました。生きている私たちは蝕まれるままにされず、病気に共食いにされるままにされず、癒されてきました。キリストとキリストの言葉を真剣に受け入れる時に、奇跡は起こります。私たちも例外ではありません。それは私たちの熱心さによるのです。回復は楽しくはありませんし、ゲームではありません。それは真剣な仕事なのです。それは生存にかかわることなのです。

主なる神様、回復とゲームをすることのないように助けてください。そして私が、神様と私の健康を真剣に考えられるように助けてください。アーメン

7月24日

独り子を信じる者が一人も滅びないで、永遠の命を得るためである。

ヨハネによる福音書　三章一六節

一艘の船がカリブ海のクルーズから戻ったところでした。少年が甲板で、ある人の犬と遊んでいました。棒を甲板に投げてそれを取ってくるというものでした。投げた棒が遠くまで行き、手すりを越えて海に落ちてしまいました。その犬はそれを追いかけて船外から水中に飛び込んでしまいました。困った犬の持ち主は船長に船を戻してその犬を救ってほしいと懇願しました。「船を止めて犬を救うこと、私にはそれを行うことができません」と船長は言いました。

「それでは人間のために船を止められるんだね」犬の持ち主は叫んで海に飛び込みました。もちろん船は止まり、人間も犬も救助されました。

神は私たちにそのことを行なってくださったのです。神は私たちすべてを救うために海に飛び込まれたのです。私たちは、神の救いの行いに決して値しない存在ではありません。ある諺は次のように言っています。「もし、あなたが地上にたった一人残された人だとしても、キリストはあなたのために死ぬでしょう」すべての魂は神にとっては重要なのです。教育資金を求めてアピールするある偉大な教育者は次のように言いました。「もしすべてのお金が一人の子供を救うために遣われたとしても、それはむだにはならないでしょう。誇張ですって？もしそれが私の子供だとすれば、誇張とはいえません」

私たち一人一人は神に属しています。私たちは神の大切な子供です。神の愛に満ちた救いは私たち一人一人のためなのです。誰も外されないのです。聖パウロは私たちに語ります。

「つまり、アダムによってすべての人が死ぬことになったように、キリストによってすべての人が生かされることになるのです。」（Ｉコリント一五・二二）

主なるキリスト、あなたへの信仰をどうぞしっかりと保つことができますように。私の命が永久にあなたのものになりますように。アーメン

イエス・キリストによって神の子にしようと、御心のままに前もってお定めになったのです。

エフェソの信徒への手紙　一章五節

ある家族が地方のリゾートへ行くところでした。その計画について何も知らされていない六歳の娘は車に乗ってから尋ねました。「お父ちゃん、どこへ行くの。どこに着くの」これは人生の質問です。私たちの行き先はどこですか。何が私たちの運命なのですか。

ある人が自分の死亡記事を地方新聞で読み、ショックを受けました。怒って彼は編集者に電話しました。「先週の金曜日の新聞に出た私の死亡記事について電話しています」「はい、旦那様、どちらからあなたは電話をしていらっしゃいますか」昔から私たちは天国か地獄に向かっているといわれます。しかし、それは最初の停車駅である死を越えてから行くのです。死はすべての生命にとって行き先です。しかし、何かが私たちに叫びます。「私たちの行き先が死であるはずがない。私の行き先は命です」

クリスチャンの信仰における回復は次のことを明らかにしています。私たちの運命はチャンスの問題ではなく、選択の問題であると。それは待つべきことではなく、成し遂げられることであると。私たちの運命は命の十二ステップを歩くことです。それぞれのステップは選択です――一日に一度――。なぜなら一日一日の生活で運命を見出すのです。運命は時間や場所を述べられる行き先ではありません。私たちはある場所へと行こうとはしていません。神と共にいるようにと招かれているのです。神の子供たちになるよう招かれているのです。私たちのゴールは私たちがどこへ行くかではなく、誰になるかということです。

私たちはどこへ行くのですか。神の子供たちが行く場所はどこでもよいところでなければなりません。

主なるキリスト、私はあなたがおられる所はどんな所でも行くことに決めます。その場所だけが私の運命です、それだけが私の行き先です。天にはあなたが共におられ、地獄にはあなたはおられません。アーメン

7月25日

7月26日

「友人であるあなたがたに言っておく。体を殺しても、その後、それ以上何もできない者どもを恐れてはならない。」

ルカによる福音書　一二章四節

心理学を教えているある教授には子供がなく、隣人が子供のおしりをたたいているのを見て、よく諭していました。「あなたは子供を愛すべきです。子供たちを罰してはいけない」

ある日、その教授は新しいセメントの歩道を仕上げました。彼はコテでならしたり、それを完璧にしたりするために長時間働きました。ちょうど終えようとしていた時に、小さな男の子がそのセメントに手形をつけたり、絵を描いたりしているのを見ました。彼は急いで近寄り、その男の子を捕まえ、お尻をたたき始めました。隣人は窓から顔を出し、叫びました。「気をつけて、教授。覚えていませんか。子供を愛さなければならない」「私は、理論的には彼を愛していますが、実際には愛していません」その心理学者は叫び返しました。

最近次のように言った人がいました。

「今日、愛を語る言葉があふれているのに、愛の行動が欠けています」

愛はそれが行為とならなければ愛ではありません。愛は感じたり、話されたりするだけではなく愛の行動が行われたときだけが愛なのです。愛するという動詞は愛の行為を伴った実際の行動が必要となります。愛は言葉なしで表現されることができます。愛の贈り物はいつも現実の贈り物と与える行為によって表されるのです。愛することはあなたが話す場所で、あなたの愛の行為が行われることを要求します。もしいかなる行為も言葉よりも大きければそれは愛です。

回復は行いを中心に、神や、隣人や、自己を積極的に愛する行為で築かれます。実際、回復は愛なしでは不可能です。

主よ、あなたはいつも行為で、十字架へ至るすべての道で、あなたの愛を示してくださいました。どうぞあなたへの愛と他の人々への愛を行えるよう助けてください。アーメン

7月27日

「だれでも高ぶる者は低くされ、へりくだる者は高められる。」

ルカによる福音書　一八章一四節

仏陀は言いました。「いつも『それはあなたです。それはあなたです、主よ』という人は賢い人です。しかし、無知で、惑っている人は『それは私です。それは私です』と言います」回復は基本的には自己という獄――私という籠から自由になることです。自分の無知や惑いから目覚め、私たちは病んでいて、コントロールがきかないということを知る時、知恵は私たちを神の手が行なう保護にゆだねるのです。多くの人は次のように伝えています。「私は他の誰とも同じだとわかり、人類に加わることに決めました」　私たちの多くは、自分たちは有能な人間であり、すべて自分たちの力で嗜癖をやめることができると思っていました。それから私たちは超人でもないし英雄でもなく、神だけが私たちに手を差し伸べることができることを、自分が神であることをやめなければ、神は私たちのところに来てくださらないのだということに気づきました。

ウォルト・ディズニーは次のように言いました。

「有名になることは、自分の娘が従順になることも、ペットの犬の蚤を取ることも要求しません。もし有名人になることが何匹かの蚤を退治することに何も効果がないなら、有名になることはそれほどのことではないと思います」

感謝すべきことに、十二ステップは私たちの高慢な態度を改めさせ、私たちは有名人で高い地位にいるので、自分の蚤を取ることもできないという考えを取り払ってくれます。聖パウロは自分を過大に評価しないようにと言いました（ローマ一二・三）。私たちにとって、良くなることは高慢な席から降りて、残りのみすぼらしい世界に加わることを意味するのです。

イエス様、尊大さや高慢から私を救ってください。あなたの謙遜な心を私にください。人を快く受け入れ、思いやりのある人にしてください。アーメン

7月28日

「納めるべきでしょうか、納めてはならないのでしょうか。」

マルコによる福音書　一二章一四節

地方の教会にゲストとして招かれた説教者は早く到着し、礼拝室に入りました。ドアの近くの壁に小さな箱が取り付けられているのに気づきました。彼はそれが貧しい人々のための献金を受ける箱の一つだと思い、そこに五〇セント入れました。礼拝の後、その説教者のホストは彼を教会の入口へ連れて行き、彼らの教会はとても小さく貧しいので説教師に払うお金がないことを説明し、そのために小さな献金箱をドアのそばに取り付けたということでした。

「今日はその中に五〇セントがありましたよ。あなたは他の多くの人よりもうまくやりました」と彼は言いました。

牧師は家に帰り、家族にこの出来事を話したところ、彼の子供の一人が言いました。

「お父ちゃん、もしもっとお金を入れていたら、もっとお金をもらえたわね」

回復はインヴェスト（お金や時間を注ぐ）という語を中心にして展開します。インヴェストすることで与えられた利息を得られます。インヴェストは参加するということです。時々私たちは多く投資したり預金したりします。本当に少ししかしないこともあります。チップは少しの謝礼金です。犠牲は完全な捧げ物です。回復途上で、最も良くなるときは、たいてい時間と努力を多く捧げている時です。チップや少しの預金をしてもふつう少ししか達成できません。回復は賭けや運ではないのです。回復することは、私たちの生活や健康に注意深く、犠牲的に行われる投資なのです。私たちが貯金をすればするほど、引き出すこともできるのです。私たちは見返りを受け取るのです。

主よ、あなたはご自身を犠牲にしてわたしたちにすべてをくださいました。どうぞ私がもっともっと自分自身を与えることができるように助けてください。アーメン

「いちばん上になりたい者は、すべての人の僕になりなさい。」

マルコによる福音書　一〇章四四節

ある偉大な聖人がかつて言いました。

「もし人が世界のすべての物質、すべての牛、土地、湖などを与えられ、愛する人にそれらを分け与えられることができないなら、悲しいでしょう」レランド・スタンフォードは一人子を亡くしました。彼はカリフォルニア州出身の国会議員でした。彼はほかに子供がいなかったので、すべてを失ったと思いました。一〇〇万ドルの家を建てましたが、それは何の意味もありませんでした。ある夜、息子が彼のところに現れた夢を見ました。「お父さん、生きるはりあいがないと言わないでください。人のために、他の子供たちのために生きてください」間もなくスタンフォード大学がパロアルトに建てられました。それは来るべき世代の子供たちの教育に捧げられるものでした。スタンフォード家は彼らの時間とお金を貧しい人々、ホームレスの人々、孤児たち、病にある人々への援助に捧げ始めました。一人の喪失は何千もの人々のための恵みとなりました。

ギリシャ語のイディオットはもともと、わがままな目的のために自分の所有物を使う人について言われた言葉でした（英語の意味は愚者）。十二ステップのプログラムは時々自己本位のプログラムと言われました。これは誤解を受けやすい言葉です。十二ステップは各々の人の自己、すべての人の自己――それは癒されるに値するすべての自己のためなのです。しかもそれはすべての人を助け、仕えることによって、それぞれに仕え、助けるプログラムです。私たちはイディオットではなく人々のために仕えるのです。イエスは私たちに他の人へ献身や奉仕を他の人と共に行うことによって、私たち自身の「自己の救い」に招いています。回復は一人のためではなく、すべての人のためです。しかし、一人一人は癒されるので、すべての人に新しい健康が与えられるのです。

救い主なる神様、他の人のために活動できるように私を動かしてください。与えることと助けることを私に教えてください。

アーメン

7月30日

『子よ、今日、ぶどう園へ行って働きなさい。』

マタイによる福音書　二一章二八節

ある心理学者が三〇〇〇人の人々に「あなたは何のために生きていますか」と質問をしました。そして九四パーセントが、未来を待ちながら現在をただ耐えているということを知ってショックを受けました。すべての人が何かが起こることを待っている――子供たちが成長し独り立ちすることを待っている、来年が来る、休暇や旅を待っている――誰もが持っているのは今日だということを気がつかないで明日を待っているのです。昨日は去ってしまいました。明日は、今は来ないのです。

回復は待合室ではありません。それは運動用の体育館です。時計で動き回り、利益をもたらし、結果を求める工場なのです。私たちの健康は待つことによってではなく、行うことによって成し遂げられるのです。私たちは待ったり、夢見たり、願ったり、明日はより良くしようと決心したりしていました。回復は今日の活動のためのものであって、明日の希望的観測ではないのです。回復途上のクリスチャンは待つ人ではないし、たじろぐ人でもありません――従う人です。今日が私たちの競技場で、活動は私たちの使命です。

十二ステップは活動への招集です。それぞれは繰り返しの多いゴールです。それぞれのゴールは行いによってだけ到達されるのであって、待ったり、望んだりすることによってではありません。そのステップは私たちの旅の道しるべです。それぞれのステップは私たちを正しい方向へ向かって進み続けさせます。すべてのステップを今日歩むことはできませんが、毎日のステップとなる少なくとも一つのステップがあります。待たなければならないステップもありますが、ステップ一からステップ三は毎日数回歩むことができます。

イエス様、あなたは今日という日を与えてくださいました。待つことをしないで、現在に打ち込ませてください。アーメン

「私がきたのは律法や預言者を廃止するためだ、と思ってはならない。廃止するためではなく、完成するためである。」

マタイによる福音書　五章一七節

ある有名なコメディアンが子供時代のお話をしてくれました。彼はあるレストランで、おいしいご馳走を食べ終わるところでした。その時に年老いた浮浪者が入ってきて二六セントの食事を注文しました。彼はゆっくりと残らず食事を味わい、お金を支払うときになって、お金が無いとだけ言ったのです。店主は彼を瓶で殴り、彼の顔に傷を負わせてから蹴り始めました。コメディアンは言いました。「彼を離してください。私が二六セントを払います」

その浮浪者はどうにか立ち上がり、カウンターに寄りかかり言いました。「お金をしまってください。あなたはお金を払う必要はないよ。私が今、払ったから」

浮浪者は彼の傷と血で支払ったのです。私たちもそうしました。私たちは過度の飲酒や嗜癖に対して支払いました。私たちは支払を逃れることができると思っていましたが、誰も逃れることができません。私たちの共依存の愛する人たちは私たちを救った時に、かばった時に、私たちのために嘘をついた時に、私たちの癖を助けた時に代価を払い、そしてとうとう誰もが支払うのを止めたのです。しかしながら、より良い支払計画があります。

十二ステップは援助します。それぞれのステップは私たちの負債を分割払いします。回復途上のクリスチャンとして、癖を治したり、借金を支払ったり、償ったりすることを試みるときに、私たちは借金の清算に近づくことさえできないことがわかります。私たちは最高の支払計画を知っています。救い主は彼の命で支払ってくださいました。彼を苦しめる者による切り傷、むち打ち、けりを甘受しました。イエス様はあの浮浪者が行ったような方法で、彼の傷と血で私たちに償ってくださいました。イエス様は十字架から貧しい私たちをやさしくご覧になり、言われます。「あなたがたは支払う必要はありません。私が支払いました」

イエス様、律法を完成し、私の罰をあなたが引き受けてくださることを感謝いたします。アーメン

7月31日

成功
Success

ヘレン・ヘイズの母親は娘に言いました。「業績はあなたが研究したり懸命に働いたり最善を尽くしたことによって得た学識です。成功は他の人によって称賛されることです。それも良いことですが、業績ほど重要ではありません。業績のねらいは成功に関することを忘れることです」

回復途上にあることを「プログラムを働くこと」や「ステップを働くこと」のように述べることがよくあります。この記述は恵みだと思います。働くことは良いことであり、特別のことではなく、必要なことです。回復は簡単でないと知ることは大切です。最も価値ある働きは大変です。努力やエネルギーや微細なことに注意が必要です。しかしその働きはとても報われます。私の人生の仕事における牧会、仕事と牧会は十分報われました。

何度も私は失敗したと感じました。しかし、失敗感は他の人を満足させなかったからでした。他の人の目にとっての失敗は、間もなく自己判断にもなります。支持されなかった、称賛されなかったなど私の成績は他の人の評価によっています。依存症でさえあります。ありがたいことに、神は神以外から支持を求めることから私を救い出してくれました。監督派の牧師が聖職者に任ぜられるとき、一つの誓いは「神を喜ばす人になることであって人を喜ばす人になることではない」のです。

回復は称賛や激励に依存していません。それどころか、他の人からの批判は私たちが正しいことをしていることをそれとなく知らせているかもしれません。ヘレン・ヘイズの母上に感謝します。業績は行ったことを知ることです。成功は他の人が私たちに示すものです。私は最初の司教に感謝しています。「神はあなたの成功を求めていません。神はあなたの忠実さを求めています」

もし私たちが忠実であれば必要なことはすべてうまくいくでしょう。プログラムに取り組むことは一人一人の責任です、そして忠実な献身で十分であり、神が成功を認めてくれるでしょう。

8月1日

「また、あなたがたが祈るときは、異邦人のようにくどくどと述べてはならない。異邦人は、言葉数が多ければ、聞き入れられると思い込んでいる。」

マタイによる福音書　六章七節

時々、失敗するのは仕方がありません。試みれば試みるほど、さらに悪くなるばかりです。一度しくじると、すぐにまた失敗する。前ニューヨーク市長のアル・スミスはシングシング刑務所を初めて視察していた時に、収容者に高揚させる言葉を話してくれるように刑務所長から依頼されました。市長は「私の仲間の市民の皆様」と始めました。そのとき囚人たちは市民権を剥奪されていました。「私の仲間の囚人の皆様」と再び話しました。しかし、それも全く間違いでした。とうとう、彼はどもりながら言いました。

「さて、とにかく、私はここで、あなたがた、とても多くの人々に会えて嬉しい」と。もし囚人たちがユーモアを解せなければその市長はたぶん、彼らの士気を高めることに失敗したでしょう。

このような場合はあります。物事が下り坂になり続けている時です。このような瞬間は困惑よりも深刻です。悪いことにこれらの瞬間はつかの間以上のものになるかもしれないし、永久的になるかもしれません。怖い場所にいたり、苦境に陥り続けていたりする時、多くの場合、自分自身で困った立場から出ようとします。私たちは援助を必要とする時、「助けて！」と叫ぶ必要があります。救いを必要とする時、私たちは救い主が必要です。このような救いはいつも近くにあります――十二ステップとイエス・キリストです。私たちが行わなければならないことは頼むことです。

祈りはとても特別な依頼の方法です。援助者に電話することも方法です。つまずき始める時は、落ちるよりも、バランスを回復し、支えを得ることのほうがずっと簡単です。私たちのプログラムは綱渡りをする人が持つバランスを取る棒のようなものです。それはバランスを必要とする時最も働きます。倒れた後ではないのです。

主であり、救い主である方、問題の原因を隠す衝動や、自分で行き詰まらないようにする衝動に用心させ続けてください。あなたに助けを求めることを私に教えてください。アーメン

8月2日

「わたしは真理について証しをするためにこの世にきた。」

ヨハネによる福音書　一八章三七節

昔の寓話に、すべての王の中で君臨する王であると確信している誇り高いライオンの物語があります。「誰がジャングルの王か」と問いながら、彼はジャングルを反り返って歩いていました。小さなネズミは答えました。「あなた様です」と。ロバも、猿も鹿もカバもそのように答えました。そのライオンが象に吼えながら尋ねると、象は長い鼻を彼の周りに巻きつけ彼の頭のあたりまで旋回させて、ライオンを木にぶつけました。ライオンはふらふらしながら起き上がり、象に近づき言いました。「あなたは答えがわからないからといっていらだつ必要はないんだよ」と。

それはちょうど私たちのようではありませんか。確かにコントロールできると思っています。ジャングルの王様であると確信しています。私たちが気落ちしたり、ぺしゃんこになったりしている時でさえも偉大であると錯覚しています。真実を合理化し、言い訳をし、否定して——忘れさえして——います。最後に、どん底を見て、決定的な瞬間に出会うのです。そのときに病気の現実がすっかり明らかになります。それは第一ステップが私たちの道にランプのように輝く時です。「私たちは無力であることを認めます」

主はあなたと私についての真実を証言するために来られました。私たちは必死になって新しい王、新しい君主、新しい生活を求めます。癒しはこの古い賛美歌の心に起こっていることです。

救い主、いらしてください。
私はあなたに心を広く開きます。
主よ、ここにお住みください。
あなたの内なる存在を私に感じさせてください。
あなたの恵み、愛を私にお示しください。
いらしてください、私の君主、私の心にお入りください。
新しい、高貴な生活を始めさせてください。

あなたの真実の鏡を私に持ち上げて見せてください。あなたが王であることを受け入れるために、私の心を開いてください。あなたにある新しく、高貴な生活を始めさせてください。アーメン

8月3日

わたしたちの主イエス・キリストを通して神に感謝いたします。このように、わたし自身は心では神の律法に仕えていますが、肉では罪の法則に仕えているのです。

ローマの信徒への手紙　七章二五節

米国の偉大なクリスチャンであるジョナサン・エドワードは、第三ステップにいるある男性を知っていました。その男性は祈りを書きました。ある部分では次のように書いてあります。

自分自身に対してどんな権利もないこと、理解への権利も、この意志へも、私の中にあるこれらの愛情に対しても何の権利もないことを主張します。この体、その各部分、この舌、これらの手、足、耳、目に対しても。私は自分を一掃してきました。私自身のものは何も持ち続けませんでした。今朝私は自分自身のすべてを神に与えました。完全に神のものになるつもりで。

いかにして成功したかを問われたときにフローレンス・ナイチンゲールは言いました。「たった一つの説明しかありません。できる限り、または気がついた限りでは、私は何も神に隠し事をしなかった」このような完全な献身、光栄ある神へのこのような身の捧げ方は感激させるものですが、巡礼を始めたばかりの悩める魂に敗北感を感じさせたり、落胆させたりします。しかし私たちは一日に一度明け渡すことを忘れてはいけません。毎日、第三ステップをとるのです。また、私たちが明け渡すすべてのことは祝福されることを覚えなければなりません。私たちは小さな犠牲的行為で始め、完全な降伏で終わります。もし私たちが何事も断念し神に引き渡すならば、私たちは進歩しているのです。ある作家が次のように書いています。

廃棄すべき
束になった罪と恐れを見てしまった。
私はすこしずつ神にゆだねた、
でも私は自分自身をゆだねなかった。

私たち自身を与えることはいつも可能です、いつも歓迎されます、いつもできます――私たちが用意できたときに、いつもキリストに。

イエス様、あなた様はいつも私の明け渡しを受け入れてくださいます。しかし、強いていません。あなたの慈悲深さを感謝いたします。私はできる限り自由に、完全にあなたにゆだねます。アーメン

8月4日

「あなたがたのうち、塔を建てようとするとき、造り上げるのに十分な費用があるかどうか、まず腰をすえて計算しない者がいるだろうか。」

ルカによる福音書　一四章二八節

ある物語では夕方、城に戻った騎士について語っています。彼は混乱していました。彼の甲冑はへこんでおり、彼のヘルメットは形が壊れていました。そして彼の顔は血だらけで、彼の馬は足を引きずっていました。

城主は「何が起こったのか、騎士よ」と尋ねました。

その騎士は答えました。「陛下、私はあなたの軍の仕事に服してきました。戦い、西部に敵を攻撃してきました」

「あなたは何をしてきたのですって?」とその高貴な方は言いました。「しかし私には西部に敵などいないのだが」

「えっ、」と騎士は言いました。「でも今はいると思います」と続けました。

イエスは私たちに「座って、考える」ように念を押します。他の言葉でいうと、私たちが衝動で行動したり間違った方向へまっしぐらに進んだりする前にまず初めに考え、賢くなったほうがいいのです。クリスチャンは計画します。注意深く神によって準備され、イエス・キリストの福音によって立てられた計画があります。この計画で神は急いで行って間違えることがないように注意を喚起する標語や警告を用意されました。

十二ステップにおいても計画があります。第四ステップは第五ステップとそれから残りのステップに私たちを準備させます。回復途上のクリスチャンは衝動や性急な行為のなすがままになりません。座って、考え、検討し、リストを作るという指針があります。間違った方向に行くと簡単に失敗しますが、キリストと回復は両方とも考え深く注意深い指示を提供します。第四ステップは正しい方向に向かった最初の、詳細で注意深く練られた活動です。

キリスト様、どうぞ私が第四ステップを注意深く、慎重に、正直にとることができるように助けてください。最初のことを最初に置くことができるように導いてください。アーメン

「しかし、必要なことはただ一つだけである。マリアは良いほうを選んだ。」

ルカによる福音書　一〇章四二節

ある牧師がカウンセリングをしている人に、決心するのに困ることがあるかどうか質問しました。その人は「そうですね、イエスとノーです」と答えました。

インテリジェンスという言葉は二つの語からできています。「インター」という「〇〇の間」という意味の語と「レゲーレ」という「選ぶ」という意味の語です。知的な人は良い悪い、真実と偽り、愛と憎しみ、謙遜と尊大、やさしさと残酷、命と死を判断して選ぶことを学んだ人です。

南部の説教者が言いました。

「神はいつも『はい』という方向を選びますが、悪魔は『いいえ』を選びます、あなたの投票は当選を決めます。クリスチャンの投票はいつも前向きです」

回復は人生へのはっきりした選択を要求します。回復と健康へ生きるために「はい」と言い、衝動や病気へは「いいえ」と言わなければなりません。私たちはどちらの道を行きたいか選ぶ力を持っています。回復を願っても回復することはできません――または正しい道を選んでもできないのです。でも、願いを選択し、回復のプロセスを始めます。途上、もっと援助が必要になります。自分の同意なしには十二ステップのどれもとることはできません。神は私たちに呼びかけています。神は決して私たちに強いません。しかしながら一度私たちが神の招きに応え、従うなら神は私たちに欠けている力と勇気を与えてくれます。新しい人生への入場は私たちの責任ですが、回復は神の行いになります。しかし、最初にすべきことは私たちが選択することです。

イエス様、私の選択を積極的なものにしてください。私の知性を高めてください。アーメン

8月6日

愛する者たち、互いに愛し合いましょう。愛は神から出るもので、愛する者は皆、神から生まれ、神を知っているからです。

ヨハネの手紙一　四章七節

初期の印刷所は手動式タイプを使っていましたが、アルフレッド・テニスンの詩を印刷する仕事を引き受けた時、彼らはすぐに仕事のプロセスのために何百ものLとVを注文しました。テニスンはLｏｖｅという語をとても頻繁に詩に書いているので、平均的な印刷セットではすべての必要な文字を供給できないのです。回復の人生には同じように愛が満ちていることが必要です。

　時々、怒りや憤慨の気持ちで過去を振り返ります。古い傷や拒絶を復讐という思いで心に温めています。このような考えは回復を止めます。スター・ウォーズシリーズの第三作品はもともと「ジェダイ家の復讐」と呼ばれていました。その映画が公開される前はこのタイトルが優勢でしたが、何かが間違っていることがわかりました。もし、ジェダイ家の人々が平和とやさしさの騎士たちなら、復讐によってやる気を起こすことはあり得ないでしょう。監督のジョージ・ルーカスは同意しました。彼はその映画を「ジェダイ家の帰還」と変えました。帰還は再出発であって、復讐ではありません。それは回復であり愛に満たされた復活です。聖パウロはそれを次のように述べています。「もしあなたの敵が飢えていたら食べさせ、渇いていたら飲ませよ。そうすれば燃える炭火を彼の頭に積むことになる。悪に負けることなく、善をもって悪に勝ちなさい。」「互いに愛し合うことのほかは、だれに対しても借りがあってはなりません。――愛は隣人に悪を行いません。」（ローマ一二・二〇～二一、一三・八～一〇）

　イエス様、私の人生を愛で満たしてください。そして私が愛のある人生を生きられるよう、助けてください。アーメン

8月7日

『神様、罪人のわたしを憐れんでください。』

ルカによる福音書　一八章一三節

　刑務所にいる非行少年に関して研究が行われました。少年たちは「あなたはなぜここにいるのですか」と問われました。例外なく決まって答えはこのようなものでした。「警官の策略さ」「間違えられて捕まったのさ」「誰かが密告したんだ」「だまされたんだ」ある刑務官が言いました。「私の仕事で最も大変なことは、非行少年たちに悪い行為を行ったことを納得させることなのですよ」

　罪や責任を感じない人々がいます。悪いことが人生に起こった時、起こった出来事やほかの誰かをいつも非難します。私たちの多くはそのようでした。すべてのことに言い訳や弁解をしていました。責任を逃れたり、非難されることを避けたりすることが、生き方になっていました。体が不調になり、良心にかかわることは考えることに耐えられないほどになりました。不面目なことはどのようなことでも否定しました。しかし私たちに神がかかわってくださったのです。神は私たちの悔恨と不面目さにかかわってくださったのです。罪の苦しみを感じ自分の行動への責任をとるまで、私たちは健康を回復したり、手に入れることはできません。健康への道は誠実さです。清められる方法は罪と失敗をオープンに認めることです。

　自分自身に直面し、惨めな自分の部分を見るとき、罪の重荷は取り除かれることができます。しかし、その重荷を背負ったり、見ることさえ拒むなら、その重荷を下ろすことができません。

　主よ、私たちを正直にさせてください。私の過ちのために他の人を非難させないでください。アーメン

8月8日

「しかし、わたしは言っておく。敵を愛し、自分を迫害する者のために祈りなさい。」

マタイによる福音書　五章四四節

有名な伝道者であるビリー・サンデイは、いつも説教することになっているそれぞれの都市で、特定の人々のための祈りを実践していました。ある都市へ行く前に彼はいつものように市長に手紙を書きました。彼はその手紙に、特別な祈りが必要な人々の名前のリストが欲しいと書きました。市長は彼に市の住民名簿を送ってきました。これより真実なものはありません。私たちは皆祈りが必要なのです。

第十一ステップに、なぜ祈りが必要なのでしょうか。それは祈られる人のために必要なのでしょうか。祈る私たちのためになのでしょうか。祈る時、何が起こりますか。普通私たちのムードは変わります。思いは神に集中します。ある誠実な祈りにとって、一つの真実は、祈ることと憎むことを同時に行うことは実際的に不可能だということです。もし怒りや悪い思いが現れたら私たちは祈ることを止めます。

謙遜な祈願をしたり、自分たちや他の人々に関して熱心な気持ちで神に近づいたりしたら祈りは決して無駄にされません。ひざまずいて祈る時は必ず自分たちに利益があるのです。ジョージ・メレディスは次のように書いています。
「祈りから立ち上がる人はより良い人になります。彼の祈りは答えられるのです」

祈ることによって良くならないなどということはありえないのです。祈りそれ自体が私たちの答えです。私たちを神につなぐものは何でも、向上の瞬間なのです。だから第十一ステップで祈りを促します。それでより良くなるのです。すべての問題の最も良い治療は祈りです、私たちを傷つけた人たちや私たちが嫌ったり、羨んだり、恐れたりする人々のために祈る時、私たちの中に奇跡が起こります。私たちは愛し始めます、それからキリストは怒りを癒し、悪霊を追い出してくれます。

愛する主よ、止むことなく祈ることを私に教えてください。私は祈って癒されることが必要です。アーメン

8月9日

「わたしは、あなたがたをみなしごにしてはおかない。あなたがたのところに戻って来る。」

ヨハネによる福音書　一四章一八節

カーク・オーソンは彼の本『情熱』でジョーという放浪者について書いています。

その放浪者が生きているか、死んでいるかを心配する人は誰もいませんでした。朝、誰も声をかける人はいません。『ジョー、起きる時間だよ。シャワーを浴びて、髭をそりなさい。朝ごはんを用意している間に』『ジョー、君の靴に紐が必要だね。ここに一そろいあるよ』と言ったり、『行ってらっしゃい。良い一日を』と言ったりする人は誰もいません。誰もジョーを立派にしようとする人はいません。彼はちゃんとした親しい関係のまったく外にいました。彼はひとつの世界だけを知っていました。瓶の中の世界です。彼の締りのない靴が彼を動かすのと同じくらいの速さでお酒を求めて足を引きずって歩くのです。

ジョーのたったひとつの慰めはアルコールでした。私たちはそれがどのような感じがするか知っていますね。私たちは愛する伴侶や、親、友人の思いやりのある慰めを受け入れますか。私たちは今、受け入れることができます。私たちが嗜癖の力をくじいているということは、私たちを愛し、目覚めさせ、食事を与え、励まし、そして私たちに良い日をと願う人々の方へ進むことができるということです。

キリストにある回復は、嗜癖を迎える腕よりももっと良い力と慰め——中毒でない新しい生き方をもたらします。十二ステップは私たちに期待以上の慰めと安堵を与えます。コンフォートという語はもともと人生を楽にするということではなく、「強める」という意味でした。クリスチャンの回復は私たちに強くなるための励ましを与えます。それは私たちが生きるか、死ぬかを心配する仲間の愛に満ちた交わりの中で与えられるのです。預言者イザヤは言いました。「慰めよ、わたしの民を慰めよと、あなたたちの神は言われる。」（イザヤ四〇・一）誰も放浪者ではないとキリストは言います。私たちは決して囲いの外にはいません。主は私たちの家です。「締りのない靴が私たちを動かすのと同じくらいの速さで神の抱擁を求めて足を引きずって歩くことをできなくさせるものがあるでしょうか、ありません」

キリスト様、あなたは私の慰めであります。なぜならあなただけが私の力であり、救いだからです。アーメン

8月10日

「はっきりいっておく。信じる者は永遠の命を得ている。」

ヨハネによる福音書　六章四七節

ある寓話のお話ですが、一匹のサソリが幅広い川を渡ろうとして亀の背中に乗りました。サソリは「亀さん、川を渡りたいので私を背中に乗せてくれませんか」と言いました。

「いいえ、駄目ですよ。あなたは私を刺すでしょう、そしたら私は死んでしまいます」と亀は言いました。サソリはそれを否定して言いました。「私はあなたを決して刺しませんよ、亀さん。あなたは私の友達です。もし、私があなたを刺せば、私たちは両方とも溺れてしまいます」

亀は同意し、甲羅にサソリを乗せて川の中を泳ぎ始めました。半分渡ったところで、サソリは亀の頭を刺しました。彼らが沈みそうになった時に、亀は叫びました。「君は約束したではないか。なぜ私を刺したんだ」サソリは答えました。「私は刺さなければならなかった。わかるだろう。刺すのは私の性質だからね。サソリはそれしかできないんだ」

これは私たちの苦しみに関するたとえ話なのです。何回も私たちはアルコール、食べ物、ギャンブル、ある行為、またはある人を信頼し、何回も何回も刺されたでしょうか。回復は、信用できる人々、信用できるプログラム、信用できるステップ、そして信用できる神に基づいているときなされるのです。私たちは頭を使わなければなりません、そして出どころを熟考しなければなりません。神は私たちを助けることができます、なぜなら助け、癒すのは神の性質だからです。神は決して私たちを裏切ったり、刺したりしません。なぜ何かほかの者を信頼するのですか。

主よ、信頼できるものだけを信頼するように私を教えてください。あなたを信頼することを教えてください。アーメン

使徒たちが、「わたしどもの信仰を増してください」と言ったとき、……

ルカによる福音書　一七章五節

8月11日

成功とはどんな意味なのでしょうか。それはいつやって来るのでしょうか。次のリストを皆知っているでしょう。アインシュタインは四歳まで話すことができませんでした。アイザック・ニュートンはできの悪い生徒だと思われていました。ベートーベンは下手な魔術師と呼ばれました。トーマス・エジソンはあまりにも愚かで学ぶことができないと言われました。ウォルト・ディズニーは想像力がなかったので、解雇されました。ウィンストン・チャーチルは六年生を落第し、学校から除籍されました。それにもかかわらず、これらの天才たちは目覚め、成し遂げ始めたのでした。彼らは遅咲きの人々でしたが、彼らは咲きました。彼らは失敗にくじけませんでした。

回復はクリームの容器に落ちた二匹の蛙についての古い物語のようです。当然、彼らは外に出ようとしましたが、うまくいきませんでした。一匹の蛙はあきらめ、底に沈み、死んでしまいました。ほかの蛙は、長い脚をクリームの中で、犬かきで泳ぎながら大きくかきまぜました。徐々にそのカエルはしっかりした足がかりを感じたのです。彼の足は泡立て器のように強くかき回し、引く力を得て、最後にバケツから飛び出すことができたのです。彼はクリームをバターになるまでかき回しました。

回復における成功はすぐに起こらないかもしれませんが、クリームからバターになるように確実にくるでしょう――もしそれがかき混ぜられたら。私たちはステップを進め、絶えざる繰り返しと活動によって頂上まで行くことに成功します。

愛する主なるキリスト、私の努力を増してください。私のエネルギーを高く保ってください。私に努力を止めさせないでください。アーメン

8月12日

「わたしにできると信じるのか。」

マタイによる福音書　九章二八節

faith と trust は神にあって信頼のある関係を表す言葉です。マルティン・ルターは faith（信仰）に関して興味ある変更を行いました。ルターの時代の信仰を表す語は fides という語で、それはある主張への確信や同意を意味しました。Fides があるということは何かが真実であることを信じることでした。ルターは fides という語を fidicia に置き換えました。Fidicia は個人的な信頼を意味します。ルターにとって、信頼は信仰の本質でした――何かが真実であることを信じることではなく、ある人を信じることです。Faith は信頼という投資を含む関係です。今日、多くの銀行は trust（信用）会社と呼ばれています。「信用業務」というのは銀行への信用取引のことを述べる言葉です。同じように、私たちの回復はプログラムの信頼を当てに(Bank)しています。

もし、友達があなたを夕食に招待したら、彼らがあなたに毒をもらないと信じます。このように十二ステップは働くのです。私たちは会合や、スポンサーや、それぞれのステップの仕事はすべて信用できる友人に信頼することで、回復の恩恵に浴するのです。もし回復プログラムに信頼し、個人的に自分自身を投資するなら、その癒しの力を受けます。プログラムの知恵が私たちを育てると信用することは、プログラムが道理にかなっていることを確信しなければならないことよりも重要です。プログラムが差し出す援助や助けが必ずしも明確でなかったり、目的にかなっていなかったりすることがあります。回復途上では、私たちは二階の煙でいっぱいの部屋に閉じ込められた子供のようです。外の地面に立つ私たちの父が叫びます。「飛び降りなさい。私があなたをつかまえるから」と。私たちは抗議して叫びます。「でもあなたが見えません」私たちのプログラムは答えます。「しかし私にはあなたが見えます。それだけが重要なのです。飛び降りなさい」

愛する主よ、あなたが私たちを大切にしてくれることを信じることは私の力です。私を決して裏切らないことを感謝します。

アーメン

8月13日

「見ないで信じる者は幸いである。」

ヨハネによる福音書　二〇章二九節

ある有名な芸能人が第二次世界大戦のときに海軍病院を訪れた時のことを話します。彼女は両目を失った水兵を見かけました。「何かお手伝いすることがありますか」と彼女が尋ねると、「歌ってくれますか」と水兵は答えました。「あまり上手ではありませんが、何を歌ってほしいですか」と彼女は尋ねました。「スマイリングスルーを歌ってください」

　その芸能人が『青い二つの目が微笑み続けて』という歌詞を歌っている時に、水兵は彼女を中断させて言いました。「私の目の色を尋ねられたら何と言ったらいいか教えてください。青です、または青だった、のどちらでしょうか」「青かったよ、でしょう」と彼女は答えました。「まあそれは、たいしたことではないのです。私は聖職者になるつもりです。神を見るには目は必要ありません」と水兵は言いました。

　信仰による視力だけが、神を見るのです。信仰、信頼、希望を持つ視力が、明確なビジョンやキリストを神と見る目、回復途上に神に出会う目を持つのです。私たちが気づくのは表面にあることだけではありません。目に見える、明らかなことよりも大きな現実は人生の奥深くにあるのです。回復途上では、経験の目でみることができます。人々が神はいないということは、六歳の子供が「恋に陥るなんということはないよ」と言っているのと同じです。彼らはただ、それを経験していないだけなのです。回復はそのようなものです。神を経験の目で見て、知ることなのです。

　私の目はしばしばぼんやりしています、主よ。どうぞ私の目を通して、見えるように助けてください。内部を見られるような信仰を与えてください。アーメン

8月14日

『お前たちは、わたしが飢えていたときに食べさせ、のどが渇いていたときに飲ませ、旅をしていたときに宿を貸し、……』

マタイによる福音書　二五章三五節

神はどこにいるのですか。どのように神聖な存在かわかるのですか。昔のあるロシアの物語は語ります。ある靴屋は主が訪れることを夢に見ました。彼はお皿を洗い、床を磨き、棚をきれいにし、彼の小さな店を一点のしみもないくらいにきれいにしました。彼は最高の品物でテーブルをセットし、座ってゲストを待っていました。外を見ると寒い中で、裸足で歩いているかわそうな乞食が見えました。彼は気の毒に思い彼を呼んで食べさせ、温まらせ、靴を一足与えました。それから年老いた婦人が重い薪を背負って腰をかがめているのを見ました。彼は彼女に食べ物を与え、その荷を運ぶのを手伝ってやりました。一人の子供が迷って、びくびくしながらドアのところにやって来ました。彼はその子供に食事を与え、慰め、母親を探し、家に連れて行きました。もう暗くなっていました。年老いた靴屋は泣きました。主は来るのを忘れてしまわれたのだろうか。そのとき、静寂の中に、声が聞こえました。

心を明るくしなさい、なぜなら私は約束を守った。
三回私はあなたの親切な戸口にやってきた、
三回あなたの家の中に私の影を映した、
私は痣がある足の乞食であった。
私はあなたが食べ物をくれた女性だった。
私は家が見つからないで道にいた子供だった。

古い格言があります。神はよく擦り切れた靴でやってきます。神は親切が必要とされるところにおられます。お互いを無視するときには神が見えません。回復のプログラムの力はお互いに関心を分かち合うことです。お互いに依存症から回復するのを助け合うときに、私たちは神の存在がわかるのです。

私の愛と他への思いやりをどうぞ働かさせてください、主よ、そうすればあなたと共にいられるでしょう。アーメン

8月15日

「ところで、今はあなたがたも、悲しんでいる。しかし、わたしは再びあなたがたと会い、あなたがたは心から喜ぶことになる。その喜びをあなたがたから奪い去る者はいない。」

ヨハネによる福音書　一六章二二節

二つの昔の格言は私たちに痛む心の力を思い起こさせます。一つは日時計で見つけた碑文です。「影のないところには何もない」もう一つは作者不詳の言葉です。「もし眼に涙がなければ魂に虹はかからないでしょう」回復途上のクリスチャンにとって、魂は悲しみや嘆きほど親しみやすいものはありません。繰り返される失敗、間違いの連続、過去の果たされなかった約束などは、暗い恥や悲しみが入っている重い荷物です。しかし、悲しみには永遠に続く力を与えられません。涙はきれいにするシャワーの働きであって、果てしなく続く洪水ではありません。

聖テレサは彼女の悲しみを癒してくれる次の文章が書いてある慰めの栞を持っていました。

何も貴女を混乱させない、
何もあなたを困らせない、
すべてのことは過ぎ去る、
神は決して変わらない。
忍耐は努力するすべてのことを達成させる。
神がいる人には何も欠けてることがない。
神だけで十分である。

神は私たちから決して離れない友であり、決して弱まらないしっかりした礎であり、いつもしっかりと固定する錨です。私たちの主、イエス様は弱まった心の苦悩を知っています。神は私たちの痛みを知り、私たちが神の手を握るとき神は理解し、私たちを安全にし、傷を癒します。神の手はいつも届くところにあります。しなければならないことはそれをつかむことです。

親愛なるキリスト様、あなたの開かれた手が私の手に広げられているのを知っています。あなたの開かれた手をつかめるように助けてください。アーメン

8

8月16日

イエスはお答えになった。「『あなたの神である主を拝み、ただ主に仕えよ』と書いてある。」

ルカによる福音書　四章八節

ある市では市全体に呼びかける伝道集会を計画していました。牧師の委員会はゲストの説教者を探していました。偉大なビリー・グラハムの名前が出されました。若い牧師が立ち上がり尋ねました。

「なぜ、ビリー・グラハムなのですか。彼は聖霊を独占しているのですか」と。

少しの間沈黙がありました。それから年配の牧師が話し始めました。

「いいえ、彼は聖霊を独占していません、しかし、聖霊は彼を独占しているのです」

すべてを所有している人はいません、しかしすべてを与えた人たちがいました。回復グループは神の霊に満たされています。しかし、それぞれのグループで献身とプログラムへの参加が完璧な人たちがいます。このような人々はすべての知識や知恵または自信さえ求めません。しかし彼らが神へ、回復へ自分を完全に捧げていることは私たちにはわかります。彼らはプログラムを独占していません。プログラムが彼らを独占しているのです。

本当の健康と回復は十二ステップが私たちの生活を引き継ぐほどに私たち自身が回復に没入していくことなのです。これが起こると何事も回復と競争することができません。わたしたちは命が可能な限り、自由で完全なものになるのです、なぜなら神が私たちの命になるのですから。

主よ、私を完全に支配し、私の生活を引き継いでくださいますように。アーメン

8月17日

「真理に属する人は皆、わたしの声を聞く。」

ヨハネによる福音書　一八章三七節

何年もの間、ある教授は黒板に二つの数字4と2を書いてクラスを始めました。

4
2
——

「4、2この答えは何かね」と教授は尋ねるのが常でした。ある学生は6だと言いました。別の生徒は2だと言いました。しかしその教師は彼らを無視しました。最後に数人が8だと答えましたが、彼は頭を振りました。教授はそれから次のように指摘しました。「あなたがた全員は重要な質問することができなかった。『問題は何か』ということを知らなければ、あなたがたは答えを見い出せないのです」プラスかマイナスか、掛け算か割り算かという記号がなければ、数字は計算されることができないのです。

回復における私たちの生活は本当に同じです。私たちは多くの時間を私たちの問題を明らかにすることや、私たちの状況を初めから調べることに費やすことが必要です。だから私たちは調査記録を作り、調べるのです——それによって何が起こっているかを発見できるのです。私たちに何が起こっているか、何を知る必要があるかがわかるまでは困った状態にいるのです。問題は、私たちが気づいているよりも普通はもっと複雑です。生活と回復は複雑なのです。H・L・メンケンが言ったように、「すべての人間の問題には簡単で、巧みで、間違っている解決法があります」私たちは知るべきことをすべて知ることはできません。自己発見は進行中の謎に関しては危険です。神が私たちの問題であり、答えです、そして神には単純で、手際のいいものは何もありません。しかし、神はいつも正しいのです。

私を謙遜にしてください、主よ。私が自慢しすぎたり、横柄になったりしないようにしてください。学び続けることができますように。アーメン

8月18日

「求める者には、誰にでも与えなさい。」

ルカによる福音書　六章三〇節

私たちの最も基本的な願望は得ることと与えることへの欲望です。多くの人は得るだけの人であったり、与えるだけの人ではありません。どちらもわたしたちを動かす時があります。静寂へ、食べ物へ、地位へ、所有へ、安全へなどの欲求がとても強くなることがあります。手を差し伸べること、分かち合うこと、助けること、高揚する欲求もよくあります。しかしながら、与える欲求は最も不思議です。持って、それを手にすることの意味はわかりますが、断念し、引渡し、他に譲歩することは筋が通っているようには思われません。しかし、与える人は癒され、得る人は病むのです。

得たいという欲望は与えるという願望よりも力があります。私たちは自身の必要に拘束されています。サバイバルがすべての関心事であるとき、私たちは必ず堕落するのです、なぜならサバイバルはわがままで他の人たちのことを考える余裕がないからです。しかし、もし他の人が生存しなければ、私たちも死にます。得るためには与えなければならないのです。誰も与えないなら、誰も得られません。イエスは言いました。

「受けるよりも与えることはもっと祝福される」

どちらの願望が私たちの生活の傾向を決めるのでしょうか。断念できなかったり、自由になれなかったりすると、神にゆだねることはできません。心身の健康は得るのではなく、与えらるのです。健康を成し遂げるのではなく、健康を受け取るのです。不思議なことに私たちが降参し、明け渡さなければ、回復することができないのです。

主よ、惜しみなく聖霊をお与えください。私を得る者ではなく与えるものとしてください。アーメン

8月19日

「わたしたちに必要な糧を今日与えてください。」

マタイによる福音書　六章一一節

夢を見る時間は一～三分です。血液が体中を循環する時間は四五秒です。フットボールの試合は二時間半、スイスチーズを作るには四～六カ月、ピアノを作るには一年、国の予算を読むのは三六時間、アーティチョークを栽培し育てるに一三〇日、高層ビルを建てるのに五～六年、嗜癖から回復するのに一生かかるのです。ある人がウィル・ロジャーズに尋ねました。「もし、あなたが二四時間しか生きられないとしたら、どのように過ごしますか」「一度に一つのことをします」

私たちの回復は生涯の課題というだけでなく、日々という小さな生涯にも与えられます。一日を一度生きることによって私たちは実際に生涯を生きています。私たちは日々だけに生きているのです。各々の日は、今の命を経験する新鮮なチャンスです。今は永遠です。私たちは未来に触れることはできません、過去に戻ることもできません。今日が永遠です。今日が生涯です。恐れや心配はいつも未来の事柄に焦点が当てられます。受容や平安は私たちの目の前にある今あるものに焦点を置きます。私たちは今を除いてどの場所にも、どんな時にも生きることはできません。だからリラックスしてそれを楽しみませんか？　私たちは服役中の囚人ではありません。楽しい時を過ごしている素晴らしい人間です。

主なる、キリスト、今日は再び私に与えられた贈り物です。現在の時間にとどまれるよう助けてください。アーメン

8月20日

イエスは言われた「花婿が一緒にいる間、婚礼の客は悲しむことができるだろうか」

マタイによる福音書　九章一五節

もしあなたの口座に毎朝八万六〇〇〇ドルの預金があり、次の日には収支がゼロになり、現金もなくなり、毎晩、遣わなかったお金は無効になる銀行があったとしたらあなたはどうしますか。もちろん一セントまで引き出すでしょう。私たちは皆、このような口座を持っています。その名前は時間です。毎日私たちは八万六〇〇〇秒を得られます。毎晩、収支はゼロになります。何も引き継がれません。残高はありません。しかし、私たちは新鮮で、新しい日を二四時間ごとに供給されます。

古い大型箱時計にこのような碑文があります。

子供の時、私は笑い、泣いた、
時は這っていた。
若者の時、私は夢見て、話した、
時は歩いていた。
成長して大人になった時、
時は走っていた。
そして、後に、年老いた時、
時は飛んでいた。
旅をしている間、
時はすぐに去ってしまったと気づくだろう。
その時まで私の魂をキリストは救ってくださるだろうか?

これは興味深いメッセージです、一つの欠点がありますが。歴史の特別な瞬間に、エルサレムの外の丘の上で、キリストはすでに私たちの魂を救ったのです。子供、若者、大人、老人のそれぞれの時に、私たちの救いはすでにキリストによってこの一回限りでなされていたのです。彼の救いの口座は私たちの毎日新しくされる口座でいっぱいなのです。

親愛なる時の主よ、私がつかわなければならない今日の惜しみない贈り物を、それは大量ではないことをありがとうございます。アーメン

8月21日

主は羊飼い、わたしには何も欠けることがない。

詩編　二三編一節

第二次世界大戦直後、ヨーロッパはホームレスや飢えた子供たちであふれていた。数千もの不安定で、おびえた子供たちは避難所に入った。彼らはやさしく世話をしてもらい、適切に家を与えられ、食事を与えられた。しかしながら彼らは眠れなかった。彼らは不安で、緊張をゆるめることはできなかった。ある心理学者がアイデアを思いついた。子供たちがベッドに入った後、彼らは一枚のパンをもらった。彼らがもっと食べたければ、さらに与えらえた。しかしこの特別な就寝パンは食べるためのものではなかった。それはただ手に持つためのものであった。このパンは奇跡をもたらした。子供たちは無意識に、明日の食べ物があると感じながら眠った。その確信が静かで平和な眠りを与えたのだ。

私たちの神はこのような確信を与えます。神は今、就寝パンを私たちに手渡してくれます。明日もパンはそこにあるでしょう。私たちが手放してはいけないのは十二のステップ、ビッグブック、聖書、イエス・キリストです。私たちは心配する必要はありません。神が世話をしてくださるでしょう。神は備えてくださいます。神は明日も世話をしてくれるでしょう。詩編二三編に「主は羊飼い、わたしには欲しいものはありません。」他の翻訳は、「主は羊飼い、わたしには何も欠けることがない。」

私たちの回復は、神の腕にもたれながら休むこと、私たちは養われ、食べ物を与えられることを知ること、神を信頼することに基づいています。私たちは私たちの手に信頼というパンを抱き、安らかに休息できます。

親愛なる主よ、明日への信頼をしながら寝ることができますように。アーメン

8月22日

主はわたしを青草の原に休ませ、

詩編　二三編二a

　私たちの多くは病院で入院したことがあります。たぶん、病気で寝ていた経験は誰にもあります。具合が悪かったり、弱まったり、疲れ切っている時は横になります。時々、寝るように強制されます。自然は私たちを休ませたり、回復させたりする方法を持っています。詩編二三編では驚くべきことに私たちは羊に例えられています、そして神は私たちを休ませる羊飼いなのです。なぜでしょうか？　ひとつの理由はもちろん休ませることです。しかしまた、私たちは食べ物を消化させるために食べることをやめなければなりません。羊は横になって食べませんし、立ったままでは反芻しません。霊的な栄養をとるのは同じ方法です。

　物事が落ち着いた状態にならなければ、霊的に吸収したものを内的に消化することはできません。胃腸が不調であったり、霊的に不調であったりする場合は、回復とうまく調和することができません。

　私たちは休息や霊的に専心するために、混乱している、忙しい世界から退却する瞬間が必要です。私たちはいつでも緊張していたり、きちんとしたりすることはできません。「力を捨てよ、知れわたしは神」（詩編四六・一一）という呼び声を心に留めなければなりません。

　聖なるイエス様、私は横になり、あなたの言葉を熟考し、再び起き上がる力を得られ、あなたに仕えることができますことを感謝いたします。アーメン

主は憩いの水のほとりに伴い、

詩編　二三編二節

羊は流れる水や、激しい流れを怖がります。ひとつの理由は、羊たちは泳げないからです。水の中では無力なのです。彼らの毛の厚い上着は水を吸収し、彼らを下に引き下ろし、沈めてしまうからです。水が静かな状態でなければ、怖いのです。羊飼いはこれを知って、羊を流れの速い川から飲ませることをしません。彼らは小さなダムで、静かな水の池を作り、その結果彼らの羊は恐れないで飲むことができます。

私たちはしばしば同じです。静かな水の池は私たちに平安を語ります。やさしい流れ、澄んだ水、安全で、静かな水は私たちを魅了します。荒々しい洪水は恐れさせます。心に描ける場面の一つである静止した水は私たちの瞑想に効果的に働きます。静かな森の小さな湖、苔に覆われた森林の渓谷から静かに湧き出る冷たい山の泉、柔らかな波立ち、これらのすべては静寂、無事、平安を伝えます。このようなイメージを思い描くとき、神は私たちを慰め、神の存在を確かなものにしてくださるので、神の安心させる力、やさしい力強さを吸収しながら、私たちは神の平安に自分をゆだねることができます。

主よ、あなたの愛の湖の動かない静かな平和をありがとうございます。アーメン

8月23日

8月24日

主は私の魂を生き返らせてくださる。

詩編　二三編三節

牧場の羊を観察すると、彼らが興味深いことをするのが見えます。時々、日中の間、それぞれの羊はそれぞれで仲間を離れて、一度に一頭が羊飼いの方へ小走りに行きます。羊飼いはやさしく鼻や耳をなで、首や、頭をこすり、耳にささやきます。静まり、強められ、再確認され、羊は他の羊と共に、草を食べに戻ります。

私たちはこのような毎日の神による承認と再確認が必要です。私たちの魂は回復すると、元気づけられ、激励されます。羊飼いのやさしいキスと触れ合い、激励の言葉が必要です。もし激励の言葉を聞かなければ、私たちは恐れ、あわてます。

回復は確信と受容を見い出すところです。私たちの健康的な新しい命は自動的には起こりません。ミーティングでの毎日の不断のサポートが必要です。ミーティングの継続的な向上とメンバーと支援者の激励が必要です。それを一人で行うことはできません。そして私たちは具体的な激励の言葉を受け取らなければなりません。

私たちは、安全であることを知る必要があります。うまく行えている仲間全部の激励に頼ることができることを知る必要があります。この再確認が無ければ私たちは失われた羊です。

良き羊飼いである神様、あなたの再確認と修復の愛の言葉をありがとうございます。アーメン

主は御名にふさわしくわたしを正しい道に導かれる。

詩編　二三編三節

ある教会の額に次のような言葉が刻まれていました。「私は自分を見い出すためにここに来た。世の中で自分を見失うことはとても容易い」この混乱させる世間では、私たちは実に助けが必要です。迷うことは本当に危険です。回復途上のクリスチャンは何度も道に迷ったことを覚えています。羊の最も弱い点は方向感覚の欠如です。すなわち、羊は家へ帰る本能が欠如しています。内部のレーダーや帰巣感覚が無いのです。馬や猫、犬は帰る道を知っています。羊には舵や羅針盤がありません。また、視力も弱いのです。羊が迷うのも不思議はありません。

視力も弱く、混乱して、方向音痴の羊は私たちに似ています。私たちはガイドや正しい道を必要としています。正しい道は十二ステップです。私たちは、自分自身の方向感覚を信頼することができないことを知った時に、適した行動をとり始めます。回復は自信を持ったり、独立心のあるパイオニアになったりするためのものではありません。回復は、盲目で方向の定まらない羊のためのものです。羊たちは弱点を知り、羊飼いの確信ある案内の手助けなしには行動しようとはしません。私たちは自分の道を見つけることができません。私たちは手引きになるプログラムに頼らなくてはなりません。

主なる神よ、盲目な私を手引きしてくださるあなたの確実な歩みとゆるぎない手を感謝いたします。アーメン

8月25日

8月26日

死の陰の谷を行くときもわたしは災いを恐れない。あなたがわたしと共にいてくださる。

詩編　二三編四節a

回復途上の人には多くの「陰の谷」があります。すべての陰は死ではありません。孤独があります。失望があります。絶望があります。多くの点で、私たちは暗がりを歩んで行きます。私たちがそのような暗い場所を経験するとき、これらの言葉は私たちに勇気を与えます。「私は災いを恐れません、なぜならあなたが私と共にいてくださるからです」神の羊として私たちは危険や悲しみのある多くの場所へ、主の後ろに従って行くのです。神の存在は盾であり、悪を遠ざけるために必要な盾であり証明書なのです。

私たちが、暗い危険な場所に入る時、一人では怖くて入れません。しかしながら、キリストの手を握っている時、他の人たちの手を握っている時、暗い水の中にも飛び込んでいけるのです。回復での歩みの多くは知られていません。日毎の進歩はとても曇っていて、普通以上に暗いようにみえます。何を期待すべきかわかりません。一人で回復するためには頑張ろうとする以上に勇気が必要です。神のお陰で私たちはそうする必要はありません。事実一人での回復は不可能です。私たちは共に歩きます。神と共に歩きます。神と共に、ほかの人と共に、どこへでも歩いていくことができます。前もって結果を知らなくても――なぜなら私たちは共にいるからです。私たちが並んで歩く時、他の人との間を歩く時、私たちはリラックスし、私たちの指導者のキリストに信頼することができます。

キリストがおられるところではどこでもすべてのことが良いということを確信しています。神と歩くとき、私たちはすべてよいのです。アーメン

あなたの鞭、あなたの杖それが私を力づける。

詩編　二三編四節b

彼は私たちのボディガードで、常に用心深い見張り役です。ジェームズ・モントゴメリーはわれわれの守護者への信頼を表現しています。

神は私の救いです、
どんな敵を私は恐れなければならないのですか。
暗闇や、誘惑があっても、
私の光、私の救い主は近くにおられます。
多くの群れが私の周りに野営していても、
戦いのなかでも、しっかり立てます。
どんな恐怖が私を困らせることができるでしょうか、
私の右手に神が共にいるとき。

主よ、あなたを賛美し感謝します。あなたの常に変わらぬ私への気遣いと、保護をありがとうございます。私の守護者としてのあなたが共にいてくださるので、私は恐れません。アーメン

8月27日

私たちは気候から自分を保護するために屋根を作ります。私たちは侵入者から自分を守るために、塀やフェンスを造ります。台風から身を守るために、嵐対策の地下室を作ります。また、お金を蓄え、保険に投資し、警報装置を設置したりします。すべては守るためです。しかしながら、神の羊としての私たちは自分自身で建てたり、作ったりすることはできません。羊飼い、鞭、杖に完全に頼らなくてはなりません。自分の武器はありません。

羊飼いが常に持っている棒は本当にこん棒です。およそ、二ないし三フィートの長さがあります。この棒はダビデが羊の群れを守ったときにライオンや熊を殺したものでした。羊飼いが持っている杖には、先が曲がっており八フィートの長さのものがあります。それは道から落ちた羊を戻すために使います。曲がった部分は羊の胸のあたりに届き、安全にそれを持ち上げるのです。同じように、神は重い棒で私たちの敵を打ち砕き、そして、神は彼の長い杖を私たちが落ちた場所に下ろし、安全な地上に私たちを引っ張り上げてくれます。

神が私たちの守護者であることを知ることは大きな慰めです。

8

8月28日

わたしを苦しめる者を前にしてもあなたはわたしに食卓を整えてくださる。

詩編　二三編五節

羊にとって古いパレスチナの牧草地で草を食するのは危険でした。危険は野生の獣や高い断崖だけではなかったのです。牧草は草よりもずっと成長します。羊にとっては命取りになる毒草が道の両側に生えていました。ある植物は鋭いとげを持ち、羊の柔らかい鼻を刺し、ひどい伝染病の原因になったり、炎症を起こしたりします。毎年春になると羊飼いはつるはしや根掘りぐわを持ってこれらの植物を掘り出し、積み上げ、燃やしたものでした。敵である植物の根を取り出さなければ、牧草地を安全にすることができませんでした。羊飼いは羊のテーブルを用意したのです。

　私たちが回復の牧草地に入る時、羊飼いにずっと前からテーブルを用意してもらっていなければ、また危険な地面に入ることになるのです。初めの三つのステップは第四、第五のステップをとるために私たちに用意されたテーブルです。私たちは回復のいかなる状況にあろうとも、前にすでに行われたこと信頼します。第六ステップでは欠点を取り除いてもらう用意をします。第七ステップで神にそれらを取り除くように頼みます。用意できるまでは頼むことはできません。

　準備はいつも参加に先行します。私たちは回復に偶然入ることはできません。回復は日々一歩一歩に参加することです。物事を急いで行うことはできません。羊飼いが私たちのガイドです。羊飼いは私たちの主です。神は物事を用意してくれます。私たちは神が道を準備してくださるまで待ちます。回復における進歩は忍耐と次のステップをとるための待ち時間を必要とします。スポンサーは羊飼いのように行動します。彼らは私たちが用意できたときに私たちに知らせます。彼らは私たちのテーブルを用意します。プログラムとスポンサーを信頼することは実際の回復の始まりです。

　主よ、あなたが私の前に道を備えてくださることを知ることができますようにように。アーメン

わたしの頭に香油を注ぎわたしの杯をあふれさせてくださる。

詩編　二三編五節b

回復は癒しです。求めることは「良くなること」（回復すること）です。私たちは打たれ、傷つき、ひどく痛んでいます。医学的な手当てが必要です。救急手当て、応急手当、入院、健康回復が必要です。羊にたとえると、羊は傷ついたり、切ったり、とげや茨がついたりしています。数日はひどく寒かったり、焼けつくような暑さの日もあります。草を食べたり、えさを食べたり、牧草地で一日を耐えるのは必ずしも易しいことではありません。私たちは傷つき、疲れ、病気になります。

一日の終わりに、羊飼いは羊の囲いの入口に立ち、牧場から戻ってきたそれぞれの羊を調べたものでした。もし、切り傷やあざを見つけると、その部分に痛みを和らげるオイルを塗りました。オイルは傷が治るのに役立ちました。また、それぞれの羊が入って来た時に、羊飼いはきれいな冷たい水の入った樽からなみなみと注がれた水を羊に与えるのです。羊飼いは羊の疲れた体を元気づけるためにオイルを塗り、水が注がれたカップを与えるのです。

私たちは同じようにキリストに期待することができます。私たちはしばしば傷つきます。くたくたになることもあります。しかしそれぞれ一人一人に個人的な世話をしてもらえます。神は私たちに油を塗り、私たちの痛んだ部分の手当てをしてくださいます。

神は私たちの乾ききった魂に、乾くことのない水を与えます。毎日の終わりには、羊飼いは私たちの傷を癒したり、私たちの痛みを和らげたり、元気づけるためにそこにおられます。

主よ、あなたがいつもそこにいてくださり、毎日の終わりに私の傷を治療したり、私の乾きのために水を与えてくださったりすることを感謝いたします。アーメン

8月29日

8月30日

命のある限り、恵みと慈しみはいつもわたしを追う。

詩編　二三編六節a

前向きな経験は積極的な期待を生み出します。もし、私たちが良い結果を得たという経験をすれば、次も繰り返すか、または再び行いたくなるでしょう。私たちが未来を待つときに、私たちの過去を頼りにすることは自然です。有望な明日があるとき、望みがあります。望みは私たちの生活の錨です。それは未来への信仰です。

ミュージカルの南太平洋の中で、次のような言葉が聞かれます。

「私は麻薬にとりつかれているように、希望というものから離れられません。私の心から、それを取り除くことができません」

しかし、望むことは愚かなことではありません。希望に満ちた人は愚か者ではありません。希望は実際的で、経験で学んだ産物です。それは健康な植物であり、病気の野生の雑草ではありません。

経験は最良の教師であるばかりでなく、唯一の教師です。私たちが自分の困難や試練を振り返るとき、それらは悲劇や破壊的であったというよりむしろ辛抱や力強さや忍耐力を私たちに与えたということに気づきます。この忍耐力は試練を経験し、切り抜けてきたことによる結果です。それが、希望が出てくるところです。それは、神が愛を注ぐ場所です。それは私たちが神を最も必要とする場所なのです。だから私たちには希望があります。それは道理にかなっています。愚か者ではありません。賢く、経験があります。

イエス様、あなたはいつも、私たちに道を示してくださいます。あなたは私に信頼するという経験を与えてくださいます。あなたは私に望みを与えてくださいます。アーメン

主の家に私は住み、生涯、そこにとどまるであろう。

詩編　二三編六節

「心を騒がせるな。神を信じなさい。そして、わたしをも信じなさい。わたしの父の家には住む所がたくさんある。もしなければ、あなたがたのために場所を用意しに行くと言ったであろうか。行ってあなたがたのために場所を用意したら、戻って来て、あなたがたをわたしのもとに迎える。こうして、わたしのいる所に、あなたがたもいることになる」（ヨハネ一四・一～三）

主なる神様、あなたと共にいる私の家を待ち望んでいます。ドアを開けて私を中に招いてくださることを感謝いたします。

アーメン

「オズの魔法使い」の中で、ドロシィーが目を閉じて、「わが家のような場所はない。わが家のような場所はない」と繰り返す時、彼女は私たちの共通の願いを表現しています。「帰郷」の力は偉大です。ラッシュアワー時に帰宅する際の日々の雑踏や不安は仕事に行くときの往来に比べて、強烈です。仕事は仕事です。家は家です。家はより良い場所か、あるいはあるべきです。本当の家でない家もあります。本当の家庭でない家もあります。家族と住んでいる所よりも家庭であるような仕事場もあります。しかし、私たちは、家庭は私たちが本当に安心し、リラックスして住むべき所、私たちがいる所であることを知っています。最も良い仕事でも最も良い家庭に代わることはできないことを知っています。

私たちがいる所、私たちが受け入れられる所、含まれる所が家庭です。クリスチャンの真実の家は神とすべての聖人がおられる天にあります。イエスは私たちのために用意された天の家に歓迎してくださることを私たちに保証しています。

8月31日

Suffering
苦しみ

次のように言った人がいます。

「不幸のために言おう、人々はそれに耐えることができる。幸運に耐えられる以上に耐えられる」これはとても真実です。幸運を探し当てたり、またはいわゆる成功を収めすぎて耐えられなくなったり、どうにもできなくなってそれを台なしにしてしまった人々を知っています。しかし一方で回復の前後で、回復の歩みのなかで、あらゆる不幸に耐えた人々を知っています。

マルコム・ムゲリッジの言葉を思い出します。

「苦悩は私の経験を本当に高めたり教えたりした。幸福を通してではなかった」

これは多くの人の経験です。苦しみによって強くされたり、試されたりする人がいます。一方、私の経験では痛みは私を冷酷にするよりも、やさしくしました。私の母は両側に先のとがった金属のついたハンマーで硬い肉をよく打ち、柔らかくしていました。実際、その恐ろしい道具を「tenderizer 柔らかくする器具」と呼んでいます。私は、時々、このような器具で打たれたように感じます。

ありがたいことに、私の場合、痛みの恵みは無感覚や強さではなく感受性を与えました。私は痛みを古い語の「passion：苦しみ」と考えます。それは「キリストの苦しみ：passion of Christ」に表されています。そしてキリストと共に、他の人たちと共に苦しむことができる受容能力、またはもっと思いやりを与えられました。痛みの中で、他を大切にする感受性を身につけることはキリストにあるもう一つの回復の恵みです。それは喜びではなく私の注意を引く痛みです。

C・S・ルイスの言葉を思い出しました。

「痛みは注意して聞かれることを求める。神は私たちが喜ぶときは囁《ささや》くのです。神は私たちが誠実なときは話します、私たちの痛みのとき、神は叫びます。痛みは耳の聞こえない世の中を目覚めさせる神のメガホンです」

9月1日

「心の貧しい人々は、幸いである、天の国はその人たちのものである。」

マタイによる福音書　五章三節

ある衣料品店が閉店セールを広告に出しました。それは本当に閉店しようとしていました。大安売りでした。閉店セールの当日の朝、何百人もの人々が並んで入店を待っていました。ある男が長い列を通り越して先頭に行った時、人々は信じられない様子で見ていました。買い物客は怒っていらいらして、すぐに彼を後部に戻しました。彼は列の最後尾に立った時、言いました。

「私はもう一度やってみるが、もし私に同じことをしたら私は店を開けませんよ」

この気の弱い店主が最後に示したことは「心の貧しい」の意味です。イエスが考えているのは困っているという意味での貧しさです。神なしで非常に困っていることを知っている人々は天の国を受け継ぐのです。神の国をあまり持っていないと思う人はそれをすべて持つことができるのです。

「神にゆだねる」ということは――私たちが自立しているというどんな考えも――「神にゆだねる」ことです。私たちの幸福は私たちの依存度によります。神から離れては霊的に破綻し、神の前に空虚になると認めるとき、私たちは本当に満たされるのです。神の豊かさで完全に満たされます。

私たちの嗜癖に対して、力のないことや、私たちの生活は扱いにくいことを認めることは、恥ずかしいことではありません。それが信仰や回復への最初のステップです。私たちは困っています、しかし私たちの高い力、イエスというお方は私たちが必要なすべての豊かさを持っておられます。

主よ、私の弱さを認められるように助けてください。あなたの霊的な援助のプログラムを必要だということがわかるように導いてください。「貧しくて誇り高く」ではなく、「霊的に貧しく」なれるよう教えてください。アーメン

9月2日

「わたしを見た者は、父を見たのだ。」

ヨハネによる福音書　一四章九節

偉大なギリシャの哲学者のテールズは神について述べるように依頼されました。彼はその依頼を承諾しました。彼は帰宅し、調べ始め、数週間考えた末、最終的に神について述べ始めることさえできないことを明しました。数世紀後、テルチュリアンが、テールズの失敗を、「キリストのほかに神はいない」ということを知らない例として引き合いに出しました。テルチュリアンは言いました。

「世の中にはとても賢い人はいるが、キリストを知らない。だから神が誰であるかをあなたがたに語れないのです。しかし、クリスチャンの中で最も無学な農民さえ親しく神を知っており、他の人に彼を知らせることができます」

神はどのようなお方なのでしょうか？　聖パウロは感嘆して言います。

「ああ、神の富と知恵と知識のなんと深いことか。誰が、神の定めを究め尽くし、神の道を理解し尽くせよう。」（ローマ一一・三三）

そうです、神は神秘です。しかし神秘がすべてではありません。神はキリストに顕されています。神をわかるために、イエスを見なさい。神のご意志や道を理解するためにイエスに聞きなさい。神のご計画に従うためにイエスに従いなさい。クリスチャンの私たちには、具体的で、オープンで、見える神がいます。私たちの救い主であるキリストです。キリストの生涯、教え、苦しみ、死、復活は、すべて神へスポットライトを当てています。私たちの高い力はキリストです。そしてキリストは私たちが神に会えることができることを最も良く示しています。

ああ、神様、イエス・キリストを知ることはあなたを知ることです。イエス様に近くいることができるように導いてください。アーメン

9月3日

「魚を欲しがるのに、蛇を与えるだろうか。」

マタイによる福音書　七章一〇節

回復は神のもう一つの名前です。神の主導権で私たちは回復し、すべての生活が始まります。神の行動です。神が投げ、私たちが取ります。神が注ぎ、私たちは受けます。私たちは、神の注ぎに開かれて用意している器であり、入れ物です。

回復は救い、キリストの救いのもう一つの言葉です。十二ステップのプログラムの勝利はキリストの勝利です。私たちの代わりに決めるのは神です。私たちが神によってすっかり満たされていることや神が私たちの生き方を支配することを認めることは心配ですが、神による生活は私たちの唯一の真の生き方になります。もし、自分の生き方を主張するなら、その生き方は偽りの、死にいく間違ったものです。キリストだけが私たちの生き方になるのです。

神に反抗することはできます。しかし、私たちは敗北するでしょう。勇敢に生活に辛抱することができますが、私たちの勇気に平安がないことに気づきます。又は私たちは神の意志を選び、神の意志を自分のものにすることができます。すべての私たちの祈りは、私たちが知る前に、または神の意志が何であるか推し量ることができる前に、神の意志を受け入れなければなりません。

あらかじめ神に裁量権を与える時に、私たちは勝利するでしょう。私たちはすでに神の支配に服従しているからです。先に諦めることによって勝利を確実にします。それからトマス・ア・ケンピスと共に祈ることができます。彼は言いました。

「ああ、主よ、私たちにとってどれが最も良いかご存じです。あなたが喜ぶようにこれかそれをなさせてください。あなたが望まれる事を、あなたが望まれる程度に、望まれる時に与えてください」

親愛なる主よ、あなたは私の回復のプログラムであられます。私を完全に案内してください。アーメン

9月4日

「このようにあなたたちも、外側は人に正しいように見えながら、内側は偽善と不法で満ちている。」

マタイによる福音書　二三章二八節

チャーリー・ブラウンの漫画の一コマでチャーリーがライナスに質問されます、「チャーリー・ブラウン、君は自分の欠点が何か知りたいかね」と。チャーリーは「いいや、結構だね」と言います。二人はお互いを見詰め合います。それからライナスが言います。「君の欠点はねえ、チャーリーブラウン、君の欠点が何かを知りたくないことだよ」と。

それは誰もが持つ問題です。自分を正直に点検することは恐いし、自分の欠点を喜んで認めることはできません。私たちは皆、どんな批判にも、不完全さについての指摘にも我慢できません。自分の性格の欠点を認めることは、回復に対する手ごわい抵抗に立ち向かうことです。この第四ステップは本当の変化、本当の癒しの始まりです。

私たちは、ステップ一、二、三の段階で降伏という命がけのステップをとります。いま、私たちは回復と再建という新しい世界に入ります。第四ステップは、病気をみるのではなく自分自身を見ること、精神的な病を見るのではなく、性格を見ることに集中させます。このような大胆な精神の棚卸し表は恐れを伴います。とても恐れています。私たちは怯えていますが、このような自己点検は変化や新しい健康への入口なのです。それは悔い改めて、より完全な回復へと変容するためのコースの方法なのです。自分の正しくない行いや性質を調べる苦痛はプライドと同じくらい強いのです。エゴが大きければ大きいほど、第四ステップは、より難しく、長くかかります。しかし苦しみが大きければ大きいほど、結果は良いのです。エゴに対する神の勝利はより確実で、神による回復と再会は、より素晴らしいのです。

親愛なるキリスト様、わたしにはとても多くの欠点があります。倉庫に過去の間違いが入っています。どうぞ、私がそれらをみて、告白できるように助けてください。私と一緒に見てください。アーメン

9月5日

「しかし、必要なことはただ一つだけである。マリアは良いほうを選んだ。それを取り上げてはならない。」

ルカによる福音書　一〇章四二節

神は警察のような力を用いません。回復の道を無理に歩かせたり、十二ステップに強制的に従わせたりするような方法をとりません。神は私たちに力を与え、選択する特権を与えました。私たちには責任があります。また、釈明する責任があります。選択の結果もまた、私たちの責任です。

「世の光」というホルマン・ハントの絵の中で、イエス様は、長い間閉じられていた蔦に蔽われたドアの前に立っています。イエス様は手にランプを持っています。彼は、立って、ドアをノックします。そこで長い間待ちながら、ずっと、忍耐強くノックしているように見えます。近くでみると、ドアの外側にはドアの取っ手や掛け金もありません。内部からだけ開けられるのです。あなたはイエスを無視することはできません。神であるキリストは待ち、ノックします。彼はノックを止めません。しかし、掛け金は内部にあります。私たちは自分でドアを開けなければなりません。彼を中に入れなければなりません。

この選択はまた、選挙のように描かれています。主はいつも私たちに投票します。悪魔は私たちに反対の投票をします。次に、私たちが投票します。私たちの投票は同点を破ります。私たちをキリストへ引きつけるのはキリストが私たちに価値を見い出し、価値を認め肯定してくださるからです。悪に私たちを寄せつけないのは、悪魔が私たちをこき下ろし、みくびり、面目を失わせるからです。どのようにしてキリストだけに投票できるのでしょうか。なぜキリストを外にいさせることができるでしょうか、そのようなことはできません。私たちは神の選挙運動の拠点です。

主よ、私は選ぶことを恐れます。しかし、あなたはそれを簡単にしてくださいます。あなたは確実な勝利者です。アーメン

9月6日

「五時ごろにも行ってみると、ほかの人々が立っていたので、『なぜ、何もしないで一日中ここに立っているのか』と尋ねると、……」

マタイによる福音書　二〇章六節

関係は庭のようです。それは手入れが必要です。友情は激励、接触、そして連絡をとることによってのみ続きます。多くの結婚は特別な行為や不満よりも、無関心から気持ちが離れていきます。関係はだめになるのではなくさびつくのです。友情は無視したり、見過ごしたりすると破綻します。私たちの十二ステップのプログラムはこのような庭です。一人では成長しませんし無視されていては育ちません。回復は生涯にわたって続きますが、かかわるのを長い間待つことはできません。

実際、イエスは口実を与えません。私たちが道草をしたり、怠惰であったりすることを許しません。イエスが語られた庭で働く雇われた労働者にぶらぶらしている時間を与えないのです。イエスはとても多くの仕事がなされなければならないことを知っていました。シャベルや草かきに手を置く休み時間を与えるのですが、長引かせたり、失業したりする時間を与えません。

回復途上のクリスチャンはいつも常勤の仕事に携わっています。そのプログラムが私たちにもたらすことを期待することより、むしろそのプログラムを働くという意味があるのではありませんか。さらに私たちを満足させるものは、次のことを知ることです。聖パウロが信じたように、「わたしたちは神のために力を合わせて働く者であり、あなたがたは神の畑、神の建物なのです。」（Ｉコリント三・九）それは私たちを活気づけ、私たちを動かします。

主なるキリストへ、私のプログラムや人間関係に怠惰な無関心から救ってください。アーメン

イエスは言われた。「『できれば』と言うか。信じる者には何でもできる。」

マルコによる福音書　九章二三節

回復中の私たちの生活は十二ステップの会員によって測られる一回限りの出来事ではありません。変化は衝動やエゴへの耽溺から離れる連続した繰り返される変化であり、キリストにある神と共に、日々変わることです。私たちは毎日変えられます。聖パウロは私たちがキリストに頼るとき、「わたしたちは皆、顔の覆いを除かれて、鏡のように主の栄光を映し出しながら、栄光から栄光へと、主と同じ姿に造りかえられていきます。これは主の霊の働きによることです。」（Ⅱコリント三・一八）

神様、私を変えてください。日々古い私自身からあなたが望む人に変えてください。アーメン

9月7日

回復途上のクリスチャンは変わりましたか。ジョン・バリーは「変わる」ことを「個人的な危機である成り行きの生活、またたは、自己中心の気ままな生活を過去のものとし、あなたの知り得る高い力に完全にゆだねる」と定義しています。それはより高い私の力のように響きますが、完全にゆだねることは第三ステップと同じです。クリスチャンが最も高い力にゆだねる時で、それはイエスのほかにはいません。

「変わること」は自己を高い力に明け渡すだけではなく、以前に知っていたこと以上のものを見い出すことです。「変わった」(converted）と言う語は「共に」という意味の con と「向きを変える」という意味の verture からきています。「変わる」ことは、ですから最も高い力にゆだねること、方向転換——生活を変えることです。ウイリアム・ジェイムズは「変わること」を葛藤と不安定の状態から平安と幸福の状態へと変化することだと述べています。その転換は、いつもこの変化をより大きなものとの接触による結果だと言い表わしています。

9月8日

イエスは、気を落とさずに絶えず祈らなければならないことを教えるために、弟子たちにたとえを話された。

ルカによる福音書　一八章一節

C・S・ルイスはかつて言いました。

「私たちは拒否されることには耐えることができるが、無視されることには耐えられない。言い換えれば、私たちの信仰は多くの拒絶に耐えることができる。もしそれらが拒絶であって、単なる無視でなければ」

　神は私たちの言うことを聞いてくださいます。神は私たちの祈りに答えてくださいます。神の答えはイエスかノーです。私達の祈りに神は答えてくださらないと不満を述べる時、私たちは否定的な答えに耐えられないのです。私たちの祈りの多くはわがままなリクエストか拒否されなければならない心得違いの嘆願です。神は私たちのいうことをとても上手に聞いています。

　息子がライフルを欲しいというのを聞いて、その子供があまりにも小さく、そのような武器を扱うことは危険だと思い、父親がそれを聞き入れないように、父なる神も、同じ知恵で私たちが求めるものを与えないのです。神は必要なものを与えます。私たちが欲しいものではありません。神は私たちが準備できるまで待っているように、私たちに必要な「いいえ」を与えます。

　回復中においては、神は「与えてほしい」という祈りよりは、私を「変えて欲しい」という祈りを受け入れてくださいます。神は私たちに欲しいものを与えるよりは私たちをふさわしくされたいのです。与えられるよりも変えられることを願うことのほうがうまくいくでしょう。変わることが必要であって、悪くなることではありません。結局、もし私たちが祈れば、答えは本当に神の意志であって、私たちの意志ではありません。神は最もよく知っておられ、答えてくださいます。

　愛する救い主、どうぞあなたの「いいえ」を正しい答えとしてあなたの「はい」と同じように受け入れられるように助けてください。アーメン

互いに重荷を担いなさい。そのようにしてこそ、キリストの律法を全うすることになるのです。

ガラテアの信徒への手紙　六章二節

クリスチャンの牧師が、空腹でぼろをまとった少年を連れてきました。牧師は彼に服を着せ、夕食を出しました。夕食後、その男の子と一緒にひざまずき、祈りました。「あなたは神を私たちの父と呼びましたか」と少年は尋ねました。牧師は答えました。「そうですよ。あなたと私の父ですよ」「それでは私たちは兄弟ですね」と少年は言いました。牧師は言いました。「本当に私たちは兄弟です」そして彼に新しい靴を買うお金を渡しました。数日後、靴屋は牧師に電話をしました。「先日、不思議なことがありました。男の子がやってきて、彼の兄が靴を買うようにと彼を来させたと言いました。兄は誰かと尋ねるとあなただと答えました」「その通りです」とその牧師は答えました。「そして彼はあなたの弟でもあるのですよ。もしよければあなたは靴の代金を分担することもできますよ」と。

たぶん、回復において、最も力強いのは、神が私たちの父であり、私たちは皆兄弟であることを知ることでしょう。私たちはすべてつながっており、お互いに対して責任があるのです。

聖パウロは、このことはクリスチャンにとって必須であり、他の人の重荷を負うことは「キリストの掟」であり、クリスチャンには必要条件であると考えました。回復中のクリスチャンはお互いをサポートする同じ規律に従わなくてはなりません。私たちは自己信頼のルールに管理されているのではなく、「お互いに愛し合う」ということを本当に示すための戒めによって支えられています。もし私たちの靴の代金を共に支払わないなら私たちは皆裸足であり、心が空っぽです。

主よ、あなたの愛の法則に従えるように、そして私の兄弟姉妹の重荷を負うことができるような力を与えられますように導いてください。アーメン

9月9日

9月10日

「また、わたしの名のために、あなたがたはすべての人に憎まれる。しかし、最後まで耐え忍ぶ者は救われる。」

マルコによる福音書　一三章一三節

聖パウロは「そればかりでなく、苦難をも誇りとします。わたしたちは知っているのです、苦難は忍耐を、忍耐は練達を、練達は希望を生むということを」（ローマ五・三〜四）と語ります。忍耐と持続は貴重な能力です。頑張ることは楽しくもないし、簡単ではありませんがそれはいつもやりがいのあることです。

おお、主よ、あなたは私のために十字架の苦悩に耐えられました。私があなたの愛の忍耐を学ぶことができるよう、助けてください。アーメン

忍耐ほどうまくいくものはありません。エクソダスや他の多くの本を書いたレオン・ユリスはかつて海兵隊員でした。海軍を辞めたとき、トラックの運転手になりました。彼は多くの愉快な経験を分かち合いたいと思ったので本を書きました。

彼は作家ではありませんでした。彼は英語のクラスで三回も落第したのです。しかし毎晩毎晩、しかも一日の長い大変な仕事の後でさえ、彼は椅子に座って書きました。彼は疲れ果てて、失望したことが何度もありました。しかし、彼は本が仕上がるまで書き続けました。それはベストセラーになりました。「作家にとって最も重要なことは自分の経験に基づき書き続けることです。」

回復は忍耐なしには不可能です。すべてのことは楽しいことではありません。キリストにある多くの回復は普通の大変な仕事です。もし私たちが過度にストレスを与えれば、歯をきしらせたり、げんこつを突き出したりすることで回復をだめにします。しかし持続的な努力は必須です。

9月11日

「良い土地に落ちたのは、立派な善い心で、御言葉を聞き、よく守り、忍耐して実を結ぶ人たちである。」

ルカによる福音書　八章一五節

ある米国人の旅行者が英国の大邸宅の庭を歩いていました。歩いている間、一人の庭師に会ったので、「芝生をどうしたらこのようにできるのですか」と彼に質問しました。

「そうですね、ご覧のとおり、私たちは芝生に水をやり、芝刈り機で刈り、また水をやり、芝刈り機で刈り、それを八〇〇年間も継続していると、このようになるのですよ」とその庭師は彼を見て言いました。

その米国人は目を見開き、言いました。「ワオー、ニュージャージーに戻って、機械で芝刈りをしよう」

私たちが、生涯にわたる回復を手がけるとき、私たちの多くは同じせっかちさと心配で応答します。「簡単にやれる」と聞くと、今、行おうとします。たびたび、数週間は八〇〇年のように思われます。しかし回復中のクリスチャンのように、小さな種について主のメッセージを聞く必要があります。私たちはゆっくりと成長し、やがては大木になる小さな種なのです。真の忍耐は現実を消極的にあきらめるのではなく福音の豊かな土壌に深く入って働く積極的なエネルギーなのです。それは十二ステップの滋養によって養われるのです。回復中の忍耐は神の時に信頼をおく辛抱する能力です。

主よ、素早く簡単なものに頼ることなしに行う意欲を私にお与えください。あなたのご計画にある忍耐をお与えください。

アーメン

9月12日

「人々を恐れてはならない。覆われているもので現わされないものはなく隠されているもので知られずに済むものはないからである。」

マタイによる福音書　一〇章二六節

ある女性がバスに乗り遅れまいと急いでいる姿が見えました。乗車するために緊張していて、乗る間際まで走っていました。しかし、彼女はバスが発車してもスーツケースを腕につかんだままでいました。一人の男性が「ご婦人、もうスーツケースを降ろしても大丈夫ですよ。バスが運んでくれますよ」とやさしく彼女の腕に触れて言いました。

これはよくみかける場面ではありませんか。私たちは心配や、恐れでいっぱいになったスーツケースを降ろすことなくしっかりつかんでいるようなものです。もちろん、生きることには何らかの心配があります。鼓舞した歌手、刺激を受けた芸術家、興奮した運動選手、熱心な学生はすべて時折、適当なストレスを経験します。しかし私たちは不必要な重荷を負う必要はありません。

クリスチャンとして本当の心配を抱えて回復へと入ります。私たちは非現実的なまたは想像の心配を背負う必要はありません。多くの心配すべき現実があります。十二ステップのそれぞれは現実の人生の問題を扱います。錯覚でも空想でもありません。さらに回復は心配以上のものであり仕事なのです。ロバート・フロストは言いました。「心配が仕事以上に人々を悩ます理由は、人々は仕事以上にもっと心配するからです」

私たちがそのプログラムに取り組み、それについては心配しないように促されることは慰めです。イエスは私たちに恐れないようにと言います。知られていないことや、隠れていることでさえも、隠れた恵みです。事実、私たちが隠していることや私たちが知らないことが明らかにされる必要があり、その結果キリストはそのような現実に神の癒しの力を働かせることができるのです。神は思い違いと共に働きません。率直になること、正直になることが神のプログラムのすべてです。

主よ、私の重荷を降ろすことができるように助けてください。そしてあなたに率直になれるように導いてください。むだな心配をしないように救ってください、そうすれば私はあなたの仕事をうまく行うことができます。アーメン

すべてが御子に服従するとき、御子自身も、すべてをご自分に服従させてくださった方に服従されます。神がすべてにおいてすべてとなられるためです。

コリントの信徒への手紙一　一五章二八節

昔のある伝統的な賛美歌はこのように始まります。

神は私の頭の中に、
そして私の理解の中にいてくださる。
神は私の目の中に、
そして私が見る動作の中にいてくださる。
神は私の口の中に、
私の話す動作の中にいてくださる。
神は私の心におられ、
そして私の考える動作の中にいてくださる。
神はわたしの終わりに、
わたしの出発する動作にいてくださる。

私たちの生活にこのようにすべてに神がいてくださるとはどのような状況でしょうか。私たちの頭、眼、口、心、終わりに神がいてくださるとどんな良いことがあるのでしょうか。多分レオ・トルストイがヒントをくれます。

信仰があるところに愛がある、
愛があるところに平和がある、
平和があるところに神がおられる、
神がおられるところには必要なものがない。

神がすべてであり、私たちの生活に神がそのように完璧に存在するとき、必要なものはありません。何も必要ではありません。すべては与えられています。すべては満足です。神がそれほどにいらっしゃれば何も必要ありません。食欲は満ち足りています。私たちは満腹です。不足しているものはありません。貧しさは消えます。神はすべてを満たします。私たちはこの霊的なできごとを「平和という大変貴重な恵み」とどうにか説明することができます。このような満足は神の存在が私たちの内に増すときにやってきます。私たちの不完全さが神の存在で満たされるとき、私たちはすべてを持っていると実感できます。他に何がいったい必要でしょうか。

救い主様、あなたは私の最も大切な人です。あなただけを望むように導いてください。アーメン

9月13日

9月14日

「あなたたちは真理を知り、真理はあなたたちを自由にする。」

ヨハネによる福音書　八章三二節

ある漁師が漁から手ぶらで戻って来ました。家に帰る途中、魚市場に立ち寄りました。彼は商人に言いました。「あなたが持っている鱒の一番大きいものを五匹私に投げてください」「投げるのですって。何のためですか」と困った店員は言いました。

「そうすれば。私は妻に魚をとったと言えるからだよ。私はひどい漁師かもしれないが、私は嘘つきではない」と漁師は言いました。

たいした違いはありません。誰でもこの話にはごまかしがあることがわかります。私たちは真実のすべてを知られないように、その漁師の嘘のような数え切れない方法を用います。

マーク・トウェインは次のように言いました。「真実を語りなさい。それはあなたの敵を混乱させ、あなたの友人をびっくりさせるでしょう」それ以上です、あなたの魂を救うでしょう。

回復するためには、正直であること、すべてが真実であることが最も重要です。私たちの病の性質は私たち自身を否定し、欺くことです。私たちは現実に直面することができません。病いの明白な現実を隠すために正当化したり、言い訳したり、弁解したり、徹底的に欺いたりするなど、複雑な仕組みを作ります。回復にとって大切なことは、私たちに重くのしかかる真実と正直さをしっかり表すことです。

私たちは真実ではなく拒絶を恐れます。捨てられる空しさを恐れます。もし隠れている自分が発見されれば、捨てられるだろうということを恐れます。有難いことに、主はそのようには働きません。神は私たちを知って抱擁してくださいます。

主よ、あなたは私の真実を知っているけれど私を愛してくださることを感謝します。アーメン

9月15日

そこで、イエスは言われた。「神を信じなさい」

マルコによる福音書　一一章二二節

私たちの好きな言葉のひとつは安全です。私たちは国家の安全、社会の安全について話します。私たちの安全を確実にしようとするために、数十億ドルが防衛武器の製造に費やされています。しかし救いと安全は同じではありません。救われることと安全であることは必ずしも相伴いません。

　回復の十二ステップは安全でもないし、簡単でも、安心でもありません。それらはダイナミックで、はらはらするものであり、怖いのです。回復は安全を提供しませんが、命と健康を提供します。無事と安全は恐れる人のための監獄です。成長と救いは数え切れないほどの危険の中にある広大な可能性に開かれている自由な世界です。嗜癖は安全と無痛な手段を提供します。回復は選択、変化、勝利の自由を提供します。

　キリストにある回復のプログラムは神経への鎮静剤でもないし、恐れからの脱出でもありません。私たちは巡礼者で、いつも無防備で不安なものにさらされていて安全でないのです。しかしいつも生きて、本当の危険に対して油断なく警戒しています。安全な壁の後ろに隠れずに、オープンになり、キリストにあるあらゆる恐れを感じたり抱いたりする感じやすい人々になって、恐れに立ち向かいます。十字架に釘で打ちつけられることは危険なことです。十字架につけられ、苦しんでいる主とともにいるのは安全ではありません。しかしそれは安心以上のものです。それは勝利で、栄光ある愛なのです。それは永遠の復活であり、新しい命です。

　主よ。私はあなたにあって持てる愛と信頼を除いては安全も安心もないことを知っています。アーメン

9月16日

『主の名を呼び求める者は皆、救われる。』

使徒言行録　二章二一節

神の言葉の力を告げる楽しい真実なお話がニューヨークの通りからきました。ある街角の説教者は老人に小さなポケットバイブルをあげました。その老人はその小さな本をもらって喜びました。その薄いページは彼の手作りのタバコを巻くのにちょうどよいサイズだったからです。彼はマタイ、マルコ、ルカ、そしてヨハネの半分まで吸いました。ヨハネの一〇章になったとき、タバコが切れてしまいました。時間つぶしに彼は読み始めました。キリスト、良い羊飼いについて読んだとき、初めは恥で満たされました。それから感謝でいっぱいになりました。彼はキリストに自分を明け渡しました。その老人は彼の方法で喫煙し、神の国に入ったのです。

この老人が自分のタバコを巻いて救いに入ったお話は多くの人に知られています。ボトルから神を飲もうとした人もいました。食べ物に救いを見つけようとした人もいました。人や物との過度な関係に意味を探そうとしました。しかし、遅かれ早かれ、皆、神は本当にどこにいるのかを調べてみなければなりませんでした。深く、深く内部に入って、神が必要、神だけを必要とする現実に出会います。何事も満足させるものはありません。誰もあなたを癒すことはできません。私たちは自分の人生を満たすために神以外のすべてのことにエネルギーを使いました。今、ほかに何もないということを知っています。神のみが救い主です。キリストだけが主なのです。

主なる救い主、私の人生にあなたの存在と力があることを感謝します。毎日私を見守ってください。アーメン

9月17日

ペテロとほかの使徒たちは答えた。「人間に従うよりも、神に従わなくてはなりません。」

使徒言行録　五章二九節

一九六〇年代、七〇年代に流行したのは「自分探し」でした。人々は学校、キャリア、結婚で失敗しました。本当の自分探しは多くの人々を惹きつけました。悲しいことに、多くの自分探しをしている人々は自分を発見したときに、ひどく失望しました。彼らは絶望と挫折という罪深い、罪の意識に苦しむ、神のない、利己的な、わがままな自分の人生を見い出しました。多くの人たちは自分を発見することに成功しましたが、その発見は悲劇でした。

回復は自分を見い出すことによるのではなく、それを失うことによってなされるのです。真の自己発見は神を見い出すことによって自分を失うことです。イエスは私たちに求めるように話しました、自分自身を求めるのではなく神を求めるように。必要なのは自分ではなく神なのです。偉大な作曲家のジョセフ・ハイドンは、かつて彼の教会音楽はなぜそのように喜びに満ちているのかと尋ねられました。彼は言いました。

「そのようでなければ、できません。私の思いに従って書いています。神のことを考えるとき、私の心は喜びでいっぱいになり、いわば曲が踊ったり、跳ねたりするのです。あたかもペンからそれが出るように。神は私の手をつかみ、私から喜びを出させるのです。私は神を喜び、自分を失うのです」

喪失し、完全に神にとらわれることは回復の核心です。自分についてすべてを知る必要はありません。キリストにあることだけが必要なのです。

聖なるイエス様、私は自分自身をあなたに服従させます。あなたの思うように私の手を取り、指図してください。アーメン

9月18日

イエスが深く憐れんで、手を差し伸べてその人に触れた。

マルコによる福音書　一章四一節

ある有名な外科医がかつて言いました。

「もし私が良い外科医になるとしたら、私は三つの科目を知らなければならない。それらは生理学、精神療法、宗教です」

彼は手術室に入ると、一錠の薬よりも、もっと慰めを必要とする人間の魂を治療していることを思い出さなければならないと説明し続けました。恐れと心配は手術の成功を妨げます。

「われわれ、今日の医者は、近くの薬局で買えるもの以上の医学の一式の中に、さらに何かが必要です――神の支配が必要です」と彼は断言しました。この医者は愛の神、そして愛が癒しに必要であることを知っています。

ある新聞記者は一人の修道女が兵士のひどい怪我を消毒しているのを見ました。「私は一〇〇万ドルもらってもそのようなことはできないだろう」と彼は言いました。修道女は静かに答えました。「私もできないでしょう」と。そして傷口を拭いたり消毒したりしていました。愛は買われたり、売られたりされません。しかし愛は命を創造し、計り知れない豊かさをもたらします。神のような外科医、修道女、十二ステップの友人たちから私たちが受けるものは、決して買われたり、支払われたりしないのです。私たちがお互いに与えるものは無償であり、全く計算されることができない価値のある愛であり、思いやりです。

私たちの十二ステップのメンバーを思い、感謝してください。どのような理由か手段かわかりませんが、どうにか私たちはその道に従い始め、喜んでいます。私たちは神の宝の家を見つけたのです。

毎日、私の生活に愛を増してください。私の魂の愛する人よ！

アーメン

9月19日

「わたしの命じることを行うならば、あなたがたはわたしの友である。」

ヨハネによる福音書　一五章一四節

ロビン・フッドの伝説に、小さなジョンとロビンの最初の出会いについて有名なお話があります。二人の男性は森を旅していました。彼らは小さな橋の反対側でお互いに会いました。その橋は一度に一人だけが渡れるのでした。初めは、二人は高慢で、他の人にゆずることができませんでしたので、真中で出会いました。彼らは言葉を交わし、喧嘩し始めました。とうとう、二人は水の中に落ちてしまいました。後で、彼らが泳いで一緒に土手に上がったときは、自分たちのことを笑い、親友になりました。喧嘩している敵同士から、お互いを抱く友人になりました。この二人は回復の重要な部分を見せてくれています。

回復の道を歩む前は私たちは神に反抗していました。神を自分の自由を脅かすものとして見ていました。神が勝つことを許さず、神と戦いました。私たちの意志と高慢さは神を通過させようとしませんでした。とうとう丸太から落ちたとき、私たちは主人によって支配されず、奴隷にされず、友達と抱き合い、笑いながら土手に上がったのがわかりました。神への服従は敗北ではなく、永遠の友情の勝利です。聖パウロは、自然な人間をキリストのいない神の敵としてみていました。しかし、キリストにあって私たちは今、皆、和解し、永遠の友人になります（ローマ五・九）。神との苦闘はそれだけの価値があります。それは友情と自由に導きます。

主よ、私があなたと苦闘するとき、あなたの愛と友情に服従できるよう、そして私の高慢さを捨てることができるよう助けてください。アーメン

9月20日

信仰の戦いを立派に戦い抜き、永遠の命を手に入れなさい。命を得るために、あなたは神から召され、多くの証人の前で立派に信仰を表明したのです。

テモテへの手紙一　六章一二節

ボーイング７０７ジェット航空機には小さな一連のプロペラの羽根が上部の翼の途中につけられています。これらの小さな羽根は旋風発生機と呼ばれています。それらがなければスムースな翼ですが、それらは突き出ていて、翼の上を通過する空気の流れに乱気流を起こす目的で飛行機に付けられています。飛行機の設計者は、ボーイング７０７は空気の流れがスムースすぎるときに正確に作動しないことを発見しました。

どのような理由であろうとも、私たちの回復もすべてがスムースすぎるときには正確に働きません。私たちには少しのでこぼこや乱気流が必要と思われます。多くの回復している人々はすべてがうまくいっている時に、最も悪い再発や間違いを経験しました。もし私たちが荒々しい海や困難に遭遇しなければ、私たちは横柄で自己満足に陥り、コースから簡単に離れ、壊れてしまうかもしれません。悩みや緊張がなければ、まんまと愚かな間違いの犠牲となってしまいます。私たちは油断しないでいる必要があります。

聖パウロは言っています。「そればかりでなく、苦難をも誇りとします。わたしたちは知っているのです、苦難は忍耐を」(ローマ五・三)なぜなら自分に問題があったり、ひどい目にあったりする時は、現実を苦しいものとして見る忍耐や強さを生み出すからです。現実をやさしい、滑らかなハイウエイとは見ません。

主なるキリスト、私を滑らかでやさしい道から遠ざけてください。そして私を十二ステップとともに悩み続けさせてください。アーメン

9月21日

「自分の命を得ようとする者は、それを失い、わたしのために命を失う者は、かえってそれを得るのである。」

マタイによる福音書　一〇章三九節

アフリカでは猿を食用とするために捕獲します。動物を罠で捕まえるために、巧妙な方法が使われています。大きな木製の壺が木に固定されました。それぞれの壺には大人の猿の広げた手を入れるのに十分な口がありました。キャンディの匂いで猿が誘われて中に手を入れるようにその壺にキャンディが入れられます。しかし彼らのキャンディをつかんで折り曲げられた握りこぶしは大きすぎて、壺の口から出すことができません。多くの猿は狩人が近づいて来るのを見ても彼らの宝物を放そうとせず、逃げずにキャンディを離しません。彼らは自分たちの愚かな貪欲さによって罠にはまってしまいます。

私たちは同じ罠にいます。欲張りな猿のように嗜癖にしがみつき、まだ自由でいられると思っています。罠を見て、狩人が来たときでさえ、悪い習慣にしがみつきました。とうとう両方を手に入れることができないことを悟ったとき、私たちは「あきらめ、神にゆだねます」。

その時、私たちは自由を見い出しました。

はっきり言って、私たちは愚かで、馬鹿な猿ではありません。キャンディへの魅力は明らかに強く、もっともでさえあります。要するに、私たちは自分の嗜癖や苦境を気づいていませんでした。心が曇っていました。しかし一度その罠を見て、そこに捕らえられていることがわかり、しかもなおそのキャンディにしがみついていれば、私たちは猿になってしまいます。

イエス様、どうぞ私の欲をみて私がそれから自由になり生活できるように助けてください。アーメン

9月22日

「あなたの富のあるところに、あなたの心もあるのだ。」

マタイによる福音書　六章二一節

イエスはお金や財産について少なくともたとえ話の三分の一をさいて話しました。普通、お金は本当に価値あるものを買うことはできないとイエスは結論づけました。実際、生活の中で最も大切な要素には値札がついていません。

十二ステップの回復には料金は不用です。富や財産または社会的地位には関係ありません。しかし、労力はかかります。自分の労力を使わなければなりません。持ち物は重要ではなく、自分が重要です。ヘンリック・イプセンが言いました。

　お金は物の殻を買えるかもしれないが重要部分は買えない。お金はあなたがたに食べ物をもたらすが、食欲はもたらさない、薬を買えるが健康は買えない。知人は作れるが友人は買えない、使用人を使えるが忠実さは買えない。楽しみの日々は買えるが、平和や幸福は買えない。

イエスと十二ステップは実をもたらします。私たちの主は私たちが宝を置く場所に心を置くように告げます。イエスはまた私たちの心や、精神に宝を見るように内への道を私たちに教えました。聖パウロは心が持てる最も偉大な宝はすべての理解を超える神の平和、神と彼の御子イエス・キリストの愛と私たちの知識によってもたらされる神の平和だということを知っていました。このような宝に匹敵するものはありません。聖パウロはこの豊かさを詩的な歓喜の言葉で表しました。「ああ、神の富と知恵と知識のなんと深いことか。誰が、神の定めを究め尽くし、神の道を理解し尽くせよう。『いったい誰が主の心を知っていたであろうか。誰が主の相談相手であっただろうか。誰がまず主に与えて、その報いを受けるであろうか。』すべてのものは、神から出て、神によって保たれ、神に向かっているのです。栄光が神に永遠にありますように、アーメン。」（ローマ一一・三三〜三六）

イエス様、あなたはお金もなく、財産もありませんでした。あなたの心の宝を私にお与えください。アーメン

9月23日

物欲しさにこういっているのではありません。私は、自分の置かれた境遇に満足することを習い覚えたのです。

フィリピの信徒への手紙　四章一一節

セネカは一世紀の政治家で、哲学者です。彼は聖パウロのように響く言葉を私たちに残しました。

　人類の偉大な恵みは、私たちの中に、私たちの手の届くところにある。平静は、どんな運命に遭遇しても、強くなったり、意気消沈したりしない心の均一性のこと。ある賢人は自分の運命に満足している。それがいかなるものであろうとも、持たないものを欲しがらずに。

　店やショッピングモールは購買欲をさらに刺激しながら常に持たないものを欲しがるように誘います。これは消費経済においては良いやり方であり、意味があります。

　しかし回復中のクリスチャンは本当に大事なものをすべて持っています。私たちには主や救い主イエスがおられ、十二ステップがあります。とても祝福されているので私たちにはほかに何も必要ありません。なぜもっと欲しいものがあるのでしょうか。このような恵みは私たちを前進させる強力な川のようなものです。その川は私たちの回復プログラムです。その流れは主の平和です。私たちはエマソンの言葉で、促されます。「あなたに流れ込む知恵と力の流れの真ん中に自分自身を置くように。そうすることであなたは真実、正義と完全な満足へと駆り立てられるでしょう」

　聖書の賢い言葉はこの満足を述べています。「もっとも、信心は、満ち足りることを知る者には、大きな利得の道です。なぜならば、わたしたちは、何も持たずに世に生まれ、世を去るときは何も持って行くことができないからです。食べる物と着る物があれば、わたしたちはそれで満足すべきです。金持ちになろうとする者は、誘惑、罠、無分別で有害なさまざまの欲望に陥ります。その欲望が、人を滅亡と破滅に陥れます。金銭の欲は、すべての悪の根です。金銭を追い求めるうちに信仰から迷い出て、さまざまのひどい苦しみで突き刺された者もいます。」（Ⅰテモテ六・六〜一〇）

　主なるイエス様、あなたにあって私は必要なすべてのものを持っています。十二ステップとあなた様の福音に満足しています。

アーメン

9月24日

わたしは、平和をあなたがたに残し、わたしの平和を与える。わたしは、これを、世が与えるように与えるのではない。心を騒がせるな。おびえるな。

ヨハネよる福音書　一四章二七節

回復においては、ほとんどすべてのことが、信頼する態度にかかっています。何よりもまず、プログラムを作り上げている要素を信頼しなければなりません。特に十二ステップを。神への信頼は自信をもたらします。そして、それは希望をもたらします。なぜでしょうか。私たちは神に属しています。神は私たちの中で働いています。フランシス・ド・サーレはいいました。

この人生の変化やチャンスをびくびくして待ってはいけない、変化やチャンスが訪れる時神があなたにそれらを届けてくださるのだというあふれるほどの希望を持って待ちなさい。神は苦しみからあなたを守るか、それに耐える確かな力を与えるでしょう。

神は私たちを守るか、強めるかのどちらかです。神の手は私たちを守るか、私たちを強めるかのどちらかです。しばしば私たちは積極的になすべき役割がないかのように消極的に神の守りに依存することを選びます。私たちは神が私たちを強め、打ち勝つ力を私たちに与えることを忘れます。神は私たちが無力な時に、私たちを愛し支えますが、できる時には自分で行うことをも私たちに期待しています。私たちは水に浮くことができるように神を信頼することができますが、神が与える力で自分で泳ぐことができます。聖パウロは次のような力ある言葉を私たちに与えました。

「しかし、あらゆる恵みの源である神、すなわち、キリスト・イエスを通してあなたがたを永遠の栄光へ招いてくださった神ご自身が、しばらくの間苦しんだあなたがたを完全な者とし、強め、力づけ、揺らぐことがないようにしてくださいます。力が世々限りなく神にありますように、アーメン。」（Ｉペテロ五・一〇〜一一）

主なる神よ、あなたの保護に頼り、そしてあなたの力を受けることを期待することができるように助けてください。アーメン

9月25日

「しかし、その方、すなわち、真理の霊がくると、あなたがたを導いて真理をことごとく悟らされる。その方は、自分から語るのではなく、聞いたことを語り、また、これから起こることをあなたがたに告げるからである。」

ヨハネによる福音書　一六章一三節

最も美しく、感激させる賛美歌の一つは常に信仰の源です。「優しい光で導いて」はローマ教皇枢機卿であるジョン・ヘンリー・ニューマンによって作曲されました。それはフランクリン・デラノ・ルーズベルトやマハトマ・ガンディーの好きな賛美歌でした。その詩は回復途上のクリスチャンにとって、特に役立ちます。

まわりが暗闇につつまれているときに、
やさしい光で導いて、あなたは私を案内される。
夜は暗く、私の家は遠い、
あなたは私を案内される。
あなたは私の足を守られる、
遠い場所を見せて欲しいとは願わない、
私にとって一歩が十分。

私たちが十二ステップに従うとき、回復は一日に一度、一歩を歩くことにかかっています。日々の祈りは「やさしい光で導いてください。あなたが私を案内される一歩は私にとって十分です」

私たちは遠い場所を見たり、全体のプログラムを理解したりする必要はありません。大切なことは、その生き方を歩く足を持ち続け、神を信頼し、一歩を歩み続けることです。

神は私たちを案内してくださいます。神は私たちに来るべきものを示してくださいます。キリストが私たちの道に注ぐ光は優しい——私たちに示す十分であるが多すぎず親切で優しい光。このような優しい光はどぎつさや粗さがなく、やわらかに輝き、一度に一歩を扱うことができることを示します。

主よ、私を優しく導いてください。私はあなたの道に従い、一度に一歩を歩いていきます。アーメン

9月26日

あなたがたの中で善い業を始められた方が、キリスト・イエスの日までに、その業を成し遂げてくださると、わたしは確信しています。

フィリピの信徒への手紙　一章六節

未来への展望は回復のしるしです。前途にあるものへの自信は信頼や望みの雰囲気を創ります。それは成長のための豊かな土壌を用意します。未来について書かれた最も美しい言葉をリマン・アボットが書きました。

　私は将来の生活がどんなものかを知らないし知りたいとも思わない。もし、できるとしても、未知の向こうに何があるのか、開いた窓のところで、未来を覗き込むために立ち上がることもしないでしょう。神の恵みは新しい毎朝、毎晩、新鮮です。神は私の生活の毎日に新しい驚きをもたらし、どの経験にも新しい神の愛を知らせます。感謝の気持ちで喜びを、慰めで悲しみを美しくしてくれます。

　神に信頼するとき、前方にあるものが何事でも良くなるでしょう。何が来ようとも、私たちはキリストと共に歩いているという特権があります。回復の十二ステップを歩くとき、神と共に歩んでいる栄誉にあずかり、とても祝福されます。昔の賛美歌は語ります。

　私はその道がどこに行くかは知らない
　私は日ごとに歩く、
　あるいは道が終わる場所に歩いていく。
　私は主のハイウエイを歩いていることを知っている。

回復において、私たちはハイウエイにいるのです。健康と救いの神の王道のハイウエイ、カミノレアールというあのハイウエイにいるのです。

　聖パウロは私たちに確約しています。私たちの主は私たちを神の道に連れて行くだけでなく、私たちにスタートを強いるのです。彼はまた、私たちを歩かせ続け、実際に私たちのモーターを動かせ続けるのです。

　イエス様、いつも私と歩いてください。私をあなたの神秘から迷わないようにしてください。アーメン

9月27日

キリストの苦しみが満ちあふれてわたしたちにも及んでいるのと同じように、わたしたちの受ける慰めもキリストによって満ちあふれているからです。

コリントの信徒への手紙二　一章五節

私たちはしばしば悩んだり、いらいらしたり、落ち込んだり、絶望したりします。回復途上の多くの人にとっても、最低の状態は命の始まりであって終わりではないということがよくあります。潮が最も引く時は潮流の始まりだと学びました。すべてのことが私たちに逆らう時、耐えることができないと思った時、それは物事がより良くなり始める適切な時だということを学びました。グレイス・ノール・クロウェルは、次のような文を私たちに伝えています。

これも過ぎ去る。
ああ、心よ、それを何回も言いなさい、
あなたの最も深い悲しみの中から、
あなたの最も深い嘆きの中から、
どんな傷も永久には持続しない、
たぶん明日が安らぎをもたらすでしょう。
夜の星のように、暗闇のあとの暁のように、自然に。
風になびく草が上に伸びるように、自然に。
あなたの絶望や、葛藤がどんなものであれ、
これもまた、過ぎ去る。

どんな嵐にも私たちは安全に舵をとることができるのです。どんな嵐も自然に止みます。すべての暴風雨も止みます。神への信仰で、私たちは嵐に動揺し、茫然としても、マストに強く結びついた水夫のように私たちはキリストに結ばれ、静かな海の輝く太陽の中に、安全に出ることができます。それぞれの嵐を通り抜ける時に、神の愛の柔らかいそよ風の中で航海できます。彼はいつも新しい日へと私たちを案内してくださいます。

主よ、嵐にも静かな日にも、あなたにすがる時、あなたは私の船をあなたの岸へと案内してくださることを知っています。

アーメン

9

9月28日

愛することのない者は神を知りません。神は愛だからです。

ヨハネの手紙一　四章八節

愛についてたくさんのことが書かれ、言われ、歌われてきています。このテーマで図書館はいっぱいになっています。しかし、表面的にはわたしたちはまだ臆病です。私たちは皆、愛のいくつかの形を経験しますが、多くは神の愛を経験していません。神の愛は誰にでも存在するのです。悲しいことに皆がそれを知っているわけではありません。神の愛を気づかない一つの魂が存在する間は、回復の仕事は決して休むことはありません。

聖オーガスティンは、「神は一人一人をあたかも一人だけを愛するように愛しているのです」と言いました。聖オーガスティンのこの句の最近の解釈は、「もしあなたが世界にたった一人残されたとしても、キリストはあなたのために死にます」なのです。神の愛は理解を超えています。

私たちの命や存在の源は愛であり、愛されていることを知ると命、希望、喜びが生まれます。神は、すべての中から、愛と神への献身を目覚めさせるのです。神を愛するとき、神の愛のほかには愛がないかのように感じます。自己や、自我が無にされて喜び、喜んで失われ、神を信じ、私たちは無であるように感じます。神が私たちを愛することを認めるとき、私たちは変えられ、改心させられ、回復されます。神は私たちの命、すべての満ちている恵みの源になります。神の愛は私たちの住まい、源、中心になります。ほかに何もありません。

神様、あなただけが私の命です。あなたの愛は私の太陽です。

アーメン

だから、わたしの心は楽しみ、舌は喜びたたえる。体も希望のうちに生きるであろう。

使徒言行録　二章二六節

アブラハム・リンカーンは言いました。

「多くの人は自分は幸福であると思うほどに幸せである」と。世界の幸福な人々を観察した人はいくつかの共通な傾向を見い出します。喜びがある人はそれを分かち合い、他の人々に太陽の光を注ぐように思われます。幸せであることは私たちが幸福であると思うことであれば、他の人々がまず幸せになるように助ける必要があるように思われます。私たちは与えるときに得るのです。事実、与えなければ、自分のものとすることができません。喜びの特質は、喜びを分かち合うことです。

サラが創世記二一章六節で言ったように、「神はわたしに笑いをお与えになった。聞く者は皆、わたしと笑い（イサク）を共にしてくれるでしょう。」

古いクリスチャンの格言に「悲しい聖人は可哀想な聖人である」というのがあります。悲しい聖人とは言葉に矛盾があるといえるかもしれません。クリスチャンであることは喜びに満ちているということなのです。三世紀の殉教者の言葉を聖キプリアンはうまく述べています。

悪い世の中、ひどく悪い世の中です。しかし、そのただ中に偉大な秘訣を学んだ静かな聖なる人々を見い出しました。彼らは罪深い喜びよりも何千倍も素晴らしい喜びを見い出しています。彼らは軽蔑され、迫害されていますが心配しません。彼らは自分の魂の主人です。彼らは世の中に打ち勝ったのです。これらの人々はクリスチャンです。そして私はその一人です。

私たちには同じ喜びがあります。回復途上にあるクリスチャンです。同じ秘訣を知っています。イエスの十二ステップを歩きます。ひどく悪い世の中を喜びに導くことを助けるステップです。会合で多くの笑いが聞こえるのは偶然ではありません。痛みにおいてでさえも喜びの心を持つことができ、喜びの言葉を持てるのです。

イエス様、喜びの秘訣を教え続けてください、それで私は最も必要なところにそれを分かち合うことができます。アーメン

9月30日

わたしたちが悩み苦しむとき、それはあなたがたの慰めと救いになります。また、わたしたちが慰められるとき、それは、あなたがたの慰めになり、あなたがたがわたしたちの苦しみと同じ苦しみに耐えることができるのです。

コリントの信徒への手紙二　一章六節

神様はどのようなお方なのでしょうか。その質問に答える完璧な方法はありません。しかし、ヒントがあります。聖書、詩、歌の中にヒントがあります。高い力に関する記述は一世紀に詠み人知らずのクリスチャンが書いたものです。

神は温かく、すべてを抱き、
退屈な世界を輝かしいものに変えてくださる、
悲しい心を、言葉では言い表せない理解を超えた歌に
引き上げてくださるお方。
一羽の小鳥の調べ、音楽の和音、夕焼けの光、
突然のうっとりするような洞察力、
愛のタッチによって、
魂のために全宇宙を安全な家にしてくださる。

偉大な美、真実、良いこと、愛の中にこのヒントがあります。しかし、最も良い、最も素晴らしいのはイエスです。神様はどのようなお方なのでしょうか。イエスのようなお方です。イエス様に頼ると、いつも私たちが理解できる以上の答えを提供してくださいます。キリストをみるとき、表現されるどんな答えも使い尽くされることはありません。愛、希望、信仰は喜びのある豊かさを私たちに惜しみなく与えます。個人的な宇宙が私たちの魂のための安全な家となります。イエス以上の答えを私たちは決して必要としないでしょう。私たちは夕焼けに、プログラムで、イエスと会うでしょう。音楽で、会合でイエスからの言葉を聞くでしょう。愛と仲間の中にイエスを感じるでしょう。なぜなら、イエスは福音書の中に、回復途上において信じる人々の中に生きているからです。聖パウロは私たちの心に主は輝いていると言っています。

イエス様、あなたは多くの答えに関する答えです。いつも知ることが必要になること以上の答えです。アーメン

Reminders
気づかせるもの

考えながら散歩していた教授はほかの教授に会った時に、ぼうっとしていたので、挨拶を交わし、少し話した後で、その教授に尋ねました。

「ビル、僕たちが会う前に僕はどちらの方向に行こうとしていたかな」

彼の友達は指さしました。

「それは良かった」と彼は言い「それじゃ、僕はもう昼食を食べたんだ」

最も聡明な人でさえも、時には助けが必要です。回復途上で最も明らかなことを簡単に忘れます。ですから友達から少しの合図が必要です。スローガンを何と簡単に忘れるのでしょう。「私に責任がある」というスローガンを忘れ、ほかを非難することがあります。また一日を一度生きることを忘れ、未来に突進することはよくあります。最も忘れやすいことは「神にゆだねる」ことです。神にゆだねず、生活を自分でコントロールしようと苦戦します。

私の良い例は、「神にゆだねる」を書いている時でした。瞑想の半分を仕上げた時に、壁にぶつかりました。先へ進めませんでした。「行き詰まった。もう書けない」と妻に訴えました。彼女は尋ねました。「あなたの本のタイトルは何でしたか」

「神に任せる」と私は答えました。

彼女は微笑んで、「そうしたらどうですか」と言いました。そうです。それは心に響きました。私は書くのをやめこの仕事を神が代わってくださるように祈りました。後半はすぐに書き終えました。私は忘れていたのです。私は本当のインスピレーションの源に行くことを止めていました。忘れることは本当に簡単でした。妻のお陰で私は気づいたのです。

私たちの歩みの中で、気づかせるものや人が必要ではありませんか。ビッグブックにはたくさんあります。聖書にもたくさんあります。キリストにある友人、回復途上の友人は思い出させてくれるので、感動的です。イエスが「私を思い起こしてこのように行いなさい」（ルカによる福音書二二章一九節）と言われたことを思い出すことは賢いと思います。

10月1日

それで、こう言われています。「眠りについている者、起きよ。死者の中から立ち上がれ。そうすれば、キリストはあなたを照らされる。」

エフェソの信徒への手紙　五章一四節

ある父親が小さな坊やのベッドの傍らに、ひざまずきました。それは毛布で坊やをやさしく包んだりお祈りしたりする時でした。

今、私は横になって眠ります、
私は主が私の魂を守ってくださるように祈ります。
もし私が目覚める前に死んだなら、
主が私の魂を受け取ってくださるよう祈ります。

しかし、今夜は言葉が混乱し、その子供は、

私が死ぬ前に目覚めたら

と祈り、それから、弁解しました。「あー、お父ちゃん、僕はこんがらかってしまった」父親は本質を見抜いて答えました。

「お前、古いお祈りが初めて正しく祈られたよ。私の最も深い願いは死ぬ前に目が覚めることなのだよ」

回復途上におけるすべての力や知恵はこれらの言葉の実現なのです。神の恵みによって、皆「死ぬ前に目覚める」のです。確実な死の前に、主である救い主によって新しい誕生、新しい日の暁、新しい命に導かれています。私たちは皆、死の淵に危険なほど近くに生きていました。今は、目覚め、遅れずに目覚めて、神を賛美しています。もう一回だけチャンスがあります。新しいチャンスです。新しい命があるのです。祈るごとに、会合に行くごとに、ステップを歩むごとに、新しい日に目覚めるごとに、古い祈りは新しい方法で答えられています。キリストにある新しいモーニングコールで。

主なるキリスト、あなたの私へのモーニングコールを感謝いたします。アーメン

10月2日

「しかし、まことの礼拝をする者たちが、霊と真理をもって父を礼拝する時がくる。今がその時である。なぜなら、父はこのように礼拝する者を求めておられるからだ。」

ヨハネによる福音書　四章二三節

数年前、主なテレビ局はバトルギャラクティカと呼ばれる連続番組を放送しました。それは宇宙の兵士グループの冒険に関する未来のSF物語でした。多くの十代の若者はそのストーリーに魅せられました。しかしながら視聴率があまりよくないので、その番組は中止されました。最後のエピソードが放映された後、一人の若者は部屋に入り、「バトル ギャラクティカのない人生は生きる価値がない」と短い書置きをして自殺を図りました。

その若者の宗教は彼を失望させました。彼の神は偽りでした。バトル ギャラクティカは低い視聴率を理由に、取り消しの状態になったままでした。神より小さいどんな偶像やいかなる力も偽りであり、危険です。成功、名声、お金、スポーツ、セックス、若さ、健康などの神は消えていくでしょう。神より小さいすべてのものは続かないのです。唯一の望みは裏切らない神にあります。このような神が主であり救い主であるイエス・キリストに存在するのです。神の連続物は永久に続き、いつも更新でき、新鮮で、刺激的です。

聖パウロは、しかしながら、警告します。私たちはより小さい魅力的な神々に簡単に夢中になる可能性があることを。「わたしの愛する人たち、こういうわけですから、偶像礼拝を避けなさい。」「主の杯と悪霊の杯の両方を飲むことはできないし……」（Iコリント一〇・一四、二一）

キリストだけが私の神であり、私の命です、私にはあなたにひざまずき、礼拝するときと努力だけがあるのです。アーメン

10月3日

マリアは言った。「わたしは主のはしためです。お言葉どおり、この身になりますように。」そこで、天使は去って行った。

ルカによる福音書　一章三八節

ある有名なクリスチャンは回復の十二ステップの一部分だということを知らずに第三ステップの秘訣を見い出しました。疑いと絶望の中にいたときに彼はロープの終わりにたどり着きました、そして座り、次のようなことを書きました。

宇宙の統率者へ、
親愛なる神様
私はここに私自身の生活と世の中を指揮している監督者として自分で決めた地位を退きます。私は不正のすべての山を平らにすることはできないし、多くの我侭による谷を埋めることもできません。私にはそのようなものがあまりにも多くあります。あなたのご計画はあなたにお任せします。そして私の人生、お金、時間と私の才能をあなたの言うとおりにお使いください。
あなたの忠実な召使

「忠実な召使」の後にあなたの名前を書きませんか？

私たちが自己管理を辞め、神の管理に任せる時、疑いや絶望は行くべき場所がありませんが神は物事を処理することができます。私たちにはできません。しかし私たちが神に結ばれている時、神はうまく処理する力と勝利を与えるために私たちを通して働かれます。ユングがいったように「神に結びついていない個人は、自身の富に関して、世の物質的、精神的なこびや、甘言に何の抵抗をも試みることはできない」

私たちは断念し、神に任せることによって失わないのです。私たちは神に自分自身をつなげることによって得るのです。

親愛なる救い主よ、自分自身を救おうとする愚かさを止めさせてください、そしてあなたの救いにお任せできるようにさせてください。アーメン

10月4日

わたしたちが神を愛したのではなく、神がわたしたちを愛して、わたしたちの罪を償ういけにえとして、御子をお遣わしになりました。ここに愛があります。愛する者たち、神がこのようにわたしたちを愛されたのですから、わたしたちも互いに愛し合うべきです。

ヨハネの手紙一　四章一〇～一一節

　自分の嗜癖のコントロールに次々に失敗した多くの人は失敗の結果として自分自身に敗北者のイメージを持っています。自分を見て恥じ、嫌気がさしています。醜く、他の人に嫌悪感を起こさせると納得させられています。どうしたら私たちは愛する価値あるものになれるだろうか。しかし、回復し始めると、失敗や、醜さは神には重要でないということを発見します。私たちはウィリーがわかったことを納得できます。

　ウィリーは小さな農場の少年でした。貧しい農家の末息子でした。実際、この家族は小作人の家族で、生きるのに必要なお金しかありませんでしたが、とうとう一年後、彼らには数ドルが残りました。初めての贅沢品をシアーズに手紙で注文しました。彼らは鏡を注文しました。鏡が届いた時に、家族のそれぞれが、喜んで自分を見ました。ウィリーの番になったとき、彼は戸惑いました。彼の顔にはひどい痣がたくさんありました。小さいときに馬に蹴られたこともあり、本当に醜い顔でした。ウィリーは母親の方を向き尋ねました。「母さん、僕がいつもこのように見えることを知っていたの?」

「ええ、もちろんよ、知っていましたよ。私はあなたを愛しているわ。あなたの顔は大した問題ではない。あなたは私のウィリーだから愛しているの」

　これはキリストにある神から得る答えです。私たちがいかに醜いと感じていても――実際に私たちがいかに醜くても――神は私たちが神の子であるから私たちを愛するのです。

　主よ、ありがとうございます。私の醜さは問題ではなく私はあなたの子であり、あなたは私をとにかく愛してくださいます。

アーメン

10月5日

だから、神に服従し、悪魔に反抗しなさい。そうすれば、悪魔はあなたがたから逃げて行きます。神に近づきなさい。そうすれば、神は近づいてくださいます。罪人たち、手を清めなさい。心の定まらない者たち、心を清めなさい。

ヤコブの手紙　四章七～八節

かつて、誰かがある人に尋ねました。「ことによると教会の交わりなしにクリスチャンになることができるでしょうか」

答えは次のようなものでした。「ええ、可能だと思いますよ。でも学校に行かない生徒、軍に入らない兵士、顧客のいないセールスマン、家族のいない親、チームに入らないフットボールの選手、読者のいない著者、群れに入らない蜂のようになるでしょう」会合に行かずに嗜癖から回復することができるかどうか尋ねれば、同様な答えが返ってくるかもしれません。

回復は芸術家が生涯の十二ステップに取り組む彫刻のようなものです。石の塊のそばにノミがあります。十二ステップはノミです。十二ステップのノミは彫刻家の器用な手に置かれなければ無意味です。しかし神でさえハンマーやノミがなければ私たちを削ったり、形づくることはできません、また私たちの意欲なくしては神は私たちを形づくることはできません。同じように、神の手の中で私たちはノミになったり、削り機になったりします。私たちは回復中のほかの人を形成する道具になることができます。私たちはお互いが芸術家の仕事や健康的な回復をするのを助けることができます。

主なるキリストよ、私の彫刻家になってください。あなたが私を自由に形成することができるように、私は用意しています。

アーメン

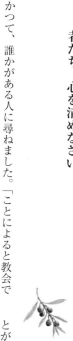

10月6日

感謝の祈りをささげてそれを裂き、「これは、あなたがたのためのわたしの体である。わたしの記念としてこのように行いなさい」と言われました。

コリントの信徒への手紙一　一一章二四節

私たちの人生の多くのことは記憶に基づいています。覚えていることや忘れていることは回復の材料を提供します。注意を払ったことは覚えている傾向にあります。私たちは何に焦点を当てるかを選択します。人生はさ迷ったり、夢見たりすることには依存せず、意識的で意図的な決定によっています。実際、何を覚えていて、何を忘れるかを多くは選ぶことができるのです。心理学者が無意識の抑圧と呼ぶものにもかかわらず、私たちは保持したいことを記憶銀行に蓄えることを選びます。回復中の記憶は価値のあるものを蓄え、ゴミであるものを捨てる意識的な試みをします。それゆえ十二ステップを繰り返し、そのスローガンを何回も言います。私たちが依存するものによって私たちがどのような人になるかが決まります。

回復されていない記憶は宝ではなくガラクタや蓄積された憎しみ、持っている恨みを集めます。恨みを覚えていることは回復されていない心の執念になります。このようなガラクタの収集は苦しみを強め、回復を遅らせることになります。一方、回復中の人たちの仲間は集まり、平和、愛、プログラムの喜びを持ち続けています。結果を選択し、価値があるもの、助けになるものを蓄えるとき、私たちはミーティング、スポンサーの会議や本に親しくかかわるようになります。私たちのプログラムの宝は記憶の中に自然には入りません。

イエス様ありがとうございます。記憶の中で選んだり、持ちつづけたりする語を与えてくださりありがとうございます。

アーメン

割礼の有無は問題ではなく、大切なのは、新しく創造されることです。

ガラテヤの信徒への手紙　六章一五節

自分が醜いとか邪悪だと信じると、醜い行いや、悪い行いをしてしまうでしょう。たいていの常習の犯罪者は自身の中に美しさや良さがあると思っていません。ある例は、特に冷酷な、悪意に満ちた悪質な二五歳の犯罪者についてです。彼は醜くくもありました。喧嘩をして剃刀で傷ついたと思われる傷がありました。右の頬から始まり、鼻にかかって、それが曲がって唇を通って顎までありました。刑務官はこの若い犯罪者に興味を持ち、顔に整形手術をするように説得しました。手術は成功しました。二、三年後に仮出所を許され、落ち着き、仕事を得て、結婚し、それ以来問題は起こしませんでした。今日、統計によると醜くかったり痣があったりする囚人で整形手術をした人は治療しなかった囚人ほど犯罪に戻ることはないということです。私たちがどのように見えるか、どのように自分を見るかが違いを生じさせるのです。

テニスンは次のようにいいました。

「私の中から一人の人が現れ、現在の私はいなくなるであろう」

病気や盲目は光や真実を増すことだけによっては救われません。自己嫌悪や恥の激しさは自覚が増すほど増えるだけです。必要なのは変更、外科手術、転換です。新しく生まれ変わることが必要です。十二ステップを通じて、回復は美の治療を提供します。私たちは作り変えられ、修復されます。私たちの痣は取り除かれます。私たちはキリストにある神の恵みによって内も外も美しくされます。

あー、救い主、私の醜さをあなたの美しさで変えてくださることを感謝します。アーメン

10月8日

だから、自分の罪が消し去られるように、悔い改めて立ち帰りなさい。こうして、主のもとから慰めの時が訪れ、……。

使徒言行録　三章一九～二〇節

偉大なビクトリア女王は、時折、数人の最も身分の低い人たちをよく訪れていました。一度、高齢のクリスチャンの寡婦を訪れました。後で、近所の人たちがからかってその女性に言いました。「おばあちゃん、最も名誉あるお客様は誰だったの」

彼女は答えました。「女王殿下ですよ、もちろん」

「女王ですって。あなたは間違っているわ。イエス・キリストが最も名誉あるお客様ではないの」「いいえ、本当よ。イエス様は私の家ではお客様ではないの。神はここに住んでいらっしゃるのよ」彼女の答えは強く確かなものでした。

救いの秘訣は、神をお客さまとして受け入れるのではないことを知ることです。神は永遠に住んでおられます。神は家の頭です。神は私たちの家の心です。神は、臨時でおられることはありません。神は訪れて、去る方ではありません。神は私たちの生活の中に住んでいます。いらっしゃるのです。回復は神です。神は回復です。神はいつもいらっしゃいます。神は永遠です。神の永遠の住まいの兵士はこの読み人知らずの賛美歌に表されています。

私は見い出し、歩き、愛する、
でも愛のすべてがあなたへの唯一の答え、主よ。
なぜならあなたはずっと前から
私の魂におられた。
いつもあなたは私を愛してくださる。

私が感謝している主は偉大です。私の感謝は強いのです。なぜならあなたはいつも私と共に居てくださるので。アーメン

「わたしのものはすべてあなたのもの、あなたのものはわたしのものです。わたしは彼らによって栄光を受けました。」

ヨハネによる福音書　一七章一〇節

英語の教会（church）という語はギリシャ語のkurikeからきています。ドイツ語のkircheやスコットランド語のkirkもまた同じ語からきています。それは「主に属する」という意味の語です。クリスチャンを表す別の語はエクレスティアスティカルで、またギリシャ語のekklesiaからきています。フランス語のegliseやスペイン語のiglesiaも同じ語源です。それは「集まり」という意味です。クリスチャンはそれゆえ、主に属する人々の集まりなのです。

私たちの十二ステップの回復グループも同じではありませんか。一緒に集まることによって、個性が引き出されます。会に出席します。より高い力、神に自分を捧げます。私たちの「生活と意志」を神に託します。私たちは喜んで神につながります。神は私たちを自分の子とします。

集まり続け、会合に行く限り、神に属す者であることを忘れない限り、私たちは回復し続けます。もし一人で行くと決めたり、神のものであることを止めるとき、私たちは弱まったり失敗します。私たちは神に所有されています。私たちは神が集める会合の参加者です。回復とキリスト教は独立したコースの一人飛行ではありません。神の所有という印を押された共同体と呼ばれるグループです。自由を失うというよりは、神の集まりに加わることです。それによって、もっと多くを得ることができます。

主なる神様、あなたは私をあなたに属する者として私を召されました。そして兄弟姉妹と共に集まるように召されました。私を一人でいないようにしてください。アーメン

10月9日

10月10日

神は愛です。愛にとどまる人は、神の内にとどまり、神もその人の内にとどまってくださいます。

ヨハネの手紙一　四章一六節

ある精神科医院の壁に掲げてある看板に書いてある言葉は「自分が誰だか全くわからない人々専門」というものです。時には子供たちは大人よりも自分のことをよく知っています。一人の子供が裏庭で遊んでいました。砂場で遊んでいた時に、隣の人がフェンス越しに尋ねました。「マリー、お母さんはどこにいるの？」「お母ちゃんは寝ている」と答えました。「では、弟さんはどこにいるの」「弟も眠っているわ」という答えが返ってきました。「あなたは一人で遊んでいて寂しくないの？」「いいえ、私は私を好きだから」とメアリーは答えました。

なんと素晴らしい、健康な態度でしょう。自尊心や自分の価値についての感覚は回復する力強い要因です。私たちは誰でしょうか。自分を好きな人々です。少なくとも、私たちはそうなりたいです。

自尊心はどこから来るのでしょうか。自己愛は神からきます。私たちが愛されていることを知ることは自己評価を高め、自己を尊重させます。聖ヨハネはそれをうまく書いています。

「わたしたちが神を愛したのではなく、神がわたしたちを愛して、わたしたちの罪を償う生けにえとして、御子をお遣わしになりました。ここに愛があります。愛する者たち、神がこのようにわたしたちを愛されたのですから、わたしたちも互いに愛し合うべきです。」（Ｉヨハネ四・一〇～一一）

聖なるイエス様、私を愛してくださりありがとうございます。そのことで私が自分を愛することができるようになります。アーメン

10月11日

「あなたがたは心から喜ぶことになる。その喜びをあなたがたから奪い去る者はいない。」

ヨハネによる福音書　一六章二二節

流行遅れのスクエアーダンスを広告する看板に次のように書いてありました。

「楽しく過ごそうと思わないなら来ないでください」回復の人生へのなんと素晴らしい招きなのでしょう。不機嫌な顔をしている知人のクリスチャンへの何という解毒剤でしょう。回復もキリスト教も楽しくあるべきです。なぜ人生を重そうに歩くのでしょうか。

ある偉大なクリスチャンの教師は終わりまで喜びを知っていました。彼がこん睡状態で寝ていたとき、彼の友達は彼が死んだのではないかと思いました。誰か言いました。「彼の足は温かい。誰も温かい足では死なない」と。その死にそうな男は片目を開けて言いました。「ジャンヌ・ダルクは温かい足で死んだ」と。唇でジョークを言って、それから死にました。

たいていの幸せな人間は目的のある、楽しい仕事のために忙しいのです。あるよく知られた作家が語っていました。

「もしあなたが本当に幸せな人を観察すると、ボートを建設したり、交響曲を書いたり、息子を教育したり、庭に二重のダリアを育てたり、あるいはゴビ砂漠で恐竜の卵を探したりしているのがわかります。人生を充実して生きる過程において幸せになるということに気づくのです」

回復や、クリスチャンの信仰よりも豊かな人生を与えるコースはないでしょう。両方のコースで私たちは豊かさや、成就に向かうのです。有意義で、楽しい経験ができる十二ステップで恵まれるだけでなく、悲しみの中でさえ喜びで祝福されるのです。

喜びと希望の主よ、心をあなたに向け続けているので、私の気質を楽しいものにしてください。アーメン

10月12日

「わたしは父にお願いしよう。父は別の弁護者を遣わして、永遠にあなたがたと一緒にいるようにしてくださる。」

ヨハネによる福音書　一四章一六節

「ピーナッツ」の漫画の一片に、スヌーピーはネルの浴衣を着てスリッパーを履いて、彼の大きな発見を教えてくれました。病人らしく、加減が悪そうな様子で言います。

「夜、頭痛で目が覚めたり、胃が変だと感じる時、まず浴衣を着て、水を一杯飲み、薬を飲み、暗闇でひとりしばらく座って、それからベッドに戻るのさ。それがなぜかわかった。気分がよくなるのは薬ではなく、浴衣なんだ」

ライナスにとってそれはブランケットです。どちらも暖かさと快適さと安全さを象徴しています。柔らかな、暖かい布にすり寄って気を静められ、慰められます。キリストにあって回復する私たちは同じ種類の感情を持ちます。温かさと慰めの場所に入ります。親しみのある受容してくれる仲間に取り巻かれています。安全で、柔らかい愛の布に確実に囲まれています。古くて親しみのある浴衣に身を包まれ、着飾る必要はありません。居心地の良いスリッパーで気楽です。

ある教会の広告には次のように書いてありました。「一体何が起こっているのか何もわからない人をすべて歓迎します」

病気や恐れで混乱して目を覚ましたとき、会合や、教会を訪れたりすることは、浴衣のように同じ慰める効果があります。何が起こっているのか知る必要はありません。親しみのある場所で安全であることが必要です。

恵みに満ちた主よ、私が、恐れるとき、病のとき、私を近くに安全にあなたの慰めのある腕で抱いてください。アーメン

10月13日

わたしたち自身もかつては、無分別で、不従順で、道に迷い、種々の情欲と快楽のとりことなり、悪意とねたみを抱いて暮らし、忌み嫌われ、憎しみ合っていたのです。しかし、わたしたちの救い主である神の慈しみと、人間に対する愛とが現れたときに、……。

テトスへの手紙　三章三～四節

次の手紙はオランダ人の愛国者がナチスの発射隊に処刑される直前に書きました。

五時過ぎに起ころうとしていることは、恐ろしくないどころか、神の力に抱かれるとは美しい。神に助けを祈りさえすれば神は見捨てないと告げた。私は神に近い所にいることをとても強く感じ、死を受け入れる用意ができた。神にすべての罪を告白し、平静だ。それゆえ、もがかず、神に信頼し、神に強さを求めて祈る。私にしっかり握手をしてください。神の意志は成されます。四人の一人一人を迎えてください。私たちには勇気があります。以前と同じです。彼らはわたしたちの体だけを取り去るだけです。私たちの魂は神の手にあります。神があなたがたすべてを祝福してくださるように！

憎しみはありません。私は憎しみを持たないで死にます。神はすべてを支配します。

このような完全な自己放棄の絵は私たちの回復への示唆です。神に完全にゆだねることによる平和、憎しみや恐れがないこと、神の支配への全信頼、すべては回復の要素です。嗜癖や病的な依存は発射隊のようです。私たちは病気中に死刑宣告に直面しました。

しかし執行猶予を得ています。死刑執行は遅れていて、まだ執行されていません。そして救い手は神を除いてはいないのです。私たちの環境がいかなるものであれ、回復途上のどこにいるか、またはクリスチャン巡礼にいようとも、救い主はいつも神です。真実は永遠に同じです――イエスが救うのです。私たちの命は神のものです。私たちの救いは彼のものです。彼の許しは死刑宣告を破棄します。

恵み深い主よ、私を救ってくださって感謝します。あなたは永遠で、いつも私の唯一の望みです。アーメン

10月14日

「では、何を見に行ったのか。預言者か。そうだ。言っておく。預言者以上の者である。」

マタイによる福音書　一一章九節

第二次世界大戦の間、ある若い花嫁はカリフォルニアの砂漠のどの駐屯地へも、夫について行きました。彼女は夫と共に移動したことをすぐに後悔しました。埃と暑さは猛烈でした。夫は忙しく花嫁と過ごす時間がとれませんでした。彼女は寂しく、そして退屈しました。隣人は現地人でした。ほとんど英語を話さないアメリカ人でした。彼女は家に戻りたいと母親に手紙を書きました。彼女の母親は次のような言葉を書いてきました。

二人の男が刑務所の鉄条網から外を見ていました。
一人はぬかるみを見て、他の人は星を見ました。

メッセージははっきりしていました。その若い女性は自分の状況をできるだけ利用することに決めました。彼女はインディアンの部族の言語を学びました。砂漠の植物を研究し、砂漠の植物相に関して、国を代表する権威者になりました。彼女の貢献は泥の代わりに星を見る選択から始まりました。

私たちは皆同じ選択をします。誰かが、かつて言いました。
「世界は鏡です。鏡にしかめ面をすれば、鏡は不機嫌にあなたを見返すでしょう。鏡に笑い、鏡と一緒に笑いなさい。鏡は楽しく、親切な仲間です」

自分で試してみるまではこれはとても単純でありふれているようにみえますが、不運のただ中で、良いことを見なければならないと思うことは難しいことです。

聖なるイエス様、ものを見るあなたの目を私に与えてください。そして私に、内部をよく見るのと同じように、見上げることを選べるように助けてください。アーメン

10月15日

呼びかけて、神の御心にそって歩むように励まし、慰め、強く勧めたのでした。御自身の国と栄光にあずからせようと、神はあなたがたを招いておられます。

テサロニケ信徒への手紙一　二章一二節

偉大なクリスチャンの女性がどのように神に祈るかを問われました。彼女は次のようにいいました。

私はある君主の優しさと知恵を尊敬しています。それで、その君主に祈願をするかのように祈ります。私の言葉は「あなた様が私に優しさと知恵という恵みを授けてくださるよう願います。あなた様は私の願いに答えてくださることがふさわしいか、または正しいのかどうか、私よりもご存知です。ですから、私の祈願を謙虚に申し上げる自分に満足で、そして結果はすべてあなたにゆだねます」となるでしょう。

この精神は回復の本質です。人は優しさと知恵を神様から得たいと期待しています。しかし、祈りはすでに祈りの恩恵で応えられています。問うこと自体から満足を感じるのです。私たちは皆、天のお父様へのリクエストが何万とある小さな子供たちに似ています。あれこれ騒ぐとき、何がベストなのかがわからないのです。しかし、いつも尋ねることができることを知っています。リクエストする自由や祈願を容易くできることは最も大きな恵みであり、私たちにとって、光栄でもあります。質問したり、嘆願したり、泣くことさえしますが、決して顔をそむけられることはありません。神を信頼すれば、「あなた様にその結果すべてをゆだねます」と言えるのです。神の結果はいつも良く、いつも最善で、いつも正しいのです。

キリスト様、あなたは何が最良であるかをご存じです。私のリクエストをいつも聞いてくださり、私に必要なものを与えてくださりありがとうございます。アーメン

10月16日

怒りを解き、憤りを捨てよ。自分も悪事を謀ろうと、いら立ってはならない。

詩編　三七編八節

小さな男の子が友達に彼の新しい家を案内していました。「これが居間で、ここはキッチン、ここは寝室、そしてここは私室、君の家には私室はあるの？」「ないよ。お父ちゃんは家中でどなっているよ」と遊び友達は答えました。不平を言ったり、いら立ったり、どなったりする時、私室にその騒ぎを閉じ込めればいいでしょう。

いら立ちという単語について興味深い事実があります。旧約聖書ではいら立ちはすすめられていません。新約聖書ではその語は無視されています。詩編作者は、いら立ちは悪い性癖だと言っています。しかしながら、今日では常にいら立ち、心配し、不平を言っています。ラジオやテレビのトークショーでは数え切れない人々の不平や不満が話されています。ヘブル語の「自分にいら立つな」の文字通りの訳は「興奮するな」です。現代語に当たる語は「冷静になれ」です。

「いら立ち」が不健康なのは「興奮する」だけで、それ以外何もないことです。もし何かが本当に容認できないし、間違っているなら「いら立ち」以上のことがなされるべきでしょう。それは「いら立ち」と「熱意」を区別することです。熱意は行動します。ある偉大なクエーカー教徒は二世紀前にこれについて述べました。

私は一度だけ人生を通過するのだと思っています。だから、親切にしたり、どんな人にも良いことを、今行うことができるようにさせてください、延期したり、怠ったりさせないでください。私はこの道を再び通ることはないのですから。

いら立ったり不平を言ったりすると、行動を延ばしたり怠ったりしがちです。回復途上のクリスチャンとしてこの強い感情を自分たちや他の人々のために生産的な行為に向けることができます。そして行動はいら立ちよりももっと大きな声で語ることができます。

主なるイエス様、どうぞ、無駄口や不平を言ったりしないように導いてください。そして私のエネルギーを回復のプログラムや行動に使えるようにしてください。アーメン

この霊こそは、わたしたちが神の子供であることを、わたしたちの霊と一緒になって証ししてくださいます。

ローマの信徒への手紙　八章一六節

「わたしたちとあなたがたとをキリストに固く結びつけ、わたしたちに油を注いでくださったのは、神です。神はまた、わたしたちに証印を押して、保証としてわたしたちの心に〝霊〟を与えてくださいました。」（Ⅱコリント一・二一〜二二）

イエス様、私はあなた様に属し、永遠にあなたの十字架で証印されていることは誇りであり特権です。アーメン

アフリカの多くの部族は体に永久に消えない刻印を打ちます。これらの印はたいてい、顔や胸につける切り傷で身元確認の印です。それらはその人の身元証明であり、彼らの部族の証明でもあり、名誉と特権の象徴として誇らしくつけられています。部族のメンバーとして刻印をつけられることはその部族の保護下にあることを意味しています。弱い部族は強い部族の孤立したメンバーにあえて害を加えることをしません。そうすることは報復や血の復讐の危険を伴うからです。創世記四章一五節におけるカインの刻印は同じように彼を守るためにつけられました。

回復途上のクリスチャンとして私たちは証印を押されています。私たちは十字架の標識によって印をつけられ、キリストのものとして永遠に印をつけられています。私たちはキリストの部族に属し、彼の力強い保護のもとに生きています。聖パウロはキリストの所有のシールとして私たちの証印について述べています。

10月17日

10月18日

わたしたちは、目に見えないものを望んでいるなら、忍耐して待ち望むのです。

ローマの信徒への手紙　八章二五節

牡蠣《かき》は魅力的な貝です。時々、砂の粒子のようなひりひりさせる物質が牡蠣の貝殻の下につき、それが内部の柔らかい部分に到達します。ひりひりを和らげるために牡蠣は砂の粒子に膜をつくる滑らかな物質を秘かに出します。この膜の一枚一枚はこのやっかいな粒子が真珠になるまで加えられていきます。そのときに真珠は、ひりひりから勝利するのです。

　もし私たちが、同じ方法を用いれば貴重な真珠の真実であるものは私たちにとっても真実であるはずです。私たちは回復において真珠を生み出すことができます。ここに少し、あちらに少し、忍耐や、愛で差し出された一連の滑らかな言葉や行動は奇跡を起こすことができます。私たちのグループで他の人たちからいつも受ける愛や受容のかたちでくるのです。私たちが忍耐や神に仕えたいという意志を表すとき、私たちは自分や他の人たちによって、価値ある人になるのです。

　キリストの十字架のほかに良い例は何があるでしょうか。かつての拷問と死に使われた荒々しく硬い木、すなわちあの十字架はどんな真珠や、宝石のついた王冠よりも価値あるものになりました。私たちの主の十字架は勝利と栄光の印ですし私たちもそうです。その古くて、荒々しい十字架は私たちの命であり、救いです。

　主よ、私の生活の中の能力の限界と荒れた部分をあなたの救いの仕事のための機会として私が用いることができますように、助けてください。アーメン

あなたがたは、今は罪から解放されて神の奴隷となり、聖なる生活の実を結んでいます。行き着くところは、永遠の命です。

ローマの信徒への手紙　六章二二節

心ある人たちはこの世に生まれた時よりも去る時にはもっと良い世の中であってほしいと願っています。私たちはこの地球上にためになった人として覚えてもらいたいのです。「これができる唯一の方法があります。それは神の偉大なプランに選ばれることです。割れたガラスの断片は神の偉大なモザイクのデザインの中で永遠の価値を持ち、輝きます。私たちの仕事はそのとき確立されます。なぜならそれは神の仕事の一部となるからです」とヘンリー・ヴァン・ダイクはかつて語りました。

私たちの回復では、私たちは単なる破片、小さな片、名誉も価値もない断片のように思われます。しかし私たちの部分は神の大きなご計画の中では全く正しいし、必須でしょう。もし私たちが神の手の中に私たちの生活のすべてを置き、自分自身が用いられれば、神は私たちの夢を超える方法で私たちを使われます。私たちが、十二ステップの回復やお互いの健康の回復の一部になろうとするとき、神は私たちの具合をみて、あてはまるようにすべての可能な場所の中で最も良い場所に私たちを置いてくれます。

私たちをあなたの偉大なご計画の中の一部としてくださり、ありがとうございます。主よ、私はあなたの手の中にいることに感謝します。アーメン

10月20日

そこではもはや、ユダヤ人もギリシャ人もなく、奴隷も自由な身分の者もなく、男も女もありません。あなたがたは皆、キリスト・イエスにおいて一つだからです。

ガラテヤの信徒への手紙　三章二八節

ナポレオンの征服者であるウェリントン公爵が軍隊から退いた時に、彼は故郷へ戻りました。そこで、その地方の教区の教会に出席しました。ある日曜日に聖餐式がいつものように祝われました。人々が祭壇の手すりの方に進みました。順番がきて、ウェリントン公爵が立ち上がり、中央の通路へ行ったちょうどその時、彼の指揮下で仕えていた年老いた兵士が彼に気づきました。彼は立ち上がり、叫びました。「ウェリントン閣下のために道を開けてください」公爵は言いました。「ここでは、違います。ここでは私たちはみんな平等です」

十二ステップではすべてのメンバーは平等だという意味での「匿名」〝anonymous〟という言葉を用います。優れた人も劣った人もいません。すべての人が同じように重要です。回復は誇りや著名であることとは無関係です。私たちはキリスト自身からくる謙遜を受け継いでいます。主は自負について何も示唆していません。階級、力、国、宗教に関して自尊心はないのです。キリストは自己中心ではなく、他の人中心です。キリストの輝く秘訣や途方もない成功は、完全な神への完全なる信頼と父なる神への変わらぬ服従によるものでした。私たちの回復は、高い力への完全な信頼と、私たちの命や意志を喜んで神に捧げることによってなされます。忠実に神へ自分を明け渡したとき、安全に、静かに家に帰るのです。

イエス様、あなたにある家に住むときすべての人々と共にくつろげるよう、教えてください。アーメン

「これらのことを話したのは、わたしの喜びがあなたがたの内にあり、あなたがたの喜びが満たされるためである。」

ヨハネによる福音書　一五章一一節

あるグループの人々がオペラに行きます。友人たちに会う機会としてその上演を利用する人がいます。有名な役者を見に行く人がいます。外出したいために行く人がいます。いやいやながら行く人がいます。変化を求めるために行く人がいます。ある人は緊張をほぐすために行きます。しかしある人は音楽を楽しむためにだけ行きます。自分を忘れ、演技の心の中に入っていき、音楽とその物語に恋してしまいます。この人だけは完全にオペラを楽しんでいます。この人だけがイエスの言葉「わたしの喜びがあなたがたの内にあり、あなたがたの喜びが満たされるためである」を経験します。

　キリストにある私たちの回復も同じようになるはずです。自分をプログラムに与え、それを生きることができます。またはそれを偶然なこととしてとり扱うこともあります。しばしば「プログラムを勉強する」「プログラムを理解する」「プログラムを受け入れる」などということを聞きます。しかし、本当の熱愛者はまさに、「プログラムを生き」、そして「ステップを生きる」のです。あのオペラの愛好者のように自分をキリストにある回復にゆだねるとき、私たちは喜びでいっぱいになります。楽しくなります。重要でない問題、他の理由、言い訳を忘れます。私たちは自分を忘れます。キリストにある命の心に入り、イエスの命と愛の中に失われる喜びに浸ります。

　あるイギリスの新聞の世論調査でかつて尋ねていました。「地球上で誰が最も幸せな人々か」と。賞を得た四つの答えは次のようなものでした。

　上出来の仕事に口笛をふいている職人、砂の城を作っている子供、赤ちゃんをお風呂にいれているお母さん、賛美歌を歌っているクリスチャン

　それぞれのケースで重要に思われるのは、夢中にさせる楽しみ、その活動の楽しさです。その行動がその報酬です。キリストにある回復がそれです。

　主よ、あなたを愛する理由は、あなたがくださる命と回復にすっか専念できるからで、他にはありません。アーメン

10月22日

初めに言があった。言は神と共にあった。言は神であった。

ヨハネによる福音書　一章一節

イエスは誰なのでしょうか。このような人は私たちの人生にどのような意味を持つのでしょうか。あまり知られていない作家が書いていました。「イエスの霊に生きる人は人間になる」

イエスは「人間が理解できる言語でご自身を説明されている神」と言われています。キリストにおける神の受肉は、人格を備え、私たちに寄り添う神の具体的な証明です。イエスは神のイメージそのもので、よく似た人です。イエスを知ることは神を知ることです。もし私たちが高い力を直接知り、経験したいという切望に従うならば、最善の方策は、聖書、聖餐、祈りによってイエス・キリストを知り、経験することです。私たちの声はリチャード、キチェスター司祭の親しみのある祈りにつながります。

あなたに感謝します、私の主なるイエス・キリスト、
あなたが私に与えられたすべての恵みのために、
あなたが私のために耐えた痛みと侮辱のために。

ああ、最も慈悲深い救い主、親切な友、
やさしい兄弟、
私は三つのことのために祈ります。
あなた様をもっとはっきりと
知ることができますように、
あなたをもっと心から愛せるように。
あなたにもっと近くいて
従うことができますように、
日ごとに。

主よ、あなたにあって、ああ、キリスト、私は神にお会いします。あなたを、あなただけを求めることができますように。

アーメン

その子の父親はすぐに叫んだ。「信じます。信仰のないわたしをお助けください」。

マルコによる福音書　九章二四節

私たちは皆、預言が的中することについて知っています。何かを信じると、それは通常起こります。ある教師がかつて彼女のクラスが驚くべき進歩と成績を達成していることで祝われました。この成功は彼らの高いＩＱを考えれば驚くべきことではありませんが、教師が子供たちのＩＱの数字だと思っていたのは彼らのロッカーの数字であることがわかりました。彼女は生徒たちは例外的に頭が良いと信じていました。彼女は彼らをそのように扱いました。そして彼らはそのように好反応を示しました。

誰かを信じること、激励すること、支援することは奇跡を起こすのです。ウオルト・フォイットマンはちょうど書き始めていた時に、多くの障害がありました。彼の仕事を信じてくれる人は誰もいませんでしたので、ひどく失望しました。初版を出した後、ほとんどあきらめていました。それからある日、次の手紙を受け取りました。

「拝啓、私は『草の葉』の作品でのあなたの素晴らしい才能の価値に気がついています。今までアメリカが生み出したなかで最も並みでない機知や知恵を私は発見しました。偉大な生涯の始まりに敬意を表します」

その手紙はあの偉大なラルフ・ウオルド・エマソンによって署名されていました。その日からホイットマンは彼自身の能力を決して疑いませんでした。そしてその日から他の人々も彼を信頼し始めました。

神は一人一人に同じ激励の言葉を持っています。神は私たちを信じています。彼は私たちに喝采を送ります。神は私たちを大切で、いとしい子供としてみています。私たちは神によって元気を出すことができ、激励されます。回復は同じように働きます。友達や援助者の激励の言葉は私たちの情熱を燃やします。実際、十二ステップの生活は回復プログラム以上になるでしょう。それは私たちの生活の中心になり、信仰の泉となります。

主よ、あなたが私を信じてくださるので、私は自分を信じることができます。アーメン

10月24日

「それは、からし種のようなものである。土に蒔くときには、地上のどんな種よりも小さいが、蒔くと成長してどんな野菜よりも大きくなり、」

マルコによる福音書　四章三一節

かつて偉大な建築家がいました。偉大な大聖堂の建設を監督している間、ある見習いが絶えずうるさく一つのリクエストをしました。その見習いは大聖堂の窓にたった一枚のガラスをデザインし、配置したかったのです。その建築家は彼の情熱をつぶしたくはありませんでしたが、新米に値段のはる材料を買い、失敗する危険を冒したくありませんでした。最終的にそのボスは見習いに小さな窓を作らせることを許しました。しかし見習いは自分の材料を準備しなければなりませんでした。見習いはガラスのがらくたの切れ端や、捨ててあったものを集め、まれな美しさを持つデザインでよい窓を生み出しました。その大聖堂の献堂式が催されたとき、その見習いによってデザインされた一つの小さな窓の前で人々は畏敬と称賛の念で立ち尽くしました。

　キリストの目には私たち一人一人が美を創造しています。私たちは他の人々の称賛や羨望の念を得る必要はありません。イエスは小さな窓に時間、努力、愛、誠実、楽観、信仰、それに喜びを少しずつはめ込んだ私たちを称賛してくださいます。私たちと一緒にいる勝利者たちは、必ずしも見てすぐにわからないかもしれません。獲得したものは大きなものではなく、気づかれないかもしれません。回復グループにおける勝利者はそのプログラムを話すだけではなく、歩く人々です。その聞き手は話し手よりももっと重要かもしれません。いつも会合にいる人々は単にそこにいることによって勝利しているのです。

　イエス様、私の回復プログラムにあるどんな残り物でも使えるように教えてください。私の人生はばらばらになっていることがよくあります。どうぞあなたのプログラムのデザインを美しくするために美しい人々を含めることができるよう導いてください。アーメン

10月25日

神の霊によって導かれる者は皆、神の子なのです。あなたがたは、人を奴隷として再び恐れに陥れる霊ではなく、神の子とする霊を受けたのです。

ローマの信徒への手紙　八章一四～一五節

テオドール・ルーズベルト軍司令官は予約した飛行機の搭乗を待ちながら、切符売り場のカウンターで一人の二等兵が緊急に切符を必要としていることを知りました。

「私は三日後に外国へ行きます。行く前に母親に会いたいのです。飛行機でしか行けないのです」

係員は満席だと残念そうにその兵士に言いました。軍司令官は進み出て言いました。「私は彼に席を譲りますよ」と。その司令官の側近は反対しました。

「しかしこれは地位にかかわることです」

「そのとおりだ。彼は私より地位が上だ。私はただの司令官で、彼は息子だ」

神にとって私たちがいかに大切かを忘れると、回復の高い召しを失うことになります。私たちは神の子供です。神の大切な息子であり、娘なのです。誰も私たちの地位を低くしません。被造物の中で、最も地位が高いのです。十二ステップの回復プログラムは神の貴い子供たちのために作られています。私たちはつまらない者ではありません。非常に大切なのです――一人一人が。

回復の道を歩むときかかわるのは、神の家族による癒しです。私たちは奴隷ではなく神の王子、王女です。神は神の王国を私たちと共有してくださいます。私たちの身分は高いのです。すべての人間は貴く、価値があります。私たちはとても貴いので、キリストは私たちを救うために死にました。自分の価値を感じたり、価値が見えなかったりするかもしれませんが、イエスは無駄に苦しんだのではありませんでした。私たちの価値は神に決められています。神が栄誉を授けたものを私たちは尊敬すべきです。

イエス様、私がとても価値がないと感じるとき、私はあなたにとってどのように重要なのでしょうか。私が見えないものをあなたは私の中に見えるにちがいありませんね。アーメン

10月26日

あなたがた自身も生きた石として用いられ、霊的な家に造り上げられるようにしなさい。そして聖なる祭司となって神に喜ばれる霊的ないけにえを、イエス・キリストを通して献げなさい。

ペトロの手紙一　二章五節

ヨーロッパを旅しているある婦人はアンティークの収集家でした、彼女はゴベリンの一枚のタペストリーの美しさと価値に接しました。その値段は二万五〇〇〇ドルでした。彼女は夫に電報を打ち、それを買っていいかどうか尋ねました。

「いいや、それは高すぎる」と夫は電報で答えました。彼女はヨーロッパから家に戻ったときに、誇らしくタペストリーを見せました。夫はなぜ彼の言ったことに従わなかったのかと尋ねると、彼女は手紙の指示に従ったと言いました。彼女は彼にその電報を示しました。「高すぎる値段ではない」(NO PRICE TOO HIGH「だめ、高すぎる」とも読める)と書いてありました。私たちの救いと回復は最も高い値段で買われました。私たちの命は神がたった一人の子を犠牲にするほどの値段です。

　犠牲は献金、ささげること、愛の行為を示すことです。健康や回復への苦しみの中で、時々私たちの救いのために神が息子を犠牲にして支払った値段はいかに高いのかを忘れます。また、その値段は再び払われなくてもよいのだということを忘れます。私たちはすでに売られ、すでに買われ、神に属するのです。神に所有されています。必要なことは神が私たちの所有者であることを信じることだけです、私たちは神のものですから、安心なのです。私たちはまた、十二ステップにも属しています。しかしながら回復に所有されていません。同じように、回復は私たちに所有されていません。十二ステップは私たちに属しています。私たちがそれらを得たのです。また、それらは私たちを得たのです。私たちが回復に自分自身を与えれば回復は私たちの価値ある所有物になります。それが第三ステップの神秘です。

　主よ、私はあなたのものであることを知っています。私はまた、あなたが私に十二ステップをくださったことを知っています。とても寛大であってくださることに感謝です。アーメン

10月27日

あなたがたを罪に陥らないように守り、また、喜びにあふれて非のうちどころのない者として、栄光に輝く御前に立たせることができる方、……。

ユダの手紙　二四節

　サンフランシスコのゴールデンゲートブリッジの建設の間、作業にあたる人々は安全用ベルトを使いませんでしたが、誰も滑って落ちたりして死にませんでした。なぜですか。一〇万ドルを超える費用をかけて大きな安全ネットが設置されたのでした。一九人の男性がネットに落ち、救われました。彼らは自分たちを「地獄への玄関口」クラブと呼びました。ほかにも起こったことがありました。安全ネットが付けられたことで、仕事が二五パーセントも多く成就しました。安全は生産を高めます。

　クリスチャンが回復途上で持つ大きな強みは彼らの安全が確信されていることです。私たちにはキリストに安全ネットがあります。申命記の三三章二七節で言っているように神はいつも私たちと共にいます。「いにしえの神は難を避ける場所、とこしえの御腕がそれを支える。」

　ある死にそうな人がどの宗派に属しているかと尋ねられました。「私はクリスチャンです」と答えたところ、その質問者は「私の質問はどの教派に属しているかということです」

「教派ですって?」とその死にそうな人は言い、天を見上げながら言いました。

「わたしは確信しています。死も、命も、天使も、支配するものも、現在のものも、未来のものも、力あるものも、高い所にいるものも、低い所にいるものも、他のどんな被造物も、わたしたちの主キリスト・イエスに示された神の愛から、わたしたちを引き離すことはできないのです。」（ローマ八・三八～三九）

　同じような現実を信じる時、私たちには決して裏切ることのない安全ネットがあります。

　イエス様、いつも私の安全な避難所であり、救い主でいてくださることを感謝します。あなたがわたしと共にいてくださることを知るとき、私は恐れません。アーメン

10月28日

するとイエスは、「はっきりいっておくが、あなたは今日わたしと一緒に楽園にいる」と言われた。

ルカによる福音書　二三章四三節

私たちは重荷を感じたり、疲れたりする時があります。私たちはくじけたり、自尊心を傷つけられたりしたと感じます。私たちは力が無くなり、絶望的になります。数年前、ある女性が定期的な検診のためにマヨ診療所に行きました。診察の後、チャールズ・マヨ医師の話に、女性は驚きました。「あなたはすぐに手術をしなければならない」その患者は恐れで打ちのめされて言いました。「でも、私はずっと一人です」ドクター・マヨはやさしく彼女の肩に手を置いて、言いました。「いいえ、あなたは一人ではありません。私が、あなたといます」

この出来事がイエスに起こりました。ゲッセマネの園でイエスは彼の父の存在を確かにするやさしい手を肩に感じました。私たちは同じように新たな自信を持つことができます。私たちが重荷を負っている時、意気消沈している時、私たちが孤独を感じる時、弱い時、次の三行に、私たちは望みを置きます。

神は私を信じてくださるから、私には望みがある。

神は私と共に歩いてくださるから、私は一人ではない。

神は私と共にいてくださるので、私は迷わない。

実際、神は私たちの問題のただ中に、特別で秘密な恵みを下さるのです。神をその問題の中に求めなさい。次のように書いている人がいます。

私たちは遊んだり、夢見たり、あてもなくここにいるのではありません。

私たちにはすべき仕事があり、持ち上げる荷物があります。問題を遠ざけず、それに直面しなさい。それは神の恵みです。

イエス様、あなたがいつも私と共にいてくださることを信じられるように助けてください。そしてあなたが私と共にそれぞれの試練を歩んでくださるよう祈ります。アーメン

10月29日

彼は答えた。「あの方が罪人かどうか、わたしにはわかりません。ただ一つ知っているのは、目の見えなかったわたしが、今は見えるということです。」

ヨハネによる福音書　九章二五節

回復途上において回復はどのように行われるか問われます。何が起こったか、それはどのようなものであったかを話すなかで、今はどのようであるかを伝えることは私たちを成長と気づきへのほうへと導いてくれます。しかしどんな説明もこの神秘を本当に表すことができません。その核心は神秘的で素晴らしいことには変わりません。あるクリスチャンの作者はこの不思議さをよく表しています。

あなたは私がどのようにキリストに心を捧げたかを尋ねましたが、私にはわかりません。
私の魂は神を切望するようになりました、
ずっと前に。
地球上の花はしぼみ、死んでいくことを知りました、
私に喜びを与えたもののために私は泣きました、
それから、そしてそれから
なぜか私は思い切って祈りのなかで
私の壊れた心を神に捧げたように思えました、
わかりません、どのようにかはわからないのです。
わたしはただ、今は神が私の救い主であることを
知っているだけです。

回復途上のクリスチャンは「どのようにそれが行われるか」はかかわりないということがわかります。すべてのクリスチャンが知っていることは、キリストはまだ救い主であり、あり続けるということです。すべてがうまくいかなくなる——何も、本当にうまくいきませんが、言葉に表されない、計り知れない、主なるキリストの働きだけがうまくいくのです。

イエス様、あなただけが私の救い主です。あなたのなされることと、どのようになされるかは私の理解を超えています。しかしどのようにかを私は知る必要はありません。誰がなされるかだけを知ることだけです。それはあなたです。アーメン

10月30日

言葉では言い尽くせない贈り物について神に感謝します。

コリントの信徒への手紙二　九章一五節

回復中のクリスチャンの座右の銘は「遅すぎる」です。なぜでしょうか。まず自分を救うためにできることは何もないのです。二つめは、神は救われるために私たちに何かをするようにとは要求しません。三つめは、イエス・キリストはすでに全部なさっています。ですから神聖な行いをしようとすることは遅すぎます。悩むことを止め、すでに成就されたことを受け入れてよいのです。私たちは先駆的な救いの草分けでも、パイオニアでもありません。すでに用意され、待っている土地への移住者です。すでに用意され、待っている土地に旅をしている移住者です。

十二ステップを始めるとき、入るのは救いと健康のすでに確立された、安全な土地です。勝利は得られています。必要なことは、差し出されている贈り物を受け取ることです。ただ一つの応答は感謝することと分け与えることです。

寛容な幸福へのプログラムを受け取る者です。神の寛容に依存する保護されている者です。そのプログラムを担当することはできませんが、そのプログラムの恩恵の中で受け入れ、生活することができます。私たちは創造者ではなく受取人です。創造するには遅すぎるのです。私たちは感謝して受け取ることだけができます。

主よ、何かをするには遅すぎるということを知ることは、あなたがすべてを世話してくださっていたと知ると、私が何かを成すには遅すぎるとわかり、慰めになります。アーメン

その人の後の状態は前よりも悪くなる。

ルカによる福音書　一一章二六節イエスは悪魔について少し恐ろしい話をします。その重要な点は明確で、生き生きとしています。それは私たちや、回復途上にある危険に際して応用できます。それはある悪魔の力から癒され、清められた人についてです。

「汚れた霊は、人から出て行くと、砂漠をうろつき、休む場所を探すが、見つからない。それで、『出てきたわが家に戻ろう』と言う。そして、戻ってみると、家は掃除をして、整えられていた。そこで、出かけて行き、自分よりも悪いほかの七つの霊を連れて来て、中に入り込んで、住み着く。そうなると、その人の後の状態は前よりも悪くなる」（ルカ一一・二六）

回復は空白状態では不可能です。私たちの衝動である食べること、飲むこと、薬物を取ること、働くことなど、私たちをコントロールするものは何でも悪霊です。それらは私たちを虜にします。神の恵みを通して悪霊が追い出されるまでそれらはどこにいくのでしょうか。私たちは安全でしょうか。答えはわかります。それらは近くにいて戻るのを待っています。それらは

決して去ってはいません。神の新しい命が一日一度古い場所に入れ替わると私たちは安全です。

神が本当にあなたの家や私の家を引き継ぐのでなければ、悪霊は再び新しくされた力と苦しめるもっと多くの悪霊を連れて戻ってきてしまいます。回復の道を歩こうとしている私たちはイエスの警告を心に刻むことができます。自然界のように、神の恵みは真空を嫌います。仲間、ステップ、回復のプログラム、クリスチャンの信仰、教会の共同体や活動は悪霊を追い出すところです。生活が、キリストにあって人を愛することや神との親交を保つ癒しのプログラムで満ちていれば、新しい悪霊も古い悪霊も住む場所を見つけることができません。

ああ、主よ、私の家をあなたに開放します。どうぞお入りください、そしてあなたと一緒にあなたの友達を連れてきてください。どうぞ私を良いこと、親切、愛で満たしてください。私の内部をあなたで満たし、悪霊を外に置いたままにすることができるよう助けてください。アーメン

10月31日

Perfectionism
完全主義

ある日、スウェーデンのオスカー王二世はある村の学校を訪れました。そしてスウェーデンで最も偉大な王様は誰かと生徒に尋ねたところ、その答えは一つでした。

「偉大な王様ガスタ―ブ・アドルフスです」

先生は小さな男の子にささやきました。「そしてオスカー王です」と男の子は繰り返しました。王は「そうですか。彼はどんな偉大なことをしたのですか」と言いました。困った少年は少しどもってしまい、「わかりません」と言いました。王は「実は私も何もわからないよ」と言って笑いました。

謙遜はこのように楽しく、魅力ある美徳です。私たちはもっとそのような美徳を使うことができるでしょう。それはどこからくるのですか。生まれつきなのでしょうか。しかし、多くの人にとって、私も含めて、私のどんな謙遜も神からきています、そして熱心な求めからです。私たちが不適当で、不完全で弱い人間であることを自分自身で認めることはとても難しいことです。このような謙遜に至る道は恥の感覚です。

私は恥を感謝するようになりました。ひどい恥ではなく、単なる普通の恥の感覚を感謝するようになりました。ふさわしい恥を感じるということは、正直になること、人間らしくなること、誰にもわかりやすいオープンな人になることです。謙遜の感覚を持ち、私たちの同労者である人に優越感を持たないで生きることは、ふさわしい恥の感覚があるからだと思います。しかしながらひどい恥は次のようなことを伝えます。私たちは価値がなく、くずであり、実にいやな、失敗者などなど……と言います。単に普通の恥は次のように伝えます。私は完全ではない、もっともっと先に進まなければならない。神は私に働き続けていて完成させていない。正直さは私たちを控えめで、慎み深くなるようにさせます。このような謙遜は私たちの健康的な恥と同じように、神が与えた価値や重要性を主張することができます。神は私たちを天使や完全な存在として創造しないで、粗削りの存在、神の道に行く途中の存在として造られました。私たちは不完全で、不十分であり、神の完全さと十分さを求めています。人間以上の存在であるふりをすることには意味がありません。完全主義はうぬぼれた人の病気であり、多くの依存症とかかわるように思われます。「くずであること」や「完璧であること」から解放されることが回復です。

11月1日

このように、わたしたちは信仰によって義とされたのだから、わたしたちの主イエス・キリストによって神との間に平和を得ており、……。

ローマの信徒への手紙　五章一節

ある有名な医師は親切な人として知られていました。通りで、汚いボロをまとった男の子に会いました。その少年は大胆にもその医師の家に連れて行ってくれるように頼みました。医師は言いました。「私は君のことを何も知りませんよ、坊や。自分の何を推薦するのかね」その少年は彼のボロの衣服を指して「これらで十分だと思う」と言いました。その医師は彼の腕をとって家に連れて行きました。

父なる神についてのイエスの教えは全く同じ望みを与えます。自分を推薦するのに、飢え、弱さ、ボロボロになった布切れしかありませんが、それで十分です。私たちが最も弱く、最ももろいとき、神の憐れみに最も近いのです。自分のために何も要求できません。どのようにしても自分を神に推薦できるような良さ、知識、美しさ、偉大な仕事はありません。「推薦書」に用意できるのは助けを求める必死さだけです。神を動かすのは私たちの必要や痛みなのです。神を求めると、神は私たちを腕に抱き、家に連れて行ってくださいます。

自分の無力さと手に負えない生活を神に示すと神の注意を引きます。イエスは病気の人や苦しんでいる人のために、そして最も小さい者、迷っている人のために来てくださいました。神は私たちのために来てくださいます。イエスは私たちのために、まだなお来てくださいます、私たちが強い時や自信のある時にではなく、弱い時、必要な時に来てくださいます。

私がボロをまとっている時、私の生活がボロボロになった時、主よ、どうぞ私をあなたのところへ連れて行ってください。

アーメン

11月2日

わたしの愛する人たち、こういうわけですから、偶像礼拝を避けなさい。

コリントの信徒への手紙一　一〇章一四節

説教者の間でよく知られた言葉があります。誰の心にも神の形をした空間があります。明らかなことは、神が私たちの心に住まわなければ完全でないし、満たされないということです。人類学の研究は、すべての文化で、人間の生活は神聖な存在で満たされる必要を明確に証明しています。神を求めるという本能が私たちにはあります。この求めに対する宗教的な応答になる偶像やトーテムを多くの部族の人々は創造しています。その真空を埋めるために人々は儀式を発展させています。

多くの人は、真空を飲酒、食べること、ギャンブル、いくつかの他の行動、またはある人で埋めようとしてきたことを知っています。これらは偶像になりました。しかし完全さや達成への憧れは普通のことです。安心や憩いへの切迫した渇望は人間的であり、自然なことでした。私たちが行った一つの過ちは選択でした。食欲はよかったのですが、常食が間違っていました。

神のために作られた真空を満たす唯一の常食は神です。回復は、私たちを夢中にし私たちを嗜癖した古い神から離れ、私たちに顔を合わせ満たしてくれる神にとって変わるプロセスです。

ああ、神様、イエス・キリストとして来てください。あなたは私たちを満たす真の姿であり、真実です。私の心に来て住んでください。アーメン

11月3日

「しかし、わたしの言葉を聞いているあなたがたに言っておく。敵を愛し、あなたがたを憎む者に親切にしなさい。」

ルカによる福音書　六章二七節

ある中国の諺に「あなたが敵に燃やす火は敵よりもあなた自身を燃やしてしまう」とあります。

　ある小さな五歳の子が母親のクローゼットに座っているようにという罰を受けていました。中から奇妙な音がしました。そしてすっかり静かになりました。母親はクローゼットを開け、息子が彼女の多くの服の中に顔をしかめて座っているのを見ました。「ビリー、あなたは何をしているの」と母親が聞くと、「僕はお母さんの服を全部引っ張り下ろしてそれにつばをかけ、靴にもつばをかけ、それでもっとつばをかけようと思いながら座っているんだ」と言いました。

　実際の生活では意地悪もつばも本当にはなくなりません。私たちは果てしなく怒りを抑えられないでいるように思われます。私たちの非難の倉庫は決して使い尽くされることがないほどです。しかし、憎しみのある怨恨は私たちの回復の行く手をふさいでいます。どのようにして怒りに対して打ち勝つことができますか。第三ステップをとることです。生活と意志を神に任せるとき、私たちの苦しみを神に預けることができます——すべての意地悪とつばを。仕返しは必要なくなります。すべてこのような仕返しは神の手のうちにあります。神は言います。「復讐はわたしのすること、わたしが報復する。」（ローマ一二・一九）

　主よ、私を「他を責める」怨恨から救ってください。私を敵意から救ってください。アーメン

11月4日

「わたしたちは皆、この方の満ちあふれる豊かさの中から、恵みの上に、さらに恵みを受けた。」

ヨハネによる福音書　一章一六節

お母さんと小さな娘さんがヌードルを作っていましたが、なぜか調理法を間違えてしまいました。作り方を調べ直していると、その少女が塩の代わりに砂糖を使ってしまったことに気づきました。他の材料も少し使い、うまい手際で母親は驚くべき芸当を成し遂げました。彼女はその材料でスポンジケーキを作りました。

神は経験あるシェフのように働きます。神は失敗と思われるものを取り上げ、それより良いものに創造します。神がリニューアルしたこの奇跡をほとんどの人たちは私たちと同じように感謝しません。挫折を神にゆだねるまでは、嗜癖や衝動から脱出することに失敗してしまう人が大勢います。経験豊かな、愛情に満ちた神の手の中に置かれると、私たちの問題の材料は健康的な新しい生活を創造する回復へと化学変化をします。私たちが今まで夢見た以上のより良いものになるのです。

神の恵みはなくなることはありません。救いの贈り物は不愉快な計画や、間違い、失敗を、神にある勝利に変えることができます。最も素晴らしいのは、神は私たちがだめにしてしまったものを使うのです。神は私たちに新しい材料を紹介したり、取り入れたりすることを要求しません。神は私たちをあるがままに受け入れ、次に神の愛と技術だけが成し遂げることができる奇跡の調理法を創造するのです。私たちが神の台所にいる限り、神は奇跡の料理をし続けるのです。

主なるキリスト、私をあなたの調理で創造してください。私の間違いや、成功を使い、あなたの成果のためにすべて結びつけてください。アーメン

11月5日

主イエスの恵みが、あなたがたと共にあるように。

コリントの信徒への手紙一　一六章二三節

ある伝説的なお話ですが、ある貧しい婦人は病気の子供のために、王様の庭にある一房のぶどうを欲しいと思っていました。できる限り少しのお金も蓄え、王様の庭にあるぶどうを買いたかったのですが、断られました。彼女はもっとお金を持って行きましたが、庭師に断られました。王様の娘は、庭師が断っているのを見てその貧しい女の人のところへ行って伝えました。「ご婦人、あなたの努力は間違っています。私の父は商人ではなく王様です。彼の仕事は売ることではなく与えることです」

それから彼女はぶどうの木からぶどうをもぎ取り、それらをやさしくその女性のエプロンに入れてあげました。

キリストにある生活はそれと同じです、回復途上の歩みもそうです。健康や救いを買うことはできません。私たちの王は売るのではなく、与えるのです。私たちは買い物客ではありません。健康のどんなものも買うことはできません。私たちは恵みで生きています、それは、別の言葉では贈り物です。

十二ステップは贈り物です。それらは恵みです。ですから値札は全くつかず、無料です。回復のすべての費用は私たちの乞い願う意欲です。イエスはわたしたちに「求め、探し、ドアをたたくように」と告げました。そうすれば受け取れるのです。回復の果物は季節によって実り、味がよく、栄養が豊富で、いつも無料で手に入ります。神がそれほど寛容だということは信じられないほどです。しかし、実際そうなのです。

イエス様、あなたの寛容さを理解するのが大変ですが、受け入れることは素晴らしいです。すべてのあなたの私への贈り物を感謝します。アーメン

11月6日

「成し遂げられた。」

ヨハネによる福音書　一九章三〇節

若者は放課後、隣人のために芝を刈ってお金を稼ぐのが得意でした。ある午後、彼は自分の時間を楽しんでいました。母親は、何でのんびりしているのか聞きました。

「僕は人々が自分で始めるのを待っているんだ。僕はしばらく待つ。それから僕が代わるのさ。半分も終わった仕事を僕はその人々からもらうんだ」

　ある意味では回復の少なくとも半分は「未完了の仕事」です。健康になることは決して完全には終了されないのです。私たちは一回の努力で、一回の芝刈りですべての仕事を終わらせたいのです。また、自分でそれをすべてできると思いたいのです。

　回復は一日に一度、一度に一つの仕事を行うことを繰り返すことです。決して終わりません。しかし、いつもそこには手伝う人がいて、芝刈りをする若者のように、私たちのために仕事を変わってくれたり、仕上げてくれたりします。回復や救いの道を旅するとき、ほとんどの時間、動いているだけではなく、私たちは友人たちと一緒に旅をしているということに気づきます。生涯の巡礼を一緒にしているのです。それは終わらないようにみえるかもしれませんが、決して一人ではありませんし、友人の助けもあります。

　もちろん、皆、休む必要があります。時々、一休みしなければなりません。少なくとも二四時間ごとに。毎晩の休息は新しい日を始めるエネルギーと力を与えてくれます――一度に一つ、少しずつ、一歩一歩。しかし、歩いて切り開くように、開拓移民ではなく開拓者であることを覚えている必要があります。私たちは労働者であり、歩く人です。いつも新しい課題があります。いつも危険なことや、雑草があります。しかし、毎日の終わりにはイエスと共に「成し遂げられた」と言うことができます。

　主よ、一日が終了しました。次の日がやってきます。友人からの少しの援助でその一日も終わるでしょう。私を一日に一度歩き続けさせてください。アーメン

11月7日

わたしたちは、今は、鏡におぼろに映ったものを見ている。だがそのときには、顔と顔とを合わせて見ることになる。わたしは、今は一部しか知らなくとも、そのときには、はっきり知られているようにはっきり知ることになる。

コリントの信徒への手紙一　一三章一二節

私たちは望まないのに自分の問題で困惑したり、悩んだりします。問題の多くは無意味なようにみえます。私たちの苦境に意味がないと思われるとき、次の言葉を思い出してください。

機織り機が止まったり、
定期運行便が飛ばなかったりして初めて
神は巻物を解き、その理由を説明するのです。

すべてのものがむだで意味がないと思われる時、私たちは自分の観点で見ています。神の観点ではありません。私たちには混乱だけが見えます。神には目的と計画があります。神はすべてができ、行動を指示します。私たちはリラックスしたり、神の指揮を信頼したりすることによって多くの混乱を除くことができます。神はどこへ行くか、私たちとどこへ行くかを知っています。

ある女性が突然に、明らかに無意味な悲劇を経験しました。彼女は非常に悲しみに打ちひしがれ、言いました。「私は作られないほうがよかった」と。彼女の友人が言いました。「あなたはまだ完成されていないのよ。あなたはまだ神に作成されている途中なのですよ」私たちは神の機織り機に完全にかかっています。神は私たちを織っています。粗く、暗い糸は、神の心にあるものを生み出すために、滑らかな明るい糸に結びつけられます。

主よ、命のすべての糸をくださりありがとうございます、あなたの御心にそって私の人生の中で、それらを共に織ってください。アーメン

11月8日

イエスは四十日間そこにとどまり、サタンから誘惑を受けられた。その間、野獣と一緒におられたが、天使たちが仕えていた。

マルコによる福音書　一章一三節

誘惑は罪ではありません。罪への誘い、悪へ参加を促す広告です。それだけでは誘惑は良くも悪くもありません。シェークスピアが言ったように、「誘惑されることは一つのことであり、陥ることとは別のことです」

私たちは罪の宣伝を聞くことができますがそれを買う必要はありません。昔の賛美歌は次のように歌っています。

誘惑に負けてはいけない、
負けることは罪。
それぞれの勝利はあなたが
他の人の勝利を助けることになる。
断固として前進して戦いなさい。
暗い熱情は弱っていく。
イエスをずっと仰ぎなさい。
イエスはあなたに困難を切り抜けさせる。

プログラムから私たちを衝動的な嗜癖に戻そうと誘惑するものすべては確かに強いでしょう。回復は簡単ではありません。しかし、もしイエスや十二ステップに従うなら、すべての誘惑を切り抜けられるでしょう。いつもイエスの援助を期待していれば、魅力的な誘惑に取り乱されないでしょう。神は私たちに打ち勝つ力を与えてくれるでしょう。

主よ、罪が売るものを断ることができるよう助けてください。私を魅了する誘惑から遠ざけさせてください。その代わりに、神のところに来るようにと私に呼びかけてくださることを祈ります。アーメン

11月9日

「もはや、わたしはあなたがたを僕とは呼ばない。僕は主人が何をしているか知らないからである。わたしはあなたがたを友と呼ぶ。父から聞いたことをすべてあなたがたに知らせたからである。」

ヨハネによる福音書　一五章一五節

イソップ童話の中に森を旅する二人の旅行者についてのお話があります。巨大な熊が突然、木々の間から突進してきました。一人は自分の安全だけを考えて木に登りました。もう一人は恐ろしい熊とは戦えず地面に身を投げ出して、死んだふりをしました。熊は死んだ体には触れないと聞いていましたから。それは本当のことだったのでしょう。その熊は頭の臭いを嗅いで、立ち去りました。

木に登った人は降りてきて言いました。「熊は君の耳に何かをささやいたようにみえた。何を言ったんだ？」

もう一人は言いました。「危険な時に友達を見捨てるようなやつとは友達にならないほうが賢明だと言ったよ」

私たちが嗜癖との戦いを振り返る時、一緒にいてくれたのは誰でしたか？　今まだ共にいてくれる人は誰ですか。誰を信用しますか。誰が私たちと歩いていますか。

十二ステップのグループは友情と平等に専念しています。全ての会合は、あなたを見捨てない友人と会う安全で安心な場です。回復は、手を携えて一緒に歩く仲間のためのもので、「自分の力で行う計画」や「各自が自分を守れ」ではありません。私たちが共に回復するために、一緒なのです。

ああ、救い主、あなたは私の最良の、愛する友です。ほかのあなたのすべての友達に親しみを持ち続け、そして近くにいさせてください。アーメン

11月10日

「あなたは多くのことに思い悩み、心を乱している。しかし、必要なことはただ一つだけである。」

ルカによる福音書　一〇章四一～四二節

かつて、ある店の経営者が臨終で家族に囲まれていました。彼は弱々しく尋ねました。「サラはいるか」「ここにいるわ」と彼の妻は答えました。「ルースはいるか」と彼は尋ねました。「ええ、お父ちゃん」「ビルはいるか」「はい、お父さん」

それからその老人は座り、恐ろしい目をして叫びました。

「それじゃ、誰が店を世話しているんだ」

心配ばかりしていて、心配性のチャンピオンだという人たちがいます。静かで安全な場所におかれたとしても、まだ心配ごとを見つけるのです。もし心配せず、それについて思い悩まなければ、その仕事は成就されないのです。心配は生活を管理したり、どうにかこうにか処理したりするための道具になります。しかし嗜癖のことになるとコントロールできず、生活を管理することに無力になってしまいます。ではなぜ心配するのでしょうか？

心配し続けている多くの人にとっては、それは習慣なのです。習慣はやめられます。ですから十二ステップがあるのです。会合、瞑想、電話、読むこと、祈りを通して、恐怖を起こすような私たちの古い厄介な支配を、平和と力の神の支配の習慣に取り替えることができます。自分の店を神に心配してもらいます。今から本当に神に心配してもらうのです。それは容易くないかもしれません。私たちはずっと運転することに慣れています。ハンドルを緩めるのは無謀にみえます。しかし、神は良い運転手です。神は上手に運転します。神に求めれば、神は私たちを穏やかにさえしてくださいます。

主よ、私の力を緩めてください。私の恐れを鎮め、あなたにゆだねさせてください。アーメン

「だから、もし子があなたたちを自由にすれば、あなたたちは本当に自由になる。」

ヨハネによる福音書　八章三六節

11月11日

小さな女の子が無作法に振る舞って、母親を困らせていました。母親は少女に父親が帰るまで隅に行って座っているように命じました。少女は隅に行きましたが、座ろうとしませんでした。母親はようやく力で娘を座らせました。父親が娘を見て、何をしているか尋ねると、彼女は言いました。

「表面的には私は座っているの、でも私の心では立っているわ」

　強い意志をほめ、根気強さと勇気に拍手せざるを得ません。子供らしい反抗でさえ、頑固さは、おびえた奴隷的な服従よりも良いのです。私たちは奴隷になるように創られていません。埃の中で卑屈に振る舞うようには創られてはいません。自由であるように創られています。自由は私たちの運命です。

　しかし神に反対したり、愛に反対したり、健康に反対したり、良いことに反対したり、真実に反対したり、命にさえ反対したりするのでしたら、その場合はどうなるのでしょうか。その時は、誰が自由でしょうか。嗜癖にしっかり愛着を持ったままでいるのは奴隷であって、自由ではありません。病気に仕えていることは、自由からほど遠いのです。病気を根気強く持ち続けるのを止めることは、閉じ込められることではなく自由になることです。私たちが神にゆだねるとき、私たちは解放されます。救い主イエス様、完全な自由はあなたのお働きの中にあります。しっかり持ちつづけている病気から私を自由にしてください。アーメン

11月12日

しかし今は、わたしたちは、自分を縛っていた律法に対して死んだ者となり、律法から解放されています。その結果、文字に従う古い生き方ではなく、〝霊〟に従う新しい生き方で仕えるようになっているのです。

ローマの信徒への手紙　七章六節

ある宣教師がジャングルの中で疲れきって倒れ、死にそうになっているところを発見されました。ここの人々は彼を哀れに思い、看護し、彼は健康を取り戻しました。その宣教師は彼らと一緒にいました。彼のやさしい、愛情に満ちたしぐさは彼らを魅了しました。宣教師は彼らに新しい技術を教えたり、イエスや父なる神について彼らに説教したりしました。とうとう彼は去らなければならなくなりました。人々は彼を思い出させるようなものを残していってくれるように頼みました。そこで、彼は太陽時計を建て、朝から晩までの太陽の動きがどのように示されるかを話しました。原住民たちは魅了され、そして感謝しました。その宣教師は去り、人々は彼の出発を悲しみました。酋長が言いました。

「私たちは愛する友達の贈り物を永久に保存しなければならない」

それで彼らは太陽から保護するために太陽時計の上に天蓋を建てました。

私たちの回復における生活はしばしばそのようです。私たちの進歩を保存できると思っています。それで古い勝利を大切にし、過去の功績に頼っています。回復は天蓋の下に保たれることはできません。新しい毎日の光や新鮮さを受け入れることが許されなければなりません。いつも学ぶべきことが多くあります。いつも会合に行く必要があります。いつも十二ステップを歩く必要があります。何物も神殿にはなれません。すべてのものは新しく、新鮮な出発が日々必要です。「一日に一度」

主なるイエス様、私に新しい発見と新しい課題を見上げ、期待し続けさせてください。過去に神殿を建てることがないようにしてください。アーメン

11月13日

一緒に食事の席に着いたとき、イエスはパンを取り、賛美の祈りを唱え、パンを裂いてお渡しになった。すると、二人の目が開け、イエスだとわかったが、その姿は見えなくなった。

ルカによる福音書　二四章三〇～三一節

コンパニオン（companion）という言葉は豊かで、意味深いものがあります。これは二つの言葉、conは「一緒に」という意味を持ち、panは食べるパンを意味する言葉からできています。コンパニオンはパンを共に分け合う人のことです。

古代においてあなたの食事に誰かを招待することは友情への招きでした。仲間付き合いは自由に誘われ、自由に選ばれます。私たちは家族、親戚、隣人を選ぶことはできませんが、エマソンが言ったように「私たちは友情の建築家」です。

回復にとって私たちが持つ仲間ほど重要なものはありません。私たちの仲間は他のどんな人よりも私たちに影響を与えます。皆、「仲間のプレッシャー」というのを聞いたことがあります。仲間や友人の力は偉大です。回復において最も良いアドバイスの一つは「遊び友達と遊び場所を変えること」です。回復において他の病気の人々の力に服従することは意味がありません。「勝者と離れないこと」が良いスローガンであり、しらふでいること、穏やかでいること、自制すること、健康でいることが助けになるのです。

もちろん最も良い友人はイエスです。イエスは私たちの神聖な仲間で、聖餐において私たちがパンを共に裂く仲間です。そして共に健康でいるために私たちにクリスチャンと呼ぶ他の仲間を与えてくれるお方です。

主なる神様、健康と回復のために私が必要とする友達や場所を離れないように導いてください。あなたに従う仲間を選ぶことができますように。アーメン

11月14日

イエスは町や村を残らず回って、会堂で教え、御国の福音を宣べ伝え、ありとあらゆる病気や患いをいやされた。

マタイによる福音書　九章三五節

アルコール依存症救済協会の偉大なサポーターであるカール・ユングがかつて書きました。

三五歳以上の第二の人生で最終的に頼りになるものについて、患者の課題は、人生への宗教的な態度を見い出すことでした。病気になったのは、彼らが信仰を失ったからでした。すべての時代を通して生きている宗教が信仰者に与えたものを彼らは失いました。宗教的な態度を回復しなかった人は誰も本当に癒されなかったのです。

二〇〇〇年以上前にプラトは次のように書きました。

「もし、頭と体が良くなりたいなら、あなたは魂から始めなければならない。それがまずすべきことだ」今日、科学や医学はプラトの知恵を認めつつあるということを知って納得できます。嗜癖治療に成功しているほとんどの治療センターは魂の癒しや十二ステップを用いた療法に専念しています。私たちの最も優れた医療関係者ルイス・パスツールの言葉に従っています。

「科学を少し学んだ人々は神から遠ざかり、科学をたくさん学んだ人々は神に戻る」

たぶん医学はナザレのイエス・偉大な医者に最も大きな恩義を受けていると実感するでしょう。イエスの霊が病院を築き、愛する人に癒しを与え、その結果による力を与えました。キリストの癒しの手は真の健康と完全な救済のすべてをもたらします——体、心、魂。イエスは体だけでなく、全人的に人を癒しました。私たちの十二ステップは百パーセントイエスに信頼しています。

健康と救いの主よ、あなたの癒しの心と手に近く私をおいてください。アーメン

11月15日

「夜昼、寝起きしているうちに、種は芽を出して成長するが、どうしてそうなるのか、その人は知らない。」

マルコによる福音書　四章二七節

古いラジオ番組は毎日次のような言葉で始まりました。

「今日を失わないように気をつけてください、なぜならそれは命だからです。その短いコースにあなたの存在のすべての現実があるからです――成長の喜び、行動の恵み、美の輝きがあるからです。それゆえ、今日に気をくばることができますように」

それぞれの思いは感動です。しかし「成長の喜び」ほどわくわくさせるものはありません。誕生してからは成長したいと思うだけでなく、成長する必要があります。成長しなければ死です。

生きているものはすべて成長しています。常に成長の過程にあります。生きていることは動いていることです。成長は独立して起こることはできません。完全に内から外に成長することはできません。外から何かが融合されなければなりません。回復は、それゆえ、必然的に栄養を取り入れる成長です。

誰かが人々を「木」と「柱」に分けました。地面に植えられた木は成長し始めます。地面に建てられた柱は腐り始めます。

教会における回復において、木が成長するのを見ることは喜びであり、柱が腐るのを見るのは悲しみです。

命の主よ、私を十二ステップに根づかせてください、そして信仰の中に植えたままにしておいてください、そうすれば私は成長し続けます。アーメン

11月16日

エルサレムに近づき、都が見えたとき、イエスはその都のために泣いて……。

ルカによる福音書　一九章四一節

大学で、あるクラスの初めに、教授が欠席している学生について尋ねたところ、その学生の母親が亡くなったばかりであると知らされました。学生たちに親を亡くした人がいるかどうか挙手を求めたところ、数人の手があがりました。

その教授は言いました。「それがどういうことか、知っている皆さん、お悔やみの言葉を書いてください」

死は共に悔やまれなければならない、そして、共に癒されなければならないのです。

小さな男の子が両親のために特別なクリスマスの飾りを作りました。彼の贈り物を持って学校から帰る途中、舗装道路の上で落としてしまい、それが壊れてしまいました。彼はすぐに悲しくて泣きました。父親は彼のところに走って行って、言いました。

「落ち着いて、お前。大丈夫だよ。大丈夫。大丈夫」

しかし、彼の母親は、このような痛みの瞬間がわかっていたので、泣いている少年を腕に抱き、言いました。「大変だわ、とても大変だね」そして彼女は息子の喪失のために泣き、彼のために泣きました。

悲しみは回復や新しい生活の重大な一部分です。悔やみ、自責、絶望の涙は愛や命の根に水を注ぐのです。人生の喪失の痛みや傷を否定したり、避けたりすることは人生の重要さを否定することです。泣きそびれることは生きられないことです。

聖パウロは言いました。「喜ぶ人と共に喜び、泣く人と共に泣きなさい」（ローマ一二・一五）

神聖なイエス様、悲しみにある人々に私を加え、私の涙を愛する人に示すことができますように。アーメン

主の名を呼び求める者は誰でも救われる。

ローマの信徒への手紙　一〇章一三節

クライン氏についてのお話があります。誰も、特に神は彼を愛してくれていないと感じている悲しく哀れな人でした。ある日曜日、教会のそばを歩いている時、古い賛美歌が聞こえました。

ただ恵みによって救われること、
これが私の願い、
イエスはすべての人のために死んだ、
そしてイエスは私のために。

彼が三行目、「イエスはすべての人のために死んだ」を聞いた時、年老いたクラインのために死んだと聞こえました。Jesus died for all mankind. を Jesus died for old man Kline. と聞きました。彼は叫びました。「なぜ、私のために？」彼は道で立ち止まり、キリストの特別な招きと愛を受け入れてその教会に入って行きました。そしてクリスチャンになりました。

特別で個人的に召しを感じたり、神からの促しを感じる時、それは間違いではないのです。個人は一人一人、救いやそれぞれの出会いに招かれ、キリストに帰依するのです。クライン氏は正しく聞きました。キリストはそれぞれのユニークな個人のために死なれました。キリストの愛は私たち一人一人にとっておかれています。嗜癖からの回復は、キリストが私たちにじっと特別な注意を向け、真に私たち一人一人を愛していることを信じることにかかっています。私たちの主はあたかも私達だけが大切であるかのように。

あなたが私に気づくとき、主よ、名前でお呼びください。私はとても恵まれ、感謝しています。私を選んでくださってありがとうございます。アーメン

11月17日

11月18日

わたしたちは、このような希望によって救われているのです。見えるものに対する希望は希望ではありません。現に見ているものを誰がなお望むでしょうか。

ローマの信徒への手紙　八章二四節

ある年老いた無神論者がとうとう聖書を読むように説得されました。彼は軽蔑していた本を毎日一時間読むことに決めました。一週間読んだ後で、言いました。

「妻よ、もしこの本が正しければ、私たちは完全に間違っている」もう一週間たって、彼は言いました。「妻よ、もしこの本が正しければ、私たちは道に迷っている」彼は読み続け、そして興奮して叫びました。「妻よ、もしこの本が正しければ私たちは救われるかもしれない」

その無神論者と妻は神の救いを受け入れました。彼らが受け入れたとき、彼らはすべての「もし……」を捨てました。

聖書を読む時、十二ステップの本を読む時、最終的に私たちは救われるかもしれないと気づきます。それは素晴らしく恵まれた発見です。

ある芸術家が悪や死との戦いをチェスのゲームで描きました。サタンがある若者とチェスをしているその肖像画がある大きな画廊に掲げてあります。彼は悪魔に打ち負かされます。この絵は明らかに悪魔の勝利を示しています。ある日、偉大なチェスの師がこの絵を見にきました。彼はチェスの板と負けていたと思われる若者の状況を調べました。その師はその絵が現実であるかのように突然叫びました。

「若いの、あきらめてはだめだ。君はまだ動かせる」

私たちもそうです。私たちには動かせるこまがあります。そのこまは祈りであり、イエス・キリストへの明け渡しです。彼は私たちが次のこまが見えるように助けてくださいます。

主よ、あなたはいつも私が動く場所を持っておられます。私はあなたが案内してくださることを知っています。アーメン

「愛する人たち、自分で復讐せず、神の怒りに任せなさい。『復讐はわたしのすること、わたしが報復する』と主は言われる。」

ローマの信徒への手紙　一二章一九節

愛する神様、非難することで壁を作らないように私を導いて下さい。その壁は私を怒りの牢に閉じ込めてしまいます。許しと、愛で私を救ってください。アーメン

11月19日

ほぼ誰もが「私はむなしく努力しているように感じる」と言ったことがあるでしょう。さらにもっといらだたしいのは、このように全力で努力し続けることです。しかしながら、ぶつかる壁の多くは自分たちで築いたものだということは最も悲劇的です。私たちの障害物の多くは私たちが作り上げるのです。

怒りは良い例です。怒りは誰かを責めるための私たちの解決法です。私たちの傷は他の人が悪いためであり、私たちを苦しめていると結論づけます。そして自分の苦しさや、孤独の中に後退してしまいます。怒りが強くなると傷は出血し続けます。しかし、その流した血は私たちの魂をむしばむ腐食性の酸です。

怒りはそれを蓄え、抱く人にとって最も大きな害悪となります。その解毒剤は許しです。生きるために許さなければなりません。私たちは意志の壁を降ろし、それぞれの障害物を妥協と平和への踏み石として使わなくてはなりません。もし私たちが自分で作り上げた監禁から抜け出せるようにキリストに求めれば、キリストはその粉砕を指揮してくれるでしょう。

11月20日

むしろそれは、柔和でしとやかな気立てという朽ちないもので飾られた、内面的な人柄であるべきです。このような装いこそ、神の御前でまことに価値があるのです。

ペテロの手紙一　三章四節

平安という非常に貴重な賜物に私たちが心を開く時、満ち足りた気持ちより以上の楽しさがあります。ホラスは次のように書きました。

「幸福を探し求めて世界を渡ることができますが、幸福はすべての人の届くところにあるのです。満ち足りた気持ちはすべての人に幸福をさずけます」

しばらくの間、皆ここにいるのに、なぜ自分自身を悩ませたり、心配したりして魂を疲れさせるのですか。私たちの心は安心する必要があります。

満ち足りた気持ちというのは、私たち自身と、そして私たちの状況を受け入れることができることです。多少にかかわらず持っているものを感謝して使えることです。神に信頼する時に、神の御旨の杯を飲むことです。飲まないことは現在の状況や自分自身を否定することです。持つものを好きになると、喜んで行うことができます。

回復途上のそれぞれの歩み、十二ステップのそれぞれには満足感があります。満足することは、おいしい食事でお腹がいっぱいになるようなものです。私たちは満ち足りて感謝します。しかし、また空腹になり、満足感はなくなります。しかし、一日においしい三食を食べることにより、それは繰り返され、毎日毎日、その必要感と満足感が繰り返されます。

主よ、小さな満足に私の心を開いてくださいますように。どうぞ、不満から私をお救いください。毎日の恵みを受け入れることができるように、導いてください。アーメン

11月21日

いまだかつて神を見た者はいません。わたしたちが互いに愛し合うならば、神はわたしたちの内にとどまってくださり、神の愛がわたしたちの内で全うされているのです。

ヨハネの手紙一　四章一二節

聖ヨハネの晩年のお話ですが、彼は若い弟子たちと座り、彼らを教えていました。ある日、彼の弟子の一人が不平を言いました。

「ヨハネさん、あなたは愛、わたしたちへの神の愛について、お互いを愛することについていつも話しています。愛以外について何か私たちにお話しにならないのですか」

年老いた使徒は若い弟子たちを慈愛の目で見て言いました。

「愛のほか何もないのですから。愛、愛です」

愛、それは救いです、愛は人生を内から外へ動かします、それは私たちのエネルギーを自分のことからほかへと移すように指示します。愛は奪わず、与えます。拒絶しないで受け入れます。もし、自分自身の幸福感や成就感を求めていたら、決してそれらを見い出せないでしょう。しかしもし幸福感や成就感を見い出したなら、それはほかの人たちが幸福感や成就感を見つけるのを手伝うことによって私たちがそれらを探すのを忘れていたからでしょう。この他者へ向いた人生のパターンはキリストです。私たちが、キリストのように人を愛するために必要な力は、キリストなのです。神は愛です。「愛のほか何もないのですから。愛、愛です」

宗教（religion）という語はラテン語の religare からきています。それは「結び戻す」という意味です。私たちが宗教を実践するとき、私たちは自分たちを神に結び戻しているのです。神は私たちの起源であり、運命であり、始まりであり、終わりでもあります。この結びつきを成し遂げるのは愛です。

主よ、どうぞ、私の心の中で、主が大きく、強くなってくださいますように。その結果私の愛は内から外へと成長できるでしょう。アーメン

11月22日

キリストの言葉があなたがたの内に豊かに宿るようにしなさい。知恵を尽くして互いに教え、諭し合い、詩編と賛歌と霊的な歌により、感謝して心から神をほめたたえなさい。

コロサイの信徒への手紙　三章一六節

子供のときに、倒れるまで、ぐるぐる回り、めまいを経験したことがあります。すぐに平衡感覚がなくなるのを知っているので、ダンサーが倒れたりつまづいたりしないで、果てしなくつま先旋回をするのを見てびっくりします。このように長い旋回においてもダンサーの頭をはっきりさせ続けるものはスポッティングというテクニックです。それぞれの回転をするときに一点に集中することでダンサーは安定しバランスをとることができるのです。

時々人生は私たちを踊らせるどころか、動かすことさえしません。一人のこのような動けない人が次のように語りました。

> 私は自分の手のひらに、ある島を持っています。アーモンドのような形をしています。私の島は私の人生の内側を表しています。それは自由で美しく私は満足しています。私は島を大事にしています。私が体を動かすことができた時のように私が手の中を見ると、古い私の自由がどんなものだったかがわかります。それを思い出すことは美しいのです。でも心や魂に見いだすことができる新しい、不思議な自由もまたわかります。私の島を見る時、すべてのことはふさわしいのだとわかります。神が見えます。

どうすることもできずにベッドに閉じ込められている間、この女性の経験は彼女を押しつぶすのではなく、創造しました。なぜですか。彼女の島に神を見つけたからです。彼女の魂の内に深く神を見い出したのです。彼女と共にいる神を。彼女が見たその場所は内におられる神へのスポットライトでした。めまいがしたり、ころんだりした時はいつでも私たちを案内し、守り、迎える光を内に探すことができます。その場所は内にある神の住んでおられる場所です。

私の主よ、どうぞすべての境遇であなたを探し、あなたにお会いできますようにいつも助けてください。アーメン

11月23日

「すべて良い木は良い実を結び、悪い木は悪い実を結ぶ。」

マタイによる福音書　七章一七節

ヒンズー教やユダヤ教と同じくらい古い哲学では、人は自分が考えているような人になるといっています。三〇〇〇年以上も前にヒンズー教のウパニッシャドは「人はその人が考えるような人になる」と言いました。箴言の二三章七節では「彼はその欲望が示すとおりの人間だ」とあります。同じ考えを釈迦、マーカス・アウレリユース、孔子、モハメッド、アリストートル、ソクラテス、そのほか多くの人々が語っています。その考えは本当でしょう。

私たちは内側を外に出して生きているのです。両方とも大切ですが、内面の世界が私たちの生活を形づくるという真実は否定できません。思考の力に関する最も美しい引用はジョン・ラスキンによるものです。

心地よい思いであなたの休息所を作りなさい。美しい思いでどんな立派な宮殿を建てることができるかを誰も教えてくれなかったので、誰もまだこのことを知らないのです。明るい空想、満足した思い、高貴な歴史、信心深いことわざ、貴重で平和な思いの満ちた家、それらは心配がかき乱すことはできないし、痛みが悲観的にさせることもないし、貧しさが奪うことのないものです。手で建てられた家ではない家、それは私たちの魂が住むためのもの。

このような宝を見出せる二つの場所はビッグブックと聖書です。いやな考えを避ける最良の方法は両方の本の中に生きることです。

イエス様、私が多くの他のものを試す前に、私をビッグブックと聖書の中に浸らせ続けてください。アーメン

11月24日

愛する者たち、わたしたちは、今、すでに神の子ですが、自分がどのようになるかは、まだ示されていません。しかし、御子が現れるとき、御子に似た者となるということを知っています。なぜなら、そのとき御子をありのままに見るからです。

ヨハネ第一の手紙　三章二節

年老いた未亡人が貧しく暮らしていました。彼女の状態を聞いたある若い男の人が神様のことを聞いてくれるかどうかを考えながら彼女に会いに行きました。その未亡人は現状についてひどく不満を述べた後で、オーストラリアにいる息子はとても成功していると言いました。

男性は彼女に、「息子さんはあなたに何もしないのですか」と尋ねました。

「何もしないわ。息子は毎月私に手紙を書いてきて、その手紙と数枚の写真を送ってくるだけなんですよ」と答えました。

驚いたことにそれらの写真というのは現金で、約一〇〇ドル以上のお金だったのです。そのかわいそうな婦人はこの外国の紙幣の価値については何もわかりませんでした。ただの写真だと思ったのです。彼女は贅沢に暮らすことができたはずです。

このように無知であることは、愚かであると考えるかもしれません。しかし、私たちも同じような間違いをしています。それぞれの段階で、宝物を見過ごしています。王様や女王様のように生きることができるにもかかわらず、私たちは貧しく、貧しさに打ちひしがれた魂の持ち主のように生活してることがよくあります。神様が毎日私たちに送ってくれる豊かな環境を見ていません。聖パウロは次のように招いています。

「それは、この人々が心を励まされ、愛によって結び合わされ、理解力を豊かに与えられ、神の秘められた計画であるキリストを悟るようになるためです。知恵と知識の宝はすべて、キリストの内に隠れています。」（コロサイ二・二～三）

イエス様、私はあなたにあって豊かであることを知っています。どうぞ、あなたが宝物であることを気づかせてください。

アーメン

11月25日

また、杯を取り、感謝の祈りを唱えて、彼らにお渡しになった。彼らは皆その杯から飲んだ。

マルコによる福音書　一四章二三節

ウイリアム・ローは自問自答しました。「世界で最も偉大な聖徒は誰だろうか」

最も偉大な聖徒は最も祈る人でもないし、最も多く断食をする人でもない。慈善をする人でもない。自制、純潔、正義に卓越した人でもない。それは神にいつも感謝する人です。すべてのものを神の良きものとして受け入れ、神を賛美する用意ができている人です。

恐らく、神にいつも感謝できるという秘密は、小さな恵みについて感謝することです。私たちは基準をあまりにも高く設定しがちです。恵みが大きいときに私たちは成功を喜び、拍手したいのです。なぜ、食べ物、睡眠、空気、水、息、色、触感、臭い、眺め、音、生活の小さなこまごまとしたことに感謝しないのですか。なぜ十二ステップに感謝しないのでしょうか。私たちの会合、私たちのスポンサー、節制、回復した誕生日を感謝しないのでしょうか。

旧約聖書には感謝している聖徒が詩編に多く見られます。このような感謝の応答の典型は詩編一〇三編です。

わたしの魂よ、主をたたえよ。
主の御計らいを何ひとつ忘れてはならない。
主はお前の罪をことごとく赦し、病をすべて癒し
命を墓から贖《あがな》い出してくださる。
慈しみと憐れみの冠を授け
長らえる限り良いものに満ち足らせ、
鷲のような若さを新たにしてくださる。

主なるイエス様、あなたが私たちに日ごとにもたらしてくださるすべての良きものと癒しに感謝します。アーメン

11月26日

七つのパンを取り、感謝の祈りを唱えてこれを裂き、人々に配るようにと弟子たちにお渡しになった。

マルコによる福音書　八章六節

ある農夫が町に住むインテリの従弟を夕食に彼の農場に招待しました。主人は神に食前の感謝をしました。従弟はからかって言いました。「食前の感謝は古いよ。インテリは誰も祈らないし、神に感謝しないよ」その農夫は彼の農場にも神に決して感謝しない者がいることを知っていました。その親戚はとても喜んで言いました。「それではここに、何人かのインテリと物わかりの良い人がいるんですね。誰ですか」

農夫は答えました。「私の豚ですよ」

この農夫は本能的に農林局の研究が明らかにしたことを知っていたのです。一エーカーからの一〇〇本のとうもろこしの収穫は一人の農夫の労働に加えて、次のものが必要なのです。四〇〇万ポンドの水、六八〇〇ポンドの酸素、五〇〇〇ポンドの二酸化炭素、一六〇ポンドの水素、一二五ポンドのカリウム、七五ポンドの硫黄、そして他の要素、あまりにも多すぎて、ここに書けない程です。この要素に加えて、雨や太陽光線が必要な時に与えられることが必須であると。その報告は農場の生産物の五パーセントが農夫の努力によるものだと結論づけています。

十二ステップを歩くとき、そして回復の道を歩むとき、それは農場に加わるようなものです。私たちは昼夜働くことができます。そして、その必要がほんの五%だけなのです。少なくとも九五パーセントは以前からあったものか、神が与えてくださったものです。回復は贈り物です。無償で与えられた恵みです。一人ではできません。神様に感謝しましょう。

キリスト様、あなたの恵みはとても多く、私には支払うことができません。感謝でいっぱいな心を持ち続けることができますように。アーメン

「父よ、わたしの願いを聞き入れてくださって感謝します。」

ヨハネによる福音書　一一章四一節

森林火災は恐ろしいものです。それに巻き込まれたら死んでしまいます。たった一つのことしか考えられないでしょう。逃げることです。かつて一人の探検家が川辺に立ち止まっている時に、森林の火災が彼の部隊に迫ってこようとしているのを見ました。その火事は反対側の岸辺にきていました。彼は安全でした。その炎の前に、キツネ、ウサギ、オオカミ、シカ、クマ、ライオン、リス、その後に、何人かの男女が逃げて来ました。彼らはみんな土手に立っていましたが、反対側に安全に泳ぎ着きました。彼ら全員が安全な岸辺に到着したとき、すべての動物たちは、立ち止まって反対側の森が火事で破壊されるのを見ていました。誰も他の動物を傷つけませんでした。人間と野獣は彼らの共通の危険に直面し、彼らが自然における敵であることを忘れていたのでした。

いつの時でも、死に物狂いの魂が十二ステップの会合にくると、同じようなことが起こります。誰もがその火災から生き残るために、お互いに共通な恐れから逃れるために、共通な必要に迫られています。一つの理由、生きるためにお互いを見い出します。

しかし生存以上の命があります。最初の感謝祭をした清教徒たちは生きる喜びと安堵の心を知っていました。しかし彼らは、もっと多くのことに感謝を捧げたのです。そのもっとというのは救いのことです。私たちは生存します。しかし私たちは成功し、強く、健康にならなければなりません。感謝祭は豊かな命の恵みへの感謝祭なのです。十二ステップはちょうどそのようなものです。それらは、燃え盛る火事の反対側にある安全な岸辺です。しかし、十二ステップは私たちを救うだけでなく満足させます。神様のお陰で、プログラムから助けを得られるので、危険に遭遇することはありません。神が私たちのためになさったことで神への感謝祭を祝う多くの機会が私たちにはいつもあります、神様のお陰で。

主よ、すべてのことに関してありがとうございます。私自身の感謝の気持ちを感謝します。アーメン

11月27日

11月28日

そこで、イエスは言われた。「清くされたのは十人ではなかったか。ほかの九人はどこにいるのか。この外国人のほかに、神を賛美するために戻ってきた者はいないのか。」

ルカによる福音書　一七章一七～一八節

感謝の手紙のよい点は何でしょうか。それらは単なるていねいなしきたりなのでしょうか。ある教授は感謝祭に恵みについて考えていて、年老いた英語の先生のことを思い出したことを語ってくれます。教授は彼女のインスピレーションと彼の人生に影響を与えてくれたことを感謝して手紙を書きました。彼女は返事を書き送りました。

ウィリーさんへ

あなたのお手紙は私が言い尽くすことができないほど大切なものになりました。私は八〇代です。最後の一葉が残っているように、寂しく、一人小さな部屋で自分の食事を作って生活しています。私が五〇年間教えて、あなたの手紙が、今まで受け取った最初の感謝の言葉だということを知って興味深いとお思いになるでしょう。ある寒い、陰気な朝にあなたの手紙は舞い込んできて、私を喜ばせてくれました。このようなことは何年もありませんでした。

その教授は座って泣きました。愛の力に揺り動かされて、すぐさまもう一枚の感謝の手紙を年老いた友人に送りました。そして、また返事がきました。

ウィリーさんへ

あなたのお手紙はとても、美しく誠実なので、書斎で読んでいて目から涙があふれました。感謝の涙です。それから私は何をしているのか気がつかないで椅子から立ち上がり、あなたの手紙を妻に見せるために名前を呼びました。彼女が亡くなったことなど、一瞬忘れていました。あなたのお手紙が私の気持ちをどれほど元気づけたかおわかりにならないでしょう。私は一日中、その幸福感で歩き回っていたのですよ。

感謝状のどんな点が良いのでしょうか。世界のすべての善だからです。それだけです。世界に私たちの愛を自由に差し出したら、私たちはキリストに最も近くなれるのです。

キリスト様、私に感謝を教えてください。そして、他の人に感謝し、それを表すことができるように私を変えてください。

アーメン

「人の口からは、心にあふれていることが出てくるのである。」

マタイによる福音書　一二章三四節

そのお話は混んでいる地下鉄に乗っているある男性について語られています。座って新聞を読んでいる男性は前に立っている老婦人に気づき、挨拶するために帽子にちょっと触り、席を彼女に譲ろうとしました。その婦人は荷物を落としてしまいました。彼女は目を見開き、その場で気が遠くなったように目を閉じました。彼女は気がついたときに、席を譲ろうとした親切な男性の顔をのぞき込むようにして、「ありがとうございます」と言いました。そのとき、男性はショックで、気が遠くなりました。

ある哲学者がかつて言いました。「神は二つの住まいを持っている。一つは天にあり、もう一つは感謝する心にある」と。もし回復するために何か一つ必須の要素があるならば、それは「感謝する気持ち」です。

何百万人ものキリスト者が聖餐を受けるときに次のような言葉を聞きます：「あなたがたのために与えられた主なるイエス・キリストの体と血をキリストがあなたのために死なれたことを覚え、取って、食べ、飲みなさい。そして、感謝しなさい」

あなたが私に与えたすべてのことを思うとき、主なるキリスト、私はとても感謝します。アーメン

11月29日

11月30日

弟子たちは答えた。「こんな人里離れたところで、いったいどこからパンを手に入れて、これだけの人に十分食べさせることができるでしょうか。」

マルコによる福音書　八章四節

シェークスピアの『ヘンリー六世』の中に次のような言葉があります。

私の冠は私の心にあり、私の頭には無い。
ダイヤモンドやインド石で飾られていないし、見られない。
私の冠は満足と呼ばれる。
王がほとんど付けていない冠である。

最近の自助学習は満足している人の特徴を項目として挙げています。満足して平安な人は生活に意味があり、方向があります。だまされたと感じたり、がっかりしたと感じたりしません。そして、主要な目標があります。愛したり、愛を与えたりします。多くの友人がいます。快活で、批判に過敏ではありません。恐れよりも、信仰を持っています。

満足のもう一つの言葉は受容です。すべての痛みと喜びを吸収し、受け入れることができることで回復が形成されます。十二ステップはその方法を教えてくれます。

満足を学ぶ最も良い方法の一つは、小さなことを感謝し始めること、小さな親切に感謝すること、そして感謝の態度を発展させることとです。私たちは要求すればするほど、とればとるほど、不満を言えば言うほど、心配すればするほど、価値をみることができないし、大事にすることもできないし、救うこともできないし、楽しむこともできないし、受け入れることもできなくなります。多くの小さな恵みを探すことは、私たち皆ができる選択です。

主よ、私の心を開いて、おのおのの瞬間を恵みとして受け入れさせてください。そして楽にして、満足することができますように。アーメン

Friends 友人

アンブローズ・ビエーチェは言いました。「知人には物を借りられる。でも貸すほど知人を知っているわけではない」

カルガリー・ボブ・エドワードは言いました。「友人と知人の違い、友人は手伝うし、知人は単にアドバイスするだけ」

両方の引用とも知恵があります。いかに私たちが人々を使うかは驚くほどです。人々について知らなければ知らないほど、彼らを道具にしたり、係員にしたり、個人的要素を取り除いたりします。給仕、配達人、郵便配達、店員から私たちは得るのです。知人も似ています。私たちは借りるけれど、貸しません。お金は借りないけれど、考えや、意見、アイデアを借ります。しかし私たちの知恵や個人的なことについては彼らを友達として十分信用できるまでは差し控えるかもしれません。もっと友人が必要です。知人ではありません。友人は助けます。友達だと自分で言っても単にアドバイスする人は本当に知人です。

回復について、多くの時間、私は友人に頼っていました。私たちは友人に恵まれています。友人を知っています。最も良い支援者は自分自身の「経験、力、希望」を語ってくれた友人たちでした。何をすべきか、どのようにすべきかをアドバイスしたり、話したりしませんでした。最も私を助けたのは自分の歩みを分かち合ってくれた傷つきやすい友人でした。その経験から私は力と希望を得ました。友人を助けるために神を賛美しましょう。そして単なるアドバイスをする人にならないように私たちを導いてください。

イエスはアドバイスをほとんどなさらなかったということに感銘します。イエスの知識ははるかに単なるアドバイス以上のものです。イエスは道を示しました。イエスはその話の道を歩き、彼に従うように私たちを招きました。彼の教えのすべては直接的で、実践的で役に立つ教えでした。それはイエス自身の生活や、見たことからきていました。イエスは私たちに命を与えました。イエスは私たちに彼の霊を与えました。イエスは私たちをやさしく導き、自分の道を見つけさせます。

わたしを強めてくださる方のお陰で、わたしにはすべてが可能です。

フィリピの信徒への手紙　四章一三節

イエスは言われました。「信じる者には何でもできる」（マルコ九・二三）

イエスがこのことを語っていたとき、病気で寝ていた子供の父親が言いました。「信じます。信仰のないわたしをお助けください」（マルコ九・二四）

溝にはまった時、跳び越えることのできないハードルがある時に、この父親と同じような反応をするでしょう。一度で跳び出ることはできないかもしれませんが、一歩一歩、私たちが困難な場所から出るために、神は私たちを助ける手段を持っています。

主よ、私が困った時に、あなたを信じ続けることにより、最後には私が自由になれるよう導いてくださることを知っています。アーメン

一匹の蛙が田舎道で深い溝にはまってしまったことに気づきました。彼の友人たちは彼が出られるように助けようとしましたが、彼らの努力はむだでした。ついに彼らは悲しみに打ちひしがれながら、去っていきました。次の日、三匹の友人の一匹がその田舎道をぴょんぴょん跳んでいました。そして、誰に会ったでしょうか。前の日に溝にはまって絶望していた蛙でした。「君は運が悪いと思ったけれど、出られたんだね」「そうだよ、僕はできなかった。でも、トラックがその溝のところにやってきたので、僕は必死だったんだよ」

同じように、回復に飛び込んで行きませんでしたか。私たちは、深い溝にはまってしまっていました。絶望的なまでに嗜癖にとらえられ、病みつきになっていたと思いました。そして、そこから必死で出なければならなかったのです。

本当に必死になると、不可能と思われることを行うことができます。生存のための本能は強い力なのです。不可能なことが、状況が困難なときに可能になることがあります。

12月1日

12月2日

「暗闇と死の陰に座している者たちを照らし、我らの歩みを平和の道に導く。」

ルカによる福音書　一章七九節

アラビアの砂漠には決して道に迷わないというガイドがいます。鳩の人と呼ばれています。彼は良い綱を付けた伝書鳩を連れて行きます。ガイドの手首にはその綱が結ばれています。どちらの方向をとるか迷うときには、そのガイドは鳩を空中に飛ばします。鳥はすぐにその綱を家の方向に本能的に引っ張ります。そして、この情報で、ガイドは本道に戻ることができるのです。

私たちも、このような導きの体系を持っています。私たちはそれを十二ステップと呼びます。それぞれのステップは道を探し示す鳩の役割をします。わたしたちはよく驚きますが、おのおのの歩みはいつも正しく真実です。本能と衝動は頼りになりません。十二のステップだけが、その道です。

回復へのガイドや方向は孤独な砂漠の独り旅のような模索では決してありません。回復は豊かな経験です。人々とプログラムと約束に満ちた豊かな経験です。その中で私たちは多くの人々との結びつきがあり、そのただ中に置かれます。私たちは自分だけではなくグループの中で良くなり、道を見つけます。実際にガイダンス（手引き）は神の導きに信頼する世話人たちの共同体で高められ、多くの人々により確信されています。

主なるキリスト様、十二ステップのガイダンスや私のグループ、支援者を信頼することができますように導いてください。

アーメン

「はっきりいっておく。一粒の麦は、地に落ちて死ななければ、一粒のままである。だが、死ねば、多くの実を結ぶ。」

ヨハネによる福音書　一二章二四節

12月3日

ある婦人がキリスト者の修養会から戻りました。そして、友人がどうだったかを尋ねると、彼女は「私は死んだの」と言うのです。「どういう意味」と聞くと友人は答えました。

「今週末、私は人生を隠れて過ごしていたことがわかった。私は誰に対しても正直ではなかった。私の家族、友人、私自身、または神様に対しても。最も悪い点は私の嘘や歪みを見ないでいたこと。この週末、私のすべての嘘は死んだの。私の古い住まいは壊れた。私は神が創ってくださる新しい人間になるためにこの死の経験をしたことをとても喜んでいるわ。今、私は生まれ変わったクリスチャンがどのようなものであるかわかる」

ある人々にとってこれは不思議に思えるかもしれない。この「死の体験」は第三のステップに必ず起こること。この任せるステップは死なのです。私たちが神にゆだねるときに私たちの古い自分の意志や命は死ぬのです。かつてある聖徒は言いました。「神は命と愛で私たちを満たすことができるが、その前に自分を空っぽにしなければならない」と。古い自己中心の残骸の自己憐憫、自己規制は死ななければならないのです。聖パウロは次のように書いています。

> キリスト・イエスに結ばれるために洗礼を受けた私たちが皆、またその死にあずかるために洗礼を受けたことを。私たちは洗礼によってキリストと共に葬られ、その死にあずかる者となりました。それは、キリストが御父の栄光によって死者の中から復活させられたように、私たちも新しい命に生きるためなのです。（ローマ六・三～四）

今、それは第三のステップです。回復のクリスチャンにとって、何がより本当であり、より望みのあるものなのでしょうか。

イエス様、私は自分自身をあなたに捧げます。私の古いわがままな方法が死んだとき、あなたのところへ連れて行ってください。あなたとあなたの愛のなかにわたしを生かせてください。

アーメン

12月4日

「わたしは自分では何もできない。ただ、父から聞くままに裁く。わたしの裁きは正しい。わたしは自分の意志ではなく、わたしをお遣わしになった方の御心を行おうとするからである。」

ヨハネによる福音書　五章三〇節

フランク・シナトラの歌、「私は自分の方法で行った」、これは多くの人々のためのテーマソングです。そのメッセージは、私が行ったことは何でも、善かれ悪しかれ、私の方法で行なったことで、それは素晴らしいことという意味です。

イエスが話すことは全くその反対です。イエスは私たちが自分の方法で行うことでは私たちの生活を満足させることができないと言います。まことに素晴らしいものは、神の方法であり、神の意志なのです。自分の成功や自己本意の利益をたたえる人は誰でも、うぬぼれて死や破壊へ導かれる人が多いのです。「自分の方法で行った」ことは最も大きな神に対する不敬な態度なのです。アダムとエバの原罪です。このような歌を歌うことは奴隷の歌を歌うことと同じです。

これを歌う依存症の人々は永遠に失われており、コントロールできない状態のままでおり、中毒という病気です。道であり、真実であり、命であるキリストの声を聞き、受け入れることによってのみ、自分の本当の個性を発見できるのです。私たちは自己崇拝や自己憐憫《れんびん》の歌をもはや必要としません。キリストの愛と、交わりのよきニュースが必要です。弱い状態にあるキリストは意志と命を父の手にゆだねました。

恵み深い救い主よ、父なる神にキリストが完全にゆだねた命の中に生きることができますように、私の誇りをくだき、あなたの弟子として、子供として、私に本当の尊敬と名誉をお与えください。アーメン

更に、あなたがたは今がどんな時であるかを知っています。あなたがたが眠りから覚めるべき時が既に来ています。今や、わたしたちが信仰に入ったころよりも、救いは近づいているからです。

ローマの信徒への手紙　一三章一一節

ソローはかつて言いました。「私たちが目覚めているときだけ夜明けがある」と。

嗜癖の危機に瀕している時は、悪い人について悪い夢を見ているようなものでした。夢遊病者のように歩いていました。何をしているか知らずに、私たち以外の声によって引き回されていました。

今は目覚めています。今は、昼間、私たちのような良い人、そして良くなる人たちについて良い夢を見ることができます。良い夢の方向に自信を持って進むなら、私たちの想像は真実になるでしょう。自由になり幸せになります。油断せず、しかも恐れないようになります。他の人たちの言うことや欲しいものではなく、本当の自分自身の声を聞くことができます。神が私たちの心に話すことを聞くことができます。作者不詳の次の詩に加わることができます。

クローバーの香る草の中で、
刈ったばかりの干し草の中で、
トウモロコシ畑のシューという音の中で、
眠そうなポピーがうなずくところで、
悪い考えが死に、良い考えが浮かぶところで、
神と共に野原で。

回復にある私たちの命は神の美しい牧場にいるようなものです。青々とした牧場で自由に、自然の美しさと生命に囲まれて。これは本当の夢です。

ああ、キリスト様、あなたを讃美します。あなたは良い夢、人生のビジョン、私のまわりにある愛に気づかせてくださいました。アーメン

12月5日

未来のことへの愚かな恐れをすべて捨てる。

12月6日

「だから、言っておく。祈り求めるものはすべてすでに得られたと信じなさい。そうすれば、そのとおりになる。」

マルコによる福音書　一一章二四節

ジョン・ウェズレーはメソジスト教会の創立者で、かつて航海しているときに嵐に遭遇しました。恐ろしくなりましたが、ほかの人たちは静かにしていました。ウェズレーは彼らの自信ある勇気に感動しました。そして、同じような平静な勇敢さと信頼心を切に求めました。彼らの秘密を尋ねた時に、彼は告げられました。「あなたはこのような信仰と勇敢さを持っているように行動しなさい。あなたがいかに行動するかで、あなたはそれを得ることができるのです」

偉大な心理学者のウイリアム・ジェームズはこれをas if原理と呼びました。彼は次のようにいいました。

「もしある資質が欲しければ、すでにそれを得たように振る舞いなさい」

回復のために、私たちは「それができるまで、真似をしなさい」と言って励まします。

行動科学者はas if理論を基本にしています。行動、行為、活動には命の力が含まれています。同じ信条は聖書や十二ステップに流れています。聖書と回復は共に私たちに「すること」「従うこと」を、そして「受け入れること」「与えること」を命じています。行動は態度に優先しています。私たちは禁欲的で節制しており、行動を通じてのプログラムに完全にかかわっています。会合、ステップ、読書、祈り、話し、聞くことなど。回復は多忙です。行動は活発です。

制服を着ている人のように、私たちはまもなく制服を表す人のようになります。まるで私たちが実際にそうであるかのように振る舞います。テニスンがいったように、「私は行動するときに絶望で弱らないように夢中で行動しなければならない」のです。

主よ、行って行動させてください。私は行動するときに、よくなります。アーメン

なぜなら、「恵みのときに、わたしはあなたの願いを聞き入れた。救いの日に、わたしはあなたを助けた」と神は言っておられるからです。今や、恵みの時、今こそ、救いの日。

コリント信徒への手紙　一六章二節

めることは日々の可能性を受け入れ、日々の不可能なことをはねつけるのです。私たちが力の及ばないことを神にゆだねるとき、心配することがなくなります。過去は私たちの届かない場所です。

神の存在と愛で私たちの生活が満たされるとき、過去の落胆や未来への恐れを毎日取り除くことができます。私たちの健康は、今日、神を喜ばす愛の行ないで満たしながら信頼の垣根を張り巡らすことにあります。神は喜びを与えずにはおきません。それから、ここに今ある良いもののために感謝するのです。

イエス様、私があなたのことを思うとき、私の心配は止みます。あなたはこの日を与えてくださいました。私を今日にとどまらせてください。アーメン

12月7日

心配しないときにだけ幸せは感じられます。そして心配を止

フレデリック・ルーミス博士は死に際してジョージ・エリオットの言葉を思い出しました。「昨年の作物に水をやることは意味がありません」

ルーミス博士は死ぬことを知っていました。彼は愛する人に最後の思いを残したいと思い、ペンを取って書きました。

できないことを嘆き悲しむことは無益な行動であり、恐れの告白であり、感情の停滞です。この御しにくい病的な悪循環を壊す最も良い方法は、自分自身について考えることをやめ、ほかの人について考え始めることです。あなたは今日、誰かのために外へ向かう利己的でない行為をすることによって、あなたの荷を軽くすることができるのです。このようにして、あなたは病的な心配や恐れから離れられるのです。それは最も良い薬です。

12月8日

「しかし、悪霊があなたがたに服従するからといって、喜んではならない。むしろ、あなたがたの名が天に書き記されていることを喜びなさい。」

ルカによる福音書　一〇章二〇節

主よ、私のレッテルに執着することから私を救ってください。私の魂の深いところで私はあなたに心を開くことができますように。アーメン

私たちはお互いにレッテルを貼ることが好きです。私たちは人類を種類、範疇に分けます。人種、信条、仕事、経歴、性、政治、収入、サイズ、外見に従って分けます。私たちの言葉によるレッテルには際限がありません。しかし、外見の興味深いすべてのレッテルにもかかわらず、私たちは一人の人間です。一人の精神的な自己です。どんな制服や衣装を着ようとも、私たちは自分自身の心がある特別な人間です。

かつて、ある人が、友人についてソクラテスに質問しました。その友人は賢く、世界を旅する人でしたが、いつも悲しそうでした。ソクラテスは説明しました。「どこへ行くにも自分自身を連れて行くので、悲しいのです」どんなレッテルや独自性に執着しても、それでも私たちは自己を持っています。次のような古い格言があります。「あなたは七つの海を渡ろうとも自分自身から逃れることはできない」しかし、神が愛しているのはあなた自身です。そしてあなたのためにキリストは死なれたのです。

12月9日

そうすれば、あらゆる人知を超える神の平和が、あなたがたの心と考えとをキリスト・イエスによって守るでしょう。

フィリピの信徒への手紙　四章七節

北部出身の金持ちの実業家はある南部の漁師が彼の船のわきでパイプをふかして、のんきに横になっているのを見て恐ろしくなりました。「なぜあなたは漁に行かないのですか」とその実業家は尋ねました。「きょうは十分な魚を獲ったんだ」と漁師は答えました。「なぜもっと獲らないのですか」と実業家は尋ねました。「それでどうしようというのだ」と漁師は言いました。「あなたはもっとお金を稼げるでしょう」が答えでした。「多くの魚を売ることであなたは良いモーターボートを買えるでしょう。あなたはもっと深い水に入り、もっと魚が獲れます。ナイロンの網を買えるし、もっと魚も獲れるし、もっとお金を稼ぐことができる。すぐに、二艘のボートを持ち、本当にビジネスをすることができる。それで、わたしのように金持ちになれますよ」

漁師は尋ねました。「それで何をするんだね」その実業家は答えました。「それで、あなたは座って人生を楽しむことができますよ」

漁師は言いました。「私が今何をしていると思うか」

いつが本当に十分なのですか。どこで満足と充実感を見い出すのでしょうか。いつも成功を未来に計画しますか、または今日の成功に満足なのですか。私たちは倒れるまで頑張って働くことがよくあります。リラックスして、容易に取れる休みと安らかさを楽しむ時間を取ることができないでいます。毎日休む時間を取らなければ病気になるかもしれません。毎日は重荷ではないし、忙しい仕事が続いているわけでもありません。二四時間毎に、祈り、黙想、休息のための時間を取るべきです。骨が折れる単調な仕事の後、少しの休みだけでも取るべきです。もし休息を取らなければこわれたままで終結するかもしれません。

イエス様、あなたは休まれたり、休息したりする時間を探しました。どうぞ、時間や場所を取り、あなたとの安らかな時間を過ごすことができますように。アーメン

12月10日

あなたがたの内に働いて、御心のままに望ませ、行わせておられるのは神であるからです。

フィリピの信徒への手紙　二章一三節

二人の年輩のアイルランド人の婦人が公園のベンチに座っていました。一人は泣いていました。彼女はすすり泣きながら言いました。「生涯神に服従し祈っているのに、なぜ、神は私のところへ来てくださらないのかしら。なぜ神はそのように遠くにいらっしゃるのかしら」

彼女は頭を埋めて、泣き続けました。突然彼女は頭を上げ、叫びました。

「神は私に触れてくれたわ。私は彼の手を感じた。神を賛美します」

それから彼女は友達を見てその友達が彼女の手を握っているのを見ました。「あらまあ、メアリー、それはあなたの手だったの。私は神様の手だと思ったわ」「本当に、それは私の手ですよ。あなたは神が何をしてくださると思っているの。あなたに触れるために天から長い手を伸ばしてくれると思っているのですか。神様はあなたに最も近い手を取ってそれを使ったのよ」メアリーは答えました。

いつでも友情の手に触れるとき、いつでも助けの手に支えられるとき、いつでもガイダンスの手に教えられるとき、これらの手は神のものなのです。人間の手が天の神様の手を手伝っているのです。世界を祝福するのに、神は私たちの手を用いられるとマザー・テレサは言いました。手を握り、助け、食事を与え、挨拶をし、温かくもてなし、拍手し、支え、慰めます、すべて私たちの手で。でもこのような愛のどの行いにも神の手がかかわっているのです。神は愛であり、愛があるとき、それは神なのです。私たちの手で扱える神の愛を神は私たちに与えます。

回復は神の世界です。神は世界を人々に住まわせます。神は人々を通して行い、癒し、指示し、人々を救います。私たちは神の道具であり、器具です——彼の手です。私たちの手を神に使っていただきましょうか。もしわたしたちがそうするならば、神は使ってくださいます。

主なるイエス様、あなたが私の手を取る時あなたの手を私のものとして使うように差し出してくださいました。アーメン

12月11日

「また、自分の十字架を担ってわたしに従わない者は、わたしにふさわしくない。自分の命を得ようとする者は、それを失い、わたしのために命を失う者は、かえってそれを得るのである。」

マタイによる福音書　一〇章三八～三九節

ある精神病患者について語られたお話があります。彼は死んでいると思い、死体であることをすっかり確信しています。医者たちは彼に説明しようとしていました。とうとう医者たちは死体からは血が出ないと彼に同意させることができました。男性はそれを実験することに同意しました。彼は医者たちに彼の指をチクッと刺させ、血を出させました。その患者は出血している指を見て言いました。「あなたは何を知っているんだ。死体からも出血するのだ」

私たちの多くはそのようなのです。メンタルクリニックに入っていないかもしれませんが、私たちの考えは正しくないことがあります。これらは「ひどい考え」、合理的な考え、言い訳、否定などと呼ばれています。十二ステップにいる多くの人は、偽りの考えや、惑わしというものに汚染されています。真実なことや正直さを見つけることは難しく、受け入れることはもっと難しいのです。

キリストにある回復の途上でおかしやすい最も一般的な間違いは、部分的なプログラムで生きることができると信じていることです。またはキリストに完全に身を任さない状態で生きることができると信じています。完全なすべての福音が必要なのです。十二ステップのすべての歩みが必要なのです。異端者（Heretic）という語はギリシャ語の選り好みしたもの（choosy ones）からきています。選んだり、つまんだりすることは完全な回復と救いには適していません。多くを与えた後では何も与えなくてもよいと考えて、自分を欺いています。私たちは保留してしまいます。完全に献身することをためらっています。できないと思っているのでしょうか。行ってみるまではわかりません。任せることはパートの仕事ではなく常勤の仕事です。そうすることによって、自由を見いだします。しかし、命や意志を神の手に明け渡して初めて部分的なプログラムを超えることができるのです。

主なるイエスキリスト様、私の考えをまっすぐにしてください。否定や言い訳の方向ではなく、まっすぐにあなたの意志にゆだねる方向へと導いてください。アーメン

12月12日

「もはや、わたしはあなたがたを僕とは呼ばない。僕は主人が何をしているか知らないからである。わたしはあなたがたを友と呼ぶ。」

ヨハネによる福音書　一五章五節

少しも愛さないよりも
愛して失ったほうが良い。

テニスンがこれらのよく知られた言葉を書いたとき、愛がどんな結果になろうとも、よかったのだということをはっきりと信じています。すべての愛には価値があります。ロングフェローは次のように書いて、テニスンに共鳴しました。

不毛の愛と呼ばないで、
愛は不毛ではないのです。
噴水がまっすぐに送った水は
噴水に再び戻ってくるのです。

偉大なピアニストのパデルスキーが米国を旅していたときに、数人の才能ある子供たちが彼の前で演奏することになっていました。一人の少女がきれいに弾きましたが、一つの音符を打ちそこなって、錆ついたベッドのスプリングのような音を出してしまいました。彼女は泣き始めました。パデルスキーはすぐに彼女のところにやってきて額にキスしました。もし彼女が正しく弾いていたら決してもらえなかったキスでした。大音楽家は彼女のピアノに関心がなかったのではありません。しかし、もっと愛に敏感でした。その子供には、どの人のキスよりもこのような大きな意味あるものはなかったでしょう。

回復しつつあるクリスチャンとして、私にはもっと良い愛の物語があります。それは偉大な愛の持ち主についてです。すべての人間の悲惨と罪の不協和音に彼は無関心でいることはできませんでした。だから彼の恵み深い愛はとても多くの意味を持つのです。もし、額のキスが重要ならば、その十字架はどんな愛を与えるのでしょうか。彼は噴水であり、すべての愛の源です。何も無駄にされません。そのすべては彼から流れ、彼に戻っていきます。冬に春をもたらし、一二月に復活祭をもたらすのです。彼の愛はすべての十二カ月に流れます。そして、十二ステップにも流れます。ハレルヤ。

キリスト様、あなたの愛はすべての愛を継続させます。私を愛してくださりありがとうございます。私が私を愛し、他の人も愛せるように助けてください。アーメン

人は皆、罪を犯して神の栄光を受けられなくなっていますが。

ローマの信徒への手紙章　三章二三節

ある牧師がかつて子供たちのクラスに次の質問をして、子供たちを困らせました。

「もしすべての良い人たちが黒で、すべての悪い人たちが白であったら、あなたたちは何色になるでしょうか」と。小さなスージーが「わたしはシマウマになるわ」と答えました。

ある男性がどの教会に加わろうかと探していました。彼はあちこちの教会を回っていました。ある日曜日、信徒と牧師が祈祷書を読んでいる時に、彼は教会へ入って行きました。彼らは次のように言っていました。「私たちはすべきことをしないままそれらは残っています。そして、しない方がよかったことをしてしまいました」その男性は安堵のため息をついて言いました。「とうとう私はわたしのような人々を見つけました」

小さなスージーも、教会を探した人も、罪の現実と、罪が完全に存在することをわかっていたのです。誰が良いか悪いかではなく、両方なのです。人々はスカンクかシマウマのようなものです。縞は私たちを証明します。縞があるのです。悪であり、聖でもあるのです。罪がないというふりをすることはできません。また、良いことがないというふりもできません。私たちが完全でないことを知ることは救いです。しかし、回復しつつあるクリスチャンは自分自身をあまりにも悪く考えがちですが、良い縞があることを知ることは、むしろ救いです。私たちにはいろいろなものが混じっています。悪い縞が私たちを正直にしたり、謙虚にしたりするように存在するのですが、良い縞を増やすことができます。

救い主なる主よ、わたしのことをこのように、受け入れてくださりありがとうございます。私には非常に多くの欠点がありますが、私の良い点も見られるように私に力を添えてください。

アーメン

12月13日

12月14日

外部の人に対して賢くふるまいなさい。

コロサイの信徒への手紙　四章五節

主なるキリスト、あまりにも厳格にがんばらないようにさせてください。時が過ぎるように、人生の流れを受け入れさせてください。アーメン

昔の話に、ある君主は常に心配し悩んでいたそうです。彼は賢者を呼び集め、困難なときに助けになるモットーの言葉を考え出してくれるように頼みました。すべての良い状況にも悪い状況にも適しているもので、指輪に彫れるように、短くなければならないものです。彼らは研究し、祈りました。ある賢者は次のモットーを思いつきました。「これもまた過ぎ去る」これは私たちの心の意識の一部になっています。この言葉を聞く時はいつでも恵まれます。

ロバート・ルイス・スティーブンソンは彼の苦しみが悪化した時に、これらの語を思い出し、書き続けるように奮起したのでした。リンカーンはこれらの言葉を思い出した時に、憎しみと大きな反対に耐えることができました。いかなることも永遠に続きません。絶望、どん欲、うぬぼれ、不注意などの状態は永遠に続きません。時間は過ぎ去ります。命は続き、毎日は新鮮で新しいのです。それ以上にもっとあります。いつも神がおられます。

遣わされないで、どうして宣べ伝えることができよう。「良い知らせを伝える者の足は、なんと美しいことか」と書いてあるとおりです。

ローマの信徒への手紙　一〇章一五節

12月15日

二〇年の間、フランスの画家であるルノアールは強い痛みと苦悩の中にいました。リウマチは体を苦しめ、指を不自由にしました。筆を親指と人指し指の間に持ち、ゆっくりと痛みに耐えながらカンバスに絵の具をぬっている間は、額に水滴のような汗をかいていました。苦しみがとても強かったので、描いているときに何度も叫びました。描く時に、立ち上がれませんでした。それで、カンバスの高い部分や低い部分にアクセスする昇降機能のついた椅子を使いました。時々、医者は彼に鎮痛剤を与えましたが、苦しみはあまり治まりませんでした。しかしルノワールはその苦しみの中で、美と喜びの偉大な傑作を描きつづけました。ある日、彼の弟子のマチスは彼に懇願しました。「先生、なぜ続けようとなさるのですか。なぜ自分を苦しめるのですか」ルノワールは自分の好きなカンバスを見つめながら答えました。

「苦しみは過ぎ去りますが、美は残ります」

これは何と大きなモットーなのでしょう。大きな苦しみと痛みを経験しました。しかしそれは過ぎ去ったのです。しかし、美と勝利は残ります。為すべきことの多くはつらいかもしれません。しかし結果は残ります。苦痛は私たちを元気づけたり刺激したりします。それは進歩させるためであり、苦しみから遠ざけるためでもあります。どんな苦痛であろうとも、苦痛は私たちが生きており、感受性があることを示します。私たちは麻痺していないし、無感覚でもないのです。死んでもいません。

イエス様、私が痛みを持ちながらも、私に絵を描かせ、行わせ、働かせ、生かせてください。アーメン

12月16日

「だから、明日のことまで思い悩むな。明日のことは明日自らが思い悩む。その日の苦労は、その日だけで十分である。」

マタイによる福音書　六章三四節

ギリシャの偉大な哲学者ピタゴラスはイエスより五〇〇年前に生きていました。彼の最も有名な言葉の一つに、「灰についたポットのしるしを残してはいけない」というのがあります。言い換えれば、過去を払拭しなさい、忘れなさい、一日を新しくスタートしなさい、ということです。悩みから逃れる方法は現在に集中することです。過去を元通りに戻すことはできません。未来は手に届きません。

日ごとに、自分を与え、現在にすべての興味と精力、熱意を集中させるとき、明日は安全であり、昨日は満足したものになります。セネカは次のように言いました。

　過去の記憶で自分自身を新たに苦しめている人々がいます。また、邪悪なことが起こるのではないかと恐れ、自分自身を苦しめている人々がいます。両方とも愚かしいことです。過去の記憶はかかわりありませんし、恐れていることはまだ来ていません。人は毎日を別の人生と考えるべきです。

回復は一日に一度というように為されていきます。昨日の重荷や、明日の恐れは処理することはできません。ある賢い人が言ったように、「私たちの主な仕事は遠くにあるものを、かすかに見ることではなく、現在、はっきりしていることを行うことです」現在は近くにある明確な今日であり、私たちはそれに対処することができます。

主よ、私を今日のことに集中することができますように。私のエネルギーと思いを近くにあるものに注ぐことができますように助けてください。アーメン

12月17日

「神の国は見える形ではこない。『ここにある』『あそこにある』と言えるものでもない。実に、神の国はあなたがたの間にあるのだ。」

ルカによる福音書　一七章二一節

何世紀も通じて私たちは幸福を探し求めてきました。幸福の追求は、実際は憲法上の権利です。多くのことについて幸せを求めています。仕事、愛情、家族、友人、持ち物、名誉、スポーツ、身体的な喜び、宗教など。共通する特徴は、幸せはその内部で起こらなければならないということです。内部に起こらなければ、すべての外側の状態は全く意味がありません。

ある若くて賢い男性が、幸せについて内面的な状態を明らかにしました。それはとても当たり前のことであり、手許にあり、多くあり、多くの場合見逃されているので、それが何であるかを告げられたとき、驚いてしまいました。それは仕事です。満足を与える仕事です。健康促進するためにベストなことは、好きなことを行うことです。あなたが好きなことはあなたの内部にある決定によるのです。幸せは心の中であなたが継続したいという仕事を持つことです。ミケランジェロがいったように、「手にノミを持っている時は、私は元気なのです」

イエス・キリストにある回復と生活はすべてこのような幸せを与えます。回復するクリスチャンは忙しいのです。忙しさは仕事につきものです。毎朝することがあり、もう一歩があり、読む本があり、別の義務があり、別の祈りがあり、別の行いがあります。生きることは行動することです。そして意味と目的を持って行うことが幸せなのです。

生活と仕事の主である神よ、私の活動を好きにさせるエネルギーと活力を与えてください。アーメン

12月18日

他方、弟子達は喜びと聖霊で満たされていた。

使徒言行録　一三章五二節

自己受容は回復には必須であるとみなされています。幸せもそうです。自己受容の別の表現は満足でしょう。デイビッド・グレイソンは次のようにいっています。

私の知っている人で不満を抱いている人々は自分自身ではない誰かになろうとしています。命の水の川の流れるままを受容し、その結果として満足がもたらされます。――生きることの豊かさに自分自身を完全に明け渡すこと――

これが回復と救いの中心です。生きた水のように流れる霊に、命を任せると、弟子たちのように満たされます。自己受容は神の聖霊を受け取り、受け入れることだけを意味するようになるのです。私たちは満たされます。喜びでいっぱいになります。なぜですか。自分をありのままに受け入れることによってではなく、神からの賜物を受け入れることによって満ち足りるのです。

この賜物について素晴らしいのは、任せること以外はそれを手に入れられないのです。神に任せることは大変です。自分の方法で手に入れたいのです。残念なことに、それはむだな努力です。神はすでに私たちの神で、受け取られ、受け入れられ、祝われることを待っています。リラックスし、自分を救うことをあきらめたとき、私たちはありのままの自分を見つけるのです。

すべてのあこがれや、努力は止み、キリストが十分になります。イエスが私たちの生活に入ることを許すとき、イエスの平和と満足で満たされます。イエスが私たちと共にいてくださるからです。私たちは何も望まなくなります。欲しいものはなくなります。自己受容を求めながら、回復のプログラムを始めます。そして私たちが求めるものは、キリストを受け入れることによってだけ来ることを発見します。私たちは自分を発見し始め、イエスを見い出す結果となります。そしてすべてを見い出すのです。

主よ、あなたを見い出せるよう請い願います。どうかあなたのみを見い出すことができますように。そして、私自身を見つけることができますように。アーメン

12月19日

ですから、あなたがたは、現にそうしているように、励まし合い、お互いの向上に心がけなさい。

テサロニケの信徒への手紙　五章一一節

幸せについて書かれた多くの語の中で、ベラン・ウルフの次の言葉は最もうまく表されているものの一つです。

幸せを探すために私たちは自分以外に焦点を当てて探す必要があります。すなわち、もしあなたが自分のためにだけ生きているなら、あなたは自分の見方や興味の繰り返しですぐに死ぬほど退屈する危険にいつもさらされるでしょう。誰も、自分のエゴをほかの人の奉仕に明け渡すまでは生きる意味がわからないでしょう。

回復はこのような考えで満ちています。高い神へ、またほかの人々のためにエゴを明け渡すときに私たちは回復します。仲間の苦しんでいる人々と会うとき、神にゆだねているなら、彼らのことを考えざるを得ません。イエスは「ほかの人たちのための人」として知られていました。彼は命をその集中した素晴らしさを自己を語ることによってではなく、ほかの人のために生き、死ぬことによって得たのです。あなたと私のために。私たちが同じ霊でキリストに求めるとき、自分の痛みが取り除かれます。仲間の痛みを手当てするとき、自分の傷を忘れます。

すべての回復のプログラムは自分を忘れる要素を持たなければなりません。また、聖パウロの言葉に従うとき、互いに励まし合い、ほめ合うとき、思いがけない貴重な贈り物をもらえるのです。自分の退屈さから救われます。エゴより退屈なものはありません。真の喜びは自分自身のエゴを超えて、変えられることなのです。かつて、エゴを一トンの重さのあるエゴの固まりと呼んだ人がいます。自己中心は退屈であるばかりでなく重いのです。

イエスは両方を処理してくれます。彼はエネルギーを与え、退屈さと重さを取り除いてくれます。「自分の命を救いたいと思う者は、それを失うが、わたしのために命を失う者は、それを得る。」（マタイ一六・二五）そして、「わたしの軛《くびき》は負いやすく、わたしの荷は軽いからである。」（マタイ一一・三〇）

イエス様、あなたは私自身をほかの人に引き渡す私の愛の力です。私を強い力で引っ張りつづけてください。どうか、私の退屈さで重くならないようにしてください。アーメン

12月20日

主はわたしのそばにいて、力づけてくださいました。

テモテへの手紙二　四章一七節

回復にある私たちの人生の多くは困難なものです。多くの場合、完全さと健康は厳しい忍耐を通して実現されます。私たちは「あきらめるな」と言われ、一日目から次の日へと進み、日ごとに直面するものごとを受け止めていきます。どうにかやっていきますが、時々どうしたらよいか戸惑います。しばしば私たちはなぜなのかと不思議に思います。中国の哲人の孔子は私たちにとても良い考えを教えてくれました。

「宝石は摩擦がなければ磨かれることができない。人も試練なくしては磨かれません」

たぶん人生の苦しい危機や回復の辛い時には目的があるのです。失敗、失望（間違いや退歩でさえも）は力を創造するという目的があるのです。ほとんどの人はつらくなる時点まで運動して楽しむことはないでしょう。しかし、偉大なスポーツ選手は、苦痛は成功のために支払う価値であることを知っています。

ある賢い医者はかつて次のようにいいました。

> 私たちは体に決められた量の毒素を取り入れることによって、病気に対して免疫を持つことができるように、私たちは人生の避けることができない悲しみに会い、逃げることなく、直面することによって不幸な出来事に免疫を持つことができるのです。

過去に困難に会わなかったり、直面しなかったりしたことは本当の失敗です。避けることのできないことを避けようとしてきました。さまざまな苦痛からも離れようとして遠くへ逃げてしまいました。嗜癖はすべて不愉快でつらいことを避けるための方法として始まりました。より簡単な方法をとってしまいました。

しかし今、最も長く続くものが、最も傷つけることがあることを知っています。今、私たちは一日一日の痛みにプログラムと努力で対処することができることを実感しています。イエス・キリストはそばに立ち、日ごとに少しずつ力を与えてくださいます。

偉大な内科医である主よ、私にあなたの薬をください。あなたと共に私は耐えることができます。毎日、愛と健康の薬を与えてくださいましてありがとうございます。アーメン

しばらくの間苦しんだあなたがたを完全な者として、強め、力づけ、揺らぐことがないようにしてくださいます。

ペトロの手紙一　五章一〇節

12月21日

受容は私たちに力を与えます。水泳をするものにとって、浮力のような力です。私たちが熱中していることに信頼すればするほどよく浮くことができ、さらに力がつき、海岸まで、到着できるほどになります。

アーメンという語は「そうでありますように、それは受け入れられます」という意味です。回復はあるがままを受け入れる意志です。すでに起こったことを受け入れることは私たちの病気を超えるための第一歩です。

ヘレン・ケラーは次のように語ってこれを証明しました。

「私の障害のことを神に感謝しています。なぜならこれらのことを通して私は自分と神を見い出したからです」

クリスチャンとして私たちは十字架の道を歩むことを忘れてはいけません。苦しみと痛みの道、謙虚な服従の道です。キリストは彼の愛の力で私たちを力づけ、深い愛で苦しみを和らげながら、私たちが痛みを受け入れ、苦しみを甘受できるようにさせてくださいます。どんな邪悪が降りかかろうとも、私たちは暗闇の中で

良いものごとと、神に会うことができるのです。私たちがもがかず、抵抗しなければ、神が経験させるために用意したものごとに力の宝庫を見つけることができます。与えられている最も偉大な力は待つことができる忍耐です。

癒したり、強めたりすることができるかもしれないエネルギーを使い、神の言葉や神の意志を待つ時は、いらいらしながら慌てた状態で悩んでいる時よりも、もっと多くのことに気がつくことができるのです。

主よ、避けることのできないことを受け入れることを教えてください。わたしの状態とあなたを同時に受け入れること、そして待つことを教えてください。アーメン

12

12月22日

「弟子は師にまさるものではない。しかし、誰でも、十分に修行を積めば、その師のようになれる。」

ルカによる福音書　六章四〇節

少年がデパートでおそるおそる下着売り場に近づいて来ました。それはクリスマスイブでした。彼は恥ずかしそうにささやきました。「僕はクリスマスに母にスリップを買いたいのです」「とても素敵ですね。でもあなたのお母さんについてもっと知る必要があります。お母さんは背が高いですか、低いですか」「母はパーフェクトです」少年は誇らしげに言いました。その情報で店員は三六のサイズを包みました。二、三日後、彼の母親はスリップを大きなサイズに交換しにきました。

ルカによる福音書でイエスが語るとき、私たちはイエスのようになるのだということを十分に教えられます。イエスの言わんとしていることは体が似ること以上のものです。私たちは皆、役割のモデルに従います。尊敬する人のようになりたいと思います。先生、説教者、コーチ、スポーツの英雄、とりわけ両親、これらの人は私たちが模倣するモデルになります。実際の回復におけるモットーの一つは「勝者と共にいなさい」と言われるように、モデルの力を認めるのです。治療の間、「友人や活動の場を変えるように」促されます。

しかし、その小さな少年と店員はどうでしょうか。どちらがイエスに近いでしょうか。その店員は表面的で、正しくないということがわかります。その店員は間違っているのですが、私たちの文化ではほとんど誰でもそうなのです。外見にとらわれています。その小さな少年はとても正しかったのです。彼はまだ、痩身への崇拝にとりつかれていなかったのです。母親は彼にとっては完璧でした。彼女はちょうどよいサイズです。彼女は愛されているので、純粋な観点によって見られたのです。その少年はイエス様が何をご存知かをわかっていました。愛は内を見るのです。私たちが真似したい、なりたいのはキリストの内の霊的な美しさなのです。キリストが内で創造する完全さを超えた美しさは、永遠にキリストと共に住まうでしょう。

主よ、私はあなたのようになれるでしょうか。あなたが内面の美しさと愛を教えてくださいますように。アーメン

12月23日

羊飼いたちは、見聞きしたことがすべて天使の話したとおりだったので、神をあがめ、賛美しながら帰って行った。

ルカによる福音書　二章二〇節

パリの小さくてぱっとしないカフェで、あるアメリカ人の作家が妻とクリスマスイブを過ごしたことを書いていました。皆、石のように黙って食べています。そこに年老いた花売りの女が入って来ました。彼女はテーブルからテーブルへと回っていきましたが一本も売れませんでした。彼女はスープを一杯飲むために座りました。この悲しい場面で、ある若い水夫が微笑みながら手紙を書いていたテーブルから立ち上がりました。彼は花売りのテーブルへ行き、「クリスマスおめでとう」と言い、二つの花束を選びました。「おいくらでしょうか」

「二フランです、旦那様」彼はその小さなコサージの一つを平らにし、キスして手紙の中に入れました。そして、その女に二〇フランの紙幣を渡しました。

「私にはおつりがありません。給仕からもらってきます」と彼女は言いました。「いいえ、結構ですよ､奥さん」と水夫は言い、かがみこみ、「おつりはあなたへのクリスマスプレゼントです」とほほにキスをしながら言いました。それからその水夫は作家のテーブルに行き、「この花をあなたの美しい娘さんにプレゼントする許可をもらいたいのです」と言いました。一瞬のうちに彼はコサージを彼女にあげて、彼らに聖なるクリスマスでありますようにと祈り、出て行きました。彼がそこを出た時には深い沈黙がありました。その時突然クリスマスが爆弾のように、そのレストランに現れたのです。

手紙、微笑み、花、キス、贈り物、ほめ言葉、あいさつ。一人から出たすべてのものがつまらない、さびれた場所を輝く喜ばしい場所に変えたのです。一人の心にあるイエスと彼の喜びゆえに、ほかの人の心に「クリスマスが爆弾のように現れた」のです。必要なのは愛と、ほかの人に愛を与えることで愛を示そうという覚悟です。

聖なるイエス様、栄光と喜びの爆弾のような力で私の心にお入りください。私の導火線に火をつけてくださいますように。

アーメン

12月24日

今日ダビデの町で、あなたがたのために救い主がお生まれになった。この方こそ主メシアである。

ルカによる福音書　二章一一節

一八六三年ヘンリー・ワーズワース・ロングフェローはゲティスバーグの戦いの六カ月後にクリスマスの鐘の音を聞いていました。国が死者のために嘆き悲しんでいたときに彼の傷ついた息子の痛みを共に痛みました。その鐘の音を聞いているときに、次の言葉が与えられました。

クリスマスの日、鐘の音が聞こえた
古い、親しんだ歌を奏でる
強くやさしい言葉が、
地上に平和と人に愛をと繰り返す！

その日が訪れた時、私は思った、
すべてのキリスト教徒の鐘楼がいかに鳴り響いたのかを、
その力強い歌は、地上に平和と
人に愛をと繰り返す！

絶望して頭を垂れた、
「地上に平和はない」と私は言った、
「憎しみは強く、『地上に平和と人に愛』は見せかけ」

その時、鐘の音はもっと大きく深く鳴り響いた、
神は死んではいない、眠ってもいない。
悪は衰え、正しさは勝ち、
地に平和、愛が人々にあれ！

これらの言葉は今までと同じように真実です。クリスマスは毎年のニュースです。ニュースは私たちが知っているか、知らないかにかかわらず起こります。そして、クリスマスは私たちの心が、勝利していようが、悲しんでいようが起こり続けています。キリストは決して衰えません。そのメッセージはベツレヘムの丘の上と同じように今日でも明確です。「高き所の神に栄光あれ、救い主はお生まれになった」

イエス様　あなたのご降誕を私の心が喜びます。それを天使と共に歌わせてください。アーメン

家に入ってみると、幼子は母マリアと共におられた。彼らはひれ伏して幼子を拝み、……。

マタイによる福音書　二章一一節

12月25日

クリスマスごとに回復途上にあるクリスチャンは、救い主の誕生、すべての喜びで最も大きなものを見て証人となることができるでしょう。過去において私たちは食べたり、飲んだり、パーティーなどの祭りのみに耽《ふけ》っていたかもしれません。疲れ果てないまでも、疲労し、絶望と悲しみでクリスマスシーズンを過ごしたかもしれません。しかしこのクリスマスは羊飼い、天使、博士、そして聖なる家族の真の喜びと豊かさに魅了される機会になるでしょう。

私たちは楽しいクリスマスの代わりに聖なるクリスマスに身をゆだねることができるでしょう。神聖さと畏怖の念を持たないで、どんな方法で私たちは聖なる人に会うことができるでしょうか。私たちが楽しさに耽っていたことを止めたことで、今までの浅はかさから私たちを救ってくれた神をほめたたえることができます。神の愛に感謝し、神の栄光への賛美歌を永久に歌う天使や大天使に私たちの声を加えることができます。

聖なる、聖なる、聖なる、御使いたち、
天と地はあなたの栄光に満ち、
最も高くあられる主に栄光がありますように。
主の名で来られる御子は祝福されます、
高きところに、ホサナ。アーメン

主なるキリスト、あなたの名前によって新しくされた愛と尊敬の霊をお与えください。ぬかずき、あなたをますます礼拝することができますように。アーメン

12月26日

「わたしは主のはしためです。」

ルカによる福音書　一章三八節

マリアの信仰は（すべての信仰が始まるように）単純に、神の恵みへの謙遜な信頼で始まりました。大きな努力でも仕事においてでもなかったのです。マリアは恵みの受容の最高の例です。与えることでもなく、行うことでもありません。彼女は私たちを受容へと導きます。神の抱擁を受け入れ、神の導きへの服従に私たちを導きます。マリアは私たちに神を積極的で精力的なものとしてみるように呼びかけます。神が動く時、神は優先します。神が話す時、私たちは聞きます。神が投げる時、私たちは受け止めます。神が指示する時、私たちは従います。

ハイウエイのサインの〝yield〟（譲る）は回復にあるすべての人にとってのモットーです。それは「屈する」という意味を表しています。それは明け渡しの真髄です。脇に立つ時、ほかの人に負ける時、初めに行動を起こした者に従う時、待つ時、受け入れる時、私たちは譲っているのです。

恐れている時、怒っている時、またはわがままな時、ゆだねることは困難です。脅されている時は何事にも負けません、誰にも譲りません。一人で立ちつづける時は自分に甘く、ほかの人には強く頑固で、ほかの人に譲るように主張し、とてもわがままになり硬くなるので、成長できないし、どんな種子にも命を与えることができませんし、私たちはわかってもらえません。

もし私たちが自分の防御を取り下げ、自分を和らげ、生活をオープンにすれば、新しく掘り起こされて、耕された土のようになり、柔らかく、しなやかになり、やさしさと、温かさで愛の聖書を受け入れるための用意ができます。神の種子に譲るとき、それらは私たちの生活の中で根づくのです。

イエス様、どうぞ、わたしの硬い頑固な土地を柔らかくし、砕いてください。わたしを掘り起こし、あなたの愛に対し、私の土を柔らかくしなやかにしてください。アーメン

12

12月27日

「その名はインマヌエルと呼ばれる」この名は、「神は我々と共におられる」という意味である。

マタイによる福音書　一章二三節

イエスの誕生の一〇〇〇年も前に、あるギリシャの数学者が世界の七つの偉大な物について書きました。彼のリストは次のようでした。

エジプトの偉大なピラミッド
アレクサンドリアの灯台
バビロンの吊り庭
ロードの巨大物
マソラスの巨大な墓
オリンピアのゼウスの墓
エプサスのダイアナの寺

今日ではもっと多くの建物や塔や寺をリストに挙げることができます。文明のいかなる偉大な物でも、これからもずっと、神の創造である森、海、山々、宇宙ほど大きなものはありません。そして、もっと驚くべきことは、すべての力で最も強いものは神である創造者だということです。その方はあなたと私を神の子供のように愛しています。神は私たちの中に生き、住んでいます。神はイエスとして私たちのところに、来られました。私たちを罪と死から救い、喜びと栄光へと引き上げるために来られました。ダグ・ハマスジョルドは次のように書きました。

偉大な変わらない光に照らされなくなった時、毎日新しくされなくなった時、私たちは死にます。その光の偉大さはすべての理屈を超えています。

その変わらない光きは馬小屋で生まれたイエスの顔から射し込みます。その輝きは私たちすべてに光と命を与えながら私たちの心を照らします。クリスマスだけではなく、日ごとに新しくされます。神のような「世界の偉大さ」はほかにありません。ベツレヘムの子供よ、あなたの輝く顔にある偉大さと愛を見つめさせてください、何度も何度も。そして喜ばせてください。

アーメン

12月28日

「恐れるな。わたしは民全体に与えられる大きな喜びを告げる。」

ルカによる福音書　二章一〇節

赤ん坊は二カ月で、初めて微笑むようになります。四カ月までには急に笑うという行為を始めます。笑う喜びがない人生はどのようなものでしょうか。笑いは緊張をほぐします。友人を魅惑します。そして人生の痛みに耐えるのを助けます。科学者たちは何年も笑いの効用を研究してきました。笑うとき、体のすべての器官が促進されることははっきりしています。笑いは私たちをリラックスさせ、運動させ、静めます。笑う者は長生きするのです。

特別な種類の笑いは喜びと呼ばれます。喜びはクリスチャンの偉大な秘密と呼ばれてきました。喜ぶことは笑う以上のものです。喜びは内部からやってきて、恵みとすべての命への感謝をもたらします。喜んでいる人はめったに大声で笑わないかもしれませんが、いつもその心の中に微笑みがあります。この喜びはどこからくるのでしょうか。天使たちはベツレヘムでそれを伝えました。「地は喜び、救い主はお生まれになった」私たちの喜びはイエス様への答えであり、救いなのです。

喜びのない回復は回復ではありません。十二ステップを歩む時、喜びに満ちた地を歩きます。新しい生活の仲間に加わる時、嗜癖の癒しの仲間に加わる時、私たちは喜びの地に入ります。この喜びはどのようなものでしょうか。幸せ以上であり、笑い以上であり、すべての理解を超えた平和と穏やかさなのです。それは神と共にある生活です。

救い主よ、あなたのお誕生に私の喜びがクリスマスごとに新しくなります。あなたのお誕生日を毎日心に思わせてください。

アーメン

「わたしが与える水を飲む者は、決して渇かない。」

ヨハネによる福音書　四章一四節

聖オーガスティンは次のように書きました。「あなたのところで休息するまでは私たちの心は落ち着きません」それぞれの人には神によって満たされなければならない空虚さがあることを私たちは知っています。残念ながら神への直感力はほかの本能と区別がつかないことがよくあります。そして、神によってだけ満たされる場所を神でないものによって満たそうと努めます。アルコール、食べ物、薬物、活動、ほかの人々などが神の座に迎え入れられますが、それらは決して合わないか、もしくは満足させません。それらは私たちを支配し優位に立つかもしれませんが、決して私たちの望みを満足させることはありません。神だけがその望みを満たすことができるのです。

神は私たちの目的であるだけでなく、真の家なのです。神は人間存在の命であり心です。神は私たちの家であり、私たちは神の家なのです。家に神と共にいるということは、私たちの心の中に神の家を作ることです。第三ステップは神にある私たちの家を築き始めることです。クリスマスごとに、神であるキリストの新たな招きを告げるキャロルを歌います。神のために用意された私たちの特別な場所を満たすために。

ああ、ベツレヘムの聖なる子供よ、
私たちのところへ降りてきてくださるようにと祈ります。
私たちの罪を追い払ってください。
私たちのところへお入りください。
私たちの内に、今日生まれてください。アーメン

イエス様、あなたの命で私を満たしてください。私の心のこの場所にはあなただけがふさわしいのです。アーメン

12月29日

12月30日

わたしたちは皆、この方の満ちあふれる豊かさの中から、恵みの上に、更に恵みを受けた。

ヨハネの手紙による福音書　一章一六節

十二ステップの回復プログラムに入会したほとんどの人は自分たちに援助は必要でないと思った頃のことを思い出したり、反省したりすることがあります。恵みのことをどう考えていましたか。このような、私が受けた恵みゆえに、過去の絶望や果てしなく続いた悲しみや絶えざる痛みがあったことを思い出します。何事も起こったようにはみえません。この高い力である神はどこにいたのでしょうか。

サムエル・ベケットの劇『ゴドットを待ち望む』の中で、このような回復前の日々の絵を見せられます。ゴドットは誰かを空しく待つ二人の浮浪者の物語を語ります。ゴドットは明らかに神を象徴した言葉です。神はゴドットなのです。劇を通しておのおのの人物は神の到着を待ち続けています。しかし幕が閉じられます。私たちは神が来るのを見ることができません。私たちには神が来ないことがわかっています。著者はただ誰にも神は来ないだろうと信じているのです。

私たちはよく知っています。回復しつつあるクリスチャンとして、私たちは十二ステップにおける神の癒しを知っています。私たちは「恵みに恵みを受けた」のです。実際、私たちがどのように神を見い出したか、それは恵みを通してなのです。試みることをやめ、断念し、神に任せています。待つ必要がないことがわかりました。神はいつも私たちと共にいたのです。愛はすでに心に届いていて、心に生きているので、待つことは空しいことだと気づきました。一年のこの時期にイエスの誕生を再び祝った時に、来たる年のすべてに、新たに再び神がきてくださるように祈ることができます。ヨハネの言葉を聞きましょう。「言は肉となって、わたしたちの間に宿られた。わたしたちはその栄光を見た。それは父の独り子としての栄光であって、恵みと真理とに満ちていた」（ヨハネ一・一四）私たちはまだその栄光をみています。

イエス様、なぜ私たちはあなたを待っているのですか。あなたは私と共にここにすでにおられるのです。なぜ私たちはあなたがおられないかのように、あなたを探すのですか。あなたが十二ステップや教会にいてくださることを感謝いたします。アーメン

12月31日

わたしはアルファであり、オメガである。最初の者にして、最後の者。初めであり終わりである。

ヨハネの黙示録　二二章一三節

イタリア人が年の終わりに行う素晴らしい習慣があります。大晦日の真夜中が近づくと通りには誰もいなくなります。車一台さえ走っていません。歩行者もいません。警察官さえも家に帰り、通りには誰もいなくなります。そして、真夜中の鐘が鳴ると、家々の窓がさっと開かれます。笑い、音楽、花火の音に合わせて家族全員が古い瀬戸物やお皿を外に放り投げるのです。好まない飾り物、好ましくない家具、彼らの心から消したいと決心したことを思い出させる物を投げ捨てるのです。私たちは年を終えるように過去を消し去ることもできるのです。一年は完成され、終えられ、終わりました。別の新しい年が前方にあります。悪かったものは去りました。良い物は私たちを豊かにするために、私たちと共にあります。キリストは私たちと共にいてくださったでしょうか。もちろんです。

新しい年もキリストの存在を期待できるでしょうか。もちろんです。彼の存在は何と慰めでしょうか。新年が何をもたらすかは知ることができません。楽しいことも、心の痛むこともあるでしょう。満足、失望、成功、失敗を経験するでしょう。どのくらい多いかはわかりません。しかし、何が起ころうとも主なるキリストが毎日私たちと共にいてくださることを知っています。

主よ、私が行った過去の罪を投げ捨てるとき、来年を待ち望みます。あなたと共に成長し、あなたと共にいられますように。アーメン

回復への祈り

キリストのご臨在のために

生けるキリスト、あなたによる癒しの近いことを今、私たちに意識させてください。あなたを見ることができるように私たちの目に触れてください。あなたの声が聞こえるように私たちの耳を開いてください。あなたの愛を知ることができるように、私たちの心に入ってください。私たちの魂や体にあなたの存在を示す影を映してください。そのようにして、私たちはあなたの力、あなたの愛、あなたの癒しの生涯を共にすることができるでしょう。アーメン

献身のために

あなたの手の中に、主よ、自分を今日ゆだねます。すべてのことにおいて、あなたのご意志を知りたいと思えますように、そして、ご意志を知ったとき、それを喜んで行えることができますように、私たち一人一人に用心深い、謙遜で、熱心な霊をお与えください。主であるイエス・キリストを通してあなたのお名前の栄光と名誉のために祈ります。アーメン

自分をゆだねるために

主にある自分の意志がわかったとき、自分は本当に自由であることを教えてくれた神様、絶えることなくあなたにゆだねることによって、この自由を得られるよう導いてください。あなたのご意志を行うことで、主なるイエス・キリストを通して、私たちの命を見い出すことができますように。アーメン

誘惑に勝利するために

主よ、障害がなく、汚れもない、喜びと平和のうちに今日を過ごせますように。すべての誘惑に打ち勝って夜になり、森羅万象をつかさどる、祝福された永遠の神であるあなたをほめたたえることができますように。アーメン

痛みへの正しい気持ちの持ち方のために

私たちは、主よ、痛みを取り除いてと頼んでいるのではありません、しかし痛みがあなたの意志に反して取り除かれることのないように、私たちの思いで汚されないように、私たちの愛によって清められ、あなたの王国への祈祷によって気高くされますように憐れみを与えてください。アーメン

確信に満ちた精神のために

健やかさと癒しの源であり、全人類の平穏と平和の聖霊である全能の神よ、私たちをあなたの子供としてくださいますように。あなたへの断固とした信頼を私たちに与えてくださるためにあなたのご臨在の自覚を私たちに与えてください。苦しみの中にいる時、疲れている時にあなたの保護のもとに自分を投げ出すことができますように。あなたの愛によって守られていることを知っていますから、健康、強さ、平安を私

たちにくださるように願うことができますように。アーメン

勇敢に苦しむことができますように

苦しみを聖なるものとしてくださるあなたにすべてのことで感謝します。ほかの人のためを思い、自分に同情する余裕のない人たちや、我慢強くほかの人に頑張る希望を与える人々のために感謝します。愛なる神様、他の人と仲間意識に苦しんでいる不思議な友情に結ばれている人々のために、彼らがあなたの愛を知ることができるように、そしてすべての理解を超えたあなたの平安を与えてください。アーメン

夜に

主よ、私たちの弱さを憐れんでくださる神様、心配や恐れを取り去ってください。そうして昼間は最善をつくし、夜が来ると、自分自身や仕事に専念するかもしれませんが、愛する者すべてを神様の手にゆだねることができます。救い主イエス・キリストを通して祈ります。アーメン

キリストへのアプローチ

キリスト様、あなたのことを思うことは安心することです。あなたを知ることは永遠の命を知ることです。あなたにお会いすることは私たちが願うすべてのことの究極目標です。あなたに仕えることは素晴らしい自由であり、変わることのない喜びです。ですから、あなたのところへ行きます。アーメン

主にある休息のために

主よ、聖なる御子が多くのお働きから静かな霊的な交わりをあなたと持たれたように、生活の疲れやストレスの中にあっても、あなたにある強さと平和を見い出すことができますように、主イエス・キリストによって祈ります。アーメン

困っている人々のために

主なるイエスよ、寂しい時に、あなたがいつもいてくださることを気づかせてください。聞こえない時に、あなたの声のやさしさがわかるように。見えない時にあなたの光の十分さを理解できるように。屈辱の時にあなたの憐れみが十分であるように。貧しさの中で、あなたの愛の豊かさを悟ることができるようにしてください。アーメン

言葉をコントロールすることができますように

神様、私たちが言葉で何度神様に罪を犯しているかをご存じです。どうぞ、すべての事実に反する、不親切な言葉から遠ざけてください。私たちの言葉を聖別し、あなたに捧げることができますように。私たちを黙らせてください、そうすることで私たちの心はあなたに語りかけ、あなたの言葉を聞くことができます。イエス・キリストを通して祈ります。アーメン

ご意志に共に参加することができるように

神様、あなたは私たちを救うためにあなたの一人子をお与えくださいました。私たちがこのようにあなたを愛することができますように私たちの心を動かしてください。命や力、信望と愛、時とお金に関して私たちにお任せになることは何事も喜んで参加することができますように。世の悲しみを軽減するために、あなたの御国の到来のために。アーメン

毎日の生活におられる神

いつもの生活に、特別な時に、ものごとや場所にあなたご自身を顕してくださり、感謝致します。あなたについてもっと新しいことを知ることができるように、注意深くなれますように助けてください。その結果、世の中で永遠であるものを見分けることができます。イエス・キリストを通して祈ります。アーメン

親切さのために

幸せな人生の中で、親切であることを忘れることがないようにしてください。友情がわがままにならないように、私よりも幸せでない人を思いやり、ほかの人の重荷を喜んで負えるようにしてください。救い主イエス・キリストを通して祈ります。アーメン

謙遜のために

主よ、あなたが私たちを見てくださるように、自分を見ることができるように私の心を開いてください。弱さを認める意志をお与えください。主イエス・キリストのために。アーメン

究極の救いのために

あなたに仕えるように私たちを召してくださった神様、私たちの生涯の目的をお示しください。それに喜んで従うことは難しいかもしれませんが、最後まで私たちにお決めになったゴールに到達し続ける勇気をお与えください。主なるイエス・キリストを通して祈ります。アーメン

疲労しているときに

神様、仕事で疲れた時にあなたの霊によって鋭気が養われるように、人々に力、休息をお与えください。神の国の仕事のために新しくされ、体も魂も新鮮になり、喜んで仕えることができますように。イエス・キリストのお名前を通してお祈りいたします。アーメン

クリスチャンの喜びのために

世界の喜びを創造する神、世界の苦しみを負ってくださる方、すべての難題や悲しみを持つ心に、誰にも奪われない喜びを住まわせてください。救い主、イエス・キリストによって祈ります。アーメン

神の助けを求めて

主よ、我々の義務を行えるようにあなたの力を添えてください。すべての難題にあなたがカウンセリングをしてくださいますよう祈ります。すべての危険にあなたの守りを。すべての悲しみに平安を。イエス・キリストのお名前によって。アーメン

祝福

イエス・キリストによる永遠の栄光に私たちを召してくださった愛の神、私たちがしばらく苦しんだ後、私たちをまっすぐにし、しっかりさせ、強めてくださるように。神に栄光と権威が永遠にありますように。神が私たちを新たにするために、私たちの内に居てくださいますように。私たちを守ってくださるために、私たちの近くにいてください。私たちを導くために、私たちの前にいてください。私たちを祝福するために私たちの上にいてください。私たちを支えるために私たちの下にいてください。あなたは生きておられ、支配してくださる唯一の神、永遠の世界です。アーメン

平安のために

神は私が変えることができないことを受け入れる平静さを、変えることができることを変える勇気を、その違いを知る知恵をお与えくださる。一日一度に生きること、平和への通路としての困難を受け入れること、「そうであったらよかったのに」ではなく、イエスが行ったように、この罪ある世をありのままに受け止めること、あなたのご意志にゆだねればすべてのことをあなたが適切にしてくださると信頼すること、このようにして私はこの生涯においてほどよく幸せで、次の世においても永遠にあなたと共に最高に幸せになれます。アーメン

●スローガンや格言（7月～12月）

	7月	8月	9月	10月	11月	12月
しかし神の愛が無かったら	15	27	24	20	27	30
行うことは易しい	22	19	11	16	5	19
奇跡を期待して	9	30	26	8	4	23
最初にすべきことは最初に	26	28	22	25	25	27
もしも何事も変わらなければ	19	8	8	7	4	1
開かれた心を持ち続ける	13	2	28	14	7	26
物事を単純にする／考える	2	14	25	22	26	26
ありのままに、神にゆだねる	28	16	23	17	2	11
聞いて学ぶ	27	17	30	24	12	22
生きて、生かされる	29	13	22	11	27	29
１日に１度	21	20	10	31	6	16

●スローガンや格言（1月～6月）

	1月	2月	3月	4月	5月	6月
しかし神の愛が無かったら	28	16	22	20	17	23
行うことは易しい	2	15	10	17	29	24
奇跡を期待して	14	26	27	11	13	22
最初にすべきことは最初に	29	2	11	13	20	16
もしも何事も変わらなければ	31	17	31	11	18	14
開かれた心を持ち続ける	14	27	31	14	3	30
物事を単純にする／考える	19	20	13	30	25	29
ありのままに、神にゆだねる	13	14	19	19	10	15
聞いて学ぶ	30	7	24	25	28	17
生きて、生かされる	23	17	14	28	9	30
1日に1度	9	13	20	24	20	10

●テーマ索引（7月～12月）

	7月	8月	9月	10月	11月	12月
受容	14	24	1	4	20	13
行動	30	11	7	11	28	17
気づき	13	10	14	21	23	10
選択	25	5	29	14	13	6
十字架／受難週	31	15	28	26	17	21
信仰	23	12	27	23	14	14
恐れ	18	26	12	28	10	5
高い力	16	23	30	19	22	20
希望	6	30	26	29	18	31
愛	20	14	28	10	21	12
憤慨	12	6	29	6	19	7
復活／イースター	24	31	19	30	15	25
救い	24	25	16	27	14	28
安全	3	21	15	12	29	21
平安	17	22	13	13	10	24
奉仕	4	18	18	9	24	21
恥・罪意識	7	7	4	4	17	3
罪	11	18	21	7	11	4
苦悩	31	29	20	18	16	15
ゆだねる	20	15	17	15	30	18

●テーマ索引（1月〜6月）

	1月	2月	3月	4月	5月	6月
受容	25	18	12	17	23	30
行動	1	20	28	10	27	11
気づき	30	29	16	18	30	25
選択	16	14	15	27	19	21
十字架／受難週	20	9	17	10	2	4
信仰	21	7	18	20	22	12
恐れ	12	9	4	29	2	28
高い力	2	11	24	16	19	18
希望	14	26	30	3	13	26
愛	11	8	17	21	16	21
憤慨	27	6	6	7	11	7
復活／イースター	1	13	26	15	14	19
救い	18	25	25	22	15	27
安全	6	28	23	26	21	24
平安	15	13	21	9	31	24
奉仕	22	8	26	23	26	20
恥・罪意識	8	24	11	14	24	6
罪	17	22	24	12	4	15
苦悩	20	1	29	1	12	13
ゆだねる	24	21	13	12	3	19

●12ステップとスローガン索引（7～12月）

		7月	8月	9月	10月	11月	12月
1. 弱さ	ローマ人への手紙 7：15～24	1	1	1	1	1	1
2. 神の力	マルコによる福音書 10：51～52	2	2	2	2	2	2
3. 挫折	ローマ人への手紙 12：1	3	3	3	3	3	3
4. 点検	詩編139	5	4	4	4	4	5
5. 告白	ヤコブの手紙 5：16	5	7	4	4	4	5
6. 準備	イザヤ書 30：13	6	5	5	5	5	6
7. 願い	ヨハネの第1の手紙 1：9	6	5	5	5	5	6
8. 傷のリスト	詩編 19：12～14	7	6	6	1	16	7
9. 回復の仕事	マタイによる福音書 5：23～25	7	6	6	20	9	7
10. 警戒	コリント人への手紙1 10：12	8	4	7	7	7	8
11. 神を求める	詩編 63：1～7	9	8	8	8	8	9
12. 責任	ガラテア人への手紙 6：1～9	10	9	9	9	9	19

● 12ステップとスローガン索引（1月～6月）　※表内の数字は日にちを示しています。

		1月	2月	3月	4月	5月	6月
1. 弱さ	ローマ人への手紙 7：15～24	3	1	1	1	1	1
2. 神の力	マルコによる福音書 10：51～52	4	2	2	2	2	2
3. 挫折	ローマ人への手紙 12：1	5	3	3	4	3	3
4. 点検	詩編 139	6	4	4	5	4	4
5. 告白	ヤコブの手紙 5：16	7	5	4	5	5	15
6. 準備	イザヤ書 30：13	9	23	5	6	10	5
7. 願い	ヨハネの第1の手紙 1：9	10	24	5	6	7	5
8. 傷のリスト	詩編 19：12～14	8	6	6	7	6	6
9. 回復の仕事	マタイによる福音書 5：23～25	8	10	6	7	6	6
10. 警戒	コリント人への手紙1 10：12	26	19	7	8	30	7
11. 神を求める	詩編 63：1～7	10	12	8	9	7	8
12. 責任	ガラテア人への手紙 6：1～9	11	8	9	10	8	9

【著者略歴】 フィリップ・パーハム

エピスコパル教会司祭、カウンセラー
米国エピスコパル教会アルコール依存症に関する協議会理事
牧会学博士、サンフランシスコ神学大学
アルコール依存症に関する論文、著書多数

【訳者略歴】 堀口君子（ほりぐち・きみこ）

1963 年高崎カベナント教会で洗礼を受ける
1964 年群馬大学卒業
1964 年 4 月～ 1990 年 3 月まで公立中学校英語教師
1990 年～群馬ランゲージセンター設立、生きた英語教育を求めて英会話学校を始め
現在に至る。群馬ランゲージセンター校長 ▶ URL. http://www.glc-la.jp/schools.html
1993 年米国 St. Michael's 大学の修士課程に入学
1995 年 同大学卒業、MATESL 取得
2001 年日本基督教団群馬町伝道所に移籍
2006 年 2 月『異文化コミュニケーションを考える』（慧文社）
全国図書館協議会選定図書
2010 年 6 月『北米の人々と街』（牧歌舎）

イラスト：松井紀代子

表紙写真［ベルゲン（ノルウェー）のフィヨルド］：堀口君子

神にゆだねて——回復のためのクリスチャンの瞑想

2016 年 10 月 14 日　第 1 版第 1 刷発行

著　者　フィリップ・パーハム
訳　者　堀　口　君　子
発行所　キリスト新聞社　出版事業課
〒 162−0814　東京都新宿区新小川町 9−1
電話 03(5579)2432
URL. http://www.kirishin.com
E-Mail. support@kirishin.com
印刷所　協友印刷

ISBN978-4-87395-699-2　C0016（日キ販）
Printed in Japan